U0566544

本书是下列课题的研究成果：

2012 年湖南省哲学社会科学基金项目"地方院校中外合作办学英语项目课程设置改革研究"（12YBA241）；湖南省教育科学"十二五"规划 2013 年度课题"跨文化视域下中外合作办学项目英语教育国际化与本土化和合研究"（XJK013BBJ001）；湖南省 2014 年普通高校教学改革研究项目"地方院校中外合作办学课程设置改革研究"（湘教通〔2014〕247 号）；湖南省 2015 年高校科研优秀青年项目"中外合作办学的文化适应、生成与构建研究"（湘财教指〔2015〕54 号）；湖南省社会科学成果评审委员会 2017 年度课题"从'各美'到'共美'：中外合作办学的文化'和合'研究"。

中外合作办学
大学本科课程研究

ON THE CURRICULUM OF
THE UNDERGRADUATE EDUCATION IN CHINESE-FOREIGN
COOPERATION IN RUNNING SCHOOLS

CURRICULUM

曾健坤
范丽娜
罗　璇／著

社会科学文献出版社
SOCIAL SCIENCES ACADEMIC PRESS (CHINA)

摘　要

我国中外合作办学已有30余年的历史，其办学质量问题越来越引起人们的广泛关注。课程是人才培养质量的保证，因此，讨论中外合作办学的质量，关键在于对其课程的强烈观照。

本书通过文献法、调查法和案例法，运用知识价值论、跨文化理论、教育目的论和课程论，首先对中外合作办学课程存在的问题及其影响因素进行探索性分析；其次根据中外合作办学人才培养的新目标要求对其课程进行建构性设计；最后提出切实有效的实施策略。

本书共分为五部分。第一部分为第一章，介绍选题的背景和文献综述及本书所涉及的各方面问题。第二部分为第二章，对本书的相关理论进行一一阐释，着重论述了知识价值论与中外合作办学课程知识的选择问题、跨文化理论与中外合作办学课程的文化多元问题、教育目的论与中外合作办学人才培养目标的确定及其规格问题，以及课程论与中外合作办学课程体系的建构问题。第三部分为第三章和第四章，通过案例对中外合作办学人才培养目标、课程设置、课程实施状况进行梳理和分析，以把握中外合作办学大学本科课程的现状，并结合案例对以下内容进行分析。首先，对中外合作办学课程存在的问题进行分析，指出中外合作办学大学本科课程存在以下问题：课程目标的依附和悬空；课程设置的移植和拼盘；课程实施的守旧和单一；课程师资的不适应。其次，通过对中外合作办学的课程理念、课程机制、办学环境和文化多元进行深入分析，得出以下结论：课程理念的偏离是中外合作办学课程问题产生的根本原因；课程机制的不健全是中外合作办学课程问题产生的直接原因；办学环境的复杂多变是中外合作办学课程问题产生的外部原因；文化多元是中外合作办学课程问题产生的内部原因。第四部分为第五章和第六章，首先针对中外合作办学课程存在的问题及其成因，分别从课程目标、课程体系和课程实施三个方面对中外合作办学的课程进行设计。在课程目标设计上，坚持"开放性""协调性""共享性""创新性""跨文化性"的原则，将培养目标定位为"民族心""国际性""整全人"。在课程体系设计上，将"国际化"作为基本取向，建构中外合作办学的模块化课程体系设计方案。在课程实施设计上，主要围绕课堂教学、实践教学和海外锻炼三个方面对中外合作办学的课程实施进行设计。其次根据课程设计，提出中外合作办学课程实施的系列策略。一是确立创新、开放、人本、整合的课程实施理念。二是创生各美其美、美美与共、多元融合的中外合作办学课程实施文化。三是拓宽中外合作办学课程实施途径，围绕"三个课堂"，即"学生的课堂""活力的课堂""双语的课堂"进行中外合作办学课堂教学的具体策略建构。同时，充分利用中外双方优质的网络教育资源，结合传统与现代的教学模式，将国内实习与海外锻炼并举，从而实现课程实施的多样化。四是明确中外合作办学师资队伍的建设策略，指出具有对多元文化的包容之心和对家国民族的赤子之心是对中外合作办学教师的基本道德素养要求。另外，具有较高的双语素质和专业能力素质是对中外合作办学教师的基本业务素质要求。根据以上基本要求，提出加大优秀海归的"外引"和中方师资的"内培"力度、规范外籍教师的教学管理、重视教学质量建设是中外合作办学师资队伍建设应采取的主要举措。五是从行政垂直管理、日常运行管理、师生共建机制和第三方评估四个层面着手建立健全中外合作办学课程实施的机制。第五部分为结语，是对本书的简要总结。首先，准确把握了中外合作办学课程目前存在的主要问题，并深入分析了导致这些问题产生的主要因素。其次，以国际国内社会经济发展需要和学生成长成才需求为主要依据，围绕课程目标、课程体系、课程实施对中外合作办学课程进行系统的设计。最后，通过创新中外合作办学的课程理念、创生中外合作办学课程的文化、拓宽中外合作办学的课程实施途径、建设中外合作办学的师资队伍、完善中外合作办学的课程机制来建构中外合作办学的课程实施策略。同时指出，本书还存在诸多不足，如课程设计的方案还不够完善、课程实施策略的建构还要进一步丰富等。本书只是一个起点，而非终点，今后将继续加大实践探索力度，并力争将研究成果运用到中外合作办学实践中去。

通过中外合作办学引入国外优质的教育资源，为我所用，从而促进我国高等教育的改革和发展，是中外合作办学的根本目的。中外合作办学所要培养的具有国际竞争力的人才的最终落脚点是课程，因而在中外合作办学中，引进优质教育资源的核心便是课程的引进、吸收、消化和利用，这也正是本书所观照的中外合作办学课程研究和建设的主要内容。

关键词：中外合作办学　大学　本科　课程

Abstract

During past over 30 years of the Chinese-Foreign Cooperation in Running Schools (CFCRS), there has been an increasingly extensive attention on the teaching quality of CFCRS since the curriculum is quality assurance in personnel training. It is probable therefore that discussion on the teaching quality should be tightly focused upon its curriculum.

This paper seeks to remedy it by analyzing a considerable amount of literature, doing case study on curriculum of CFCRS through knowledge theory of value, cross-cultural theory, educational goal theory and curriculum theory. The researcher seeks to investigate the potential problems and its decisive factors, come up with constructive design for the curriculum to meet the new requirements on personnel training of CFCRS and intends to propose effective and achievable strategies on curriculum.

This paper has been divided into seven parts. The first part deals with the backdrop and the reasons in choosing such a topic as well as some relevant issues. The second part gives a brief overview of relevant literatures, especially demonstrating knowledge theory of value and the selection for curriculum knowledge in CFCRS, cross-cultural theory and cultural diversity in CFCRS, educational goal theory and personnel training targeting and its size in CFCRS. It also includes curriculum theory and the construction for curriculum system in CFCRS. The third part reviews the evidence to clarify and analyze personnel training objectives, curriculum design, curriculum implementation, teacher training and etc. through case studies to seize the status quo of bachelor courses in CF-

CRS. Then begins by analyzing the current problems existing in courses in combination of case studies, and then go on to indicate the issues in current bachelor courses as following: dependence and floating curriculum objectives, pattering and transplantation in curriculum planning, conservative and unity of curriculum implementation, teachers' inadaptability. It will then go on to analyze the determinants on problems from curriculum concept, curriculum mechanism, school environment, cultural diversity. The fourth part takes the problems and reasons into consideration, then puts forward ideas to design curriculum from the views of curriculum system and curriculum implementation. Firstly, our research is to set openness, coordination, sharing, innovation and cross-culture as basic principles to design curriculum and to define the targets as national identity, internationalization and integration. Secondly, it is to highlight the globalization nature to build the curriculum system based on modules. Thirdly, it is to revolve in-class teaching, practice teaching and overseas training to design curriculum. Then introduces implementation strategies in CFCRS. First, it is to establish the curriculum concept of innovation, openness, people orientation and integration. Second, it is to create the curriculum culture oriented from: each one will benefit from its advantages; the advantages will help each other; multiple advantages will combine together. Third, it is to expand approaches in implementing curriculum in CFCRS. That is to construct the practical strategies on in-class teaching involving student-oriented teaching, energetic teaching, and bilingual teaching. Meanwhile, it is to utilize fully the advantageous educational resources on the internet from China and overseas and to develop domestic practice and overseas training simultaneously in combination of traditional and modern teaching methods so as to achieve diversity in implementing curriculum. Fourth, it is to identify the basic requirements for building the teaching teams in CFCRS and then to demonstrate that teachers should be capable of showing magnanimity to multiple culture and being strongly patriotic to their nation. Moreover, these teachers should become excellent bilinguals and professionals. Based on the basic requirements above, our research is to propose strategies on building teaching teams of

5

CFCRS and pay more attention to attract overseas talents inward and foster training domestic talents. It will then go on to discuss on how to standardize the teaching of foreign teachers to focus on the teaching quality. Fifth, our research will establish and perfect the curriculum mechanism in implementing process from the views of vertical administration, daily operation and management and the third-party evaluation. The fifth part gives a brief summary of the research. First, identify the main problems in current curriculum in CFCRS and point out the causing factors underneath them. Then, implement curriculum design systematically involving curriculum objectives, curriculum system and curriculum implementation based on the requirements for economical development home and abroad and also for students' growth and success. Finally, create the curriculum concept of CFCRS, bring about curriculum culture, expand approaches in implementing curriculum, build teaching teams and perfect the curriculum mechanism so as to construct the implementable strategies on curriculum in CFCRS. Furthmore, it points out that there are still many deficiencies in this study, such as the curriculum designing scheme is not perfect enough, the construction of curriculum implementing strategies need further enrich , and so on. This paper is just a starting point, not a destination, The author will continue to explore, and strive to make the researching conclusion put into the practice of CFCRS.

The fundamental purpose of CFCRS is to promote the reform and development of higher education in China by means of introducing foreign high-quality educational resources so as to make full use of them. The curriculums are the key points to the cultivating of the talents with international competitiveness. Therefore, curriculum is the core of the introduction of high-quality education resources. And how to absorb, digest and utilize them is the main care of this research.

Keywords: Chinese-Foreign Cooperation in Running Schools (CFCRS); University; Undergraduate; Curriculum

目　录

第一章

导　　论

在中外合作办学中，中外双方在文化、教育传统、政治制度、社会经济发展现状和科学技术发展水平等方面都存在差异，这种差异在各自的高等教育办学实践中均有体现。因此，中外合作办学的合作双方是带着这种差异走到一起的。在中外合作办学中，作为双方合作最直观体现的课程更是直接地反映出了这种来自不同国度的多元性和冲突性，从而形成了中外合作办学课程的本质属性。

第一节　问题的提出

一　研究背景

（一）中外合作办学是教育国际化的要求和体现

当代社会，不同国家和民族之间的国际政治经济越来越一体化，教育也必然受国际化浪潮的影响。而中外合作办学就是在此背景下兴起的，并如雨后春笋般迅猛发展。在我国，各类高校开展中外合作办学的基本理念是引入国外高校或教育机构的先进教育资源为我所用，从而促进和引领我国高等教育的变革和发展。而引进的先进教育资源，既有办学理念、办学思想等隐性资源，更有实实在在的诸如课程资源、教学模式等显性资源。而其中，课程便是所有资源中的核心。

（二）中外合作办学课程不适应新型开放性人才培养的要求

在中外合作办学中，作为合作主体的中外双方有许多环节需要磨合和对接。为了深入了解中外合作办学的课程，笔者收集、整理了部分中外合作办学的相关资料。经过归纳整理，总结出中外合作办学的课程主要存在以下问题。

1. 课程目标的依附和悬空

所谓"依附"，是指对外方课程的目标过于依赖，甚至全然照搬；而"悬空"，多指课程目标要么与市场脱节，缺乏针对性，可操作性值得商榷，要么与外方原有课程目标存在较大反差而显得凌乱。纵观中外合作办学的人才培养目标，几乎千篇一律，"高精尖"类词语频出，而又有"纸上得来终觉浅"之嫌。学生觉得抽象，难以企及；教师觉得笼统，难以落地。因此，中外合作办学人才培养目标和人才定位有待进一步细化、明确和务实。

2. 课程设置的移植和拼盘

总体而言，中外合作办学的课程设置"中外"有余，而"合作"不足，未能很好地整合国际与本土，呈现比较严重的"中外"拼凑现象，罔顾了"合作"之内涵与要义。中外合作办学的课程是两种课程体系精华的融合，在这种融合中，中外双方的课程衔接尤为重要。从课程目标、课程设置、课程内容到课程实施以及课程评价上，都要折射出中外双方课程的融合性，而非简单叠加、求大求全。此外，一味照搬或一味固守会使中外合作办学的课程失去多元特性。

3. 课程实施的守旧和单一

"守旧"是指现有课程实施模式，尤其是课堂教学模式，固执守旧，缺乏变革，没有根据中外合作办学的特殊性开拓重在培养学生多元文化素养和跨文化交际能力以及合作、创新和解决问题等诸多方面能力的课程实施多样化路径。而"单一"则是指在中外合作办学的课程实施上，对学生的学习能力和需要"一刀切"，课程实施方式单一，欠缺针对性。

4. 课程师资的不适应

在中外合作办学中，课程有中方课程、外方课程、联合开发课程；教师有中方教师、外方教师。课程师资的不适应，主要表现在：教师与教师之间的不适；教师与课程之间的不适；课程与课程之间的不适。中外合作办学的教师与课程需要经过不断调适与磨合才能显示出最佳合力，发挥出最优效能。

（三）笔者实际工作需要

2012 年，笔者所在学校成功申报并获批教育部中外合作办学项目，同年 9 月，开始了第一批招生工作，随后学校成立了国际学院专司中外合作办学的实践，成为一个实体二级学院。笔者由于长期从事国际交流与合作工作，参与了项目的洽谈、材料准备、申报等工作，对国际教育比较熟悉，所以被调往国际学院任职，负责相关具体工作。

在与合作学校——英国伍斯特大学的接触过程中，逐渐对其课程有了较为直观和深入的了解。以伍斯特大学课程为例，创新和个性是贯穿其课程发展的主要关键词，其对办学的影响可以说是深入骨髓的，其影响之深远，可以说在某种程度上直接成就了伍斯特大学的优势和特色，也成为在合作中学校最为看重的优质教育资源。在课程的设置上，教授对课程具有"生杀予夺"之大权，极大地体现了"教授治校"和"教授治学"的现代大学教育思想。课程是动态的，教授可以根据需要，对课程的各方面提出修订和调整方案，甚至是存立和废止方案。这其中，市场的需要和学生的需求是课程调整的主要依据。毋庸置疑，伍斯特大学课程设置的这一特点与当下课程知识高频地更新换代是高度适切的，也是符合高等教育人才培养大趋势的，更是课程生成性的外显。然而，就目前而言，国内无论是在专业设置还是在课程开设与课程知识的选择上，总体来讲还是优先考虑"稳定性"和"持续性"。那么，在中外合作办学中，在中国办学的大环境下，中外合作办学的人才培养目标是否只专注了"中"而忽视了"外"，抑或是对外方之优质资源"如饥似渴"，导致人才培养目标只观照"外"却罔顾了本身的"中"呢？中外合作办学的人才培养目标与本国本土的社会需求和学生成长成才需要是否相得益彰，课程是否因之而进行了必要的动态调整？中外合作办学应该具备什么样的课程理念，才能保证课程实施最大限度地贯彻落实人才培养目标？当下，中外合作办学的课程设置是否合理，课程目标有无体现"国际"特色，课程设计方案与实施策略是否合理呢？

于是笔者将自己在工作中的所思所想向导师进行了汇报。通过与导师的交流和沟通，导师认为对中外合作办学的课程进行研究具有一定的现实意义，可以做深入探讨，以挖掘中外合作办学在课程方面存在的问题，并通过对问题的成因进行具体分析，制订中外合作办学的课程设计方案，提出课程实施策略。

综上所述，在高等教育国际化和全球经济一体化的直接作用下，我国大部分高校开展了积极的国际交流与合作活动，形成了应有的国际视野，具备了较强的国际竞争意识，并由此直接推动了我国高等教育界自发自主地开展中外合作办学活动的实践，实现了自身的变革和提升，促进了人才培养质量的提高。经济全球化对国际化人才的需求以及中国高等教育融入国际化实现跨越式发展的诉求是中外合作办学产生和发展的不竭动力。然而，纵观中外合作办学的课程现状，很难满足人才培养的现实需求。当下，中外合作办学的课程从目标到设置到实施，再到师资结构，都存在一定问题。本书将通过分析中外合作办学的课程现状，结合知识价值论、跨文化理论以及教育目的论和课程论，对当下中外合作办学课程存在的问题及其影响因素进行客观分析，提出中外合作办学的课程设计思路和课程实施策略，以使中外合作办学能更好地满足我国国情特有的社会经济发展的需要。

二　研究意义

近半个世纪以来，高等教育国际化进程日新月异，课程国际化成为大学国际化的重要标识。《国家中长期教育改革和发展规划纲要（2010～2020年）》第十六章以"扩大教育开放"为题，用整整一章的篇幅对教育国际化提出了纲领性指导方针，并明确要求"引进优质教育资源……办好……一批中外合作办学项目""提升我国教育的国际地位、影响力和竞争力"。同时，要"加强国际理解教育，推动跨文化交流，增进学生对不同国家、不同文化的认识和理解"，从而"培养大批具有国际视野、通晓国际规则、能够参与国际事务和国际竞争的国际化人才"。[1] 大学的重要使

---

[1]　国家中长期教育改革和发展规划纲要工作小组办公室：《国家中长期教育改革和发展规划纲要（2010～2020年）》，2010年7月29日。

命在于人才培养，而人才培养的基础是课程。所以，中外合作办学所要培养的具有国际竞争力的人才的最终落脚点也是课程。于是引入国外优质的教育资源为我所用，从而促动和引领我国高等教育的变革，甚至直接改变我国高等教育的现状，其核心便是课程的引进、吸收、消化和利用。因此，以中外合作办学的课程为研究基点来探索我国高等教育国际化发展的路径，具有重大理论意义和实践意义。

（一）理论意义

本书在前人研究的基础上，对中外合作办学的课程进行了系统而深入的研究，为丰富中外合作办学的研究奉献了绵薄之力。前人对中外合作办学的研究取得了较大成绩，对本书具有极大的参考价值，是本书研究内容的重要基础。但是总体而言，前人对中外合作办学课程的研究相对较少，且较为零散，不够系统和深入，这为本书的研究留下了空间。因此，在此意义上，本书是对中外合作办学课程研究的一种突破。

本书从知识价值论、跨文化理论、教育目的论和课程论的角度对中外合作办学的课程进行了一一论述，着重论述了知识价值论与中外合作办学课程知识的选择问题、跨文化理论与中外合作办学课程的文化多元问题、教育目的论与中外合作办学人才培养目标的确定及其规格问题，以及课程论与中外合作办学课程体系的建构问题，为丰富中外合作办学课程研究的理论、完善中外合作办学的课程建设理论做出了一定贡献。

在以上理论基础的指导下，本书进行了中外合作办学大学本科课程的系统设计，分别从课程目标、课程体系和课程实施三个方面对中外合作办学的课程进行了设计。在课程目标设计上，提出要坚持"开放性""协调性""共享性""创新性""跨文化性"的原则，将培养目标定位为"民族心""国际性""整全人"。在课程体系设计上，将"国际化"作为基本取向，建构中外合作办学的模块化课程体系设计方案。在课程实施设计上，主要围绕课堂教学、实践教学和海外锻炼三个方面对中外合作办学的课程实施进行设计。

以上三点都是对中外合作办学大学本科课程理论研究的突破性贡献，在中外合作办学课程建设上也是一种突破和创新。

（二）实践意义

首先，本书通过文献分析和现状调查，准确把握了中外合作办学课程的问题及其产生的原因，指出中外合作办学大学本科课程存在以下问题：课程目标的依附和悬空；课程设置的移植和拼盘；课程实施的守旧和单一；课程师资的不适应。其次，本书从课程理念、课程机制、办学环境和文化多元四个方面对问题的成因展开剖析。

本书根据现状和课程要求，提出了系列课程实施的策略。一是确立创新、开放、人本、整合的课程实施理念；二是创生各美其美、美美与共、多元融合的中外合作办学课程实施文化；三是拓宽中外合作办学课程实施途径；四是明确中外合作办学师资队伍的建设策略；五是从行政垂直管理、日常运行管理、师生共建机制和第三方评估四个层面着手建立健全中外合作办学课程实施的机制。

加强中外合作办学课程研究是中外合作办学课程建设的客观需要。中外合作办学与传统办学模式的区别决定了二者在课程上的区别。显然，中外合作办学的课程既不能完全照搬外方的课程体系，也不能固守中方既有的课程体系而"纹丝不动"。中外合作办学课程既应带有不同文化背景融合的明显痕迹，更应突破地域、疆域甚至族域界限，是实现文化的认同、理解与共融的课程。其培养目标也应凸显国际化和跨文化取向，同时注重实践导向。但是，在具体的办学实践中，在课程设计与实施中，如何实现文化融合，以及如何将培养目标落到实处，都是值得深思和研究的问题。因此，在中外合作办学中，对课程进行研究是中外合作办学课程建设的客观需要。

基于上述三个方面，本书可以为中外合作办学课程建设提供理论指导和策略参考，将对中外合作办学课程建设的良性发展起到一定的推动作用。

第二节　文献综述

笔者以"中外合作办学"为关键词搜索期刊网上的有关文章，共有2948条结果，其中核心期刊有626条。笔者再以"中外合作办学课程"为关键词搜索，共有条目14条，其中核心期刊有2条。再进入"中国优秀硕士论文"和"中国博士学位论文"全文数据库，分别以"中外合作办学"和"中外合作办学课程"为关键词搜索，前者有硕士论文 166 条、博士论文 11 条，后者有硕士论文 1 条、博士论文 0 条。

一 关于中外合作办学的现状研究

（一）中外合作办学的问题和对策研究

裴文英在《引进国外教育资源 推进中外合作办学》一文中提到，尽管中外合作办学在某些方面具有其他办学形式所不具备的天然优势，且或多或少地促进了我国高等教育的变革和发展，对高校的课程与教学改革起到了积极的推动作用，但是作为新生事物的中外合作办学还存在许多亟待规范和解决的问题，如如何对中外合作办学所涉及的外汇、税收和资金保障进行监管的问题，中外合作办学联合评估体系的建立问题，中外双方资格证书的相互认证和对接问题，等等。[①] 王敏丽在前人研究的基础上简要梳理了中外合作办学的现状，并结合自身的工作经历和思考，归纳了目前中外合作办学可能存在的相关问题，并对问题成因进行了分析，提出了解决的思路和办法。这些问题包括中外合作办学过程中的有效监管问题、中外合作办学的审批制度和准入机制问题、中外合作办学的学历认证问题、中外合作办学的社会效益和经济效益失调问题、中外合作办学的人才培养目标问题等。王敏丽认为，要解决上述问题，需要从以下三个方面入手：第一，政策调控，完善管理，转变观念；第二，加强交流，形成特色，确立目标；第三，突出重点，创新学科，双向发展。[②]

钱景炜将中外合作办学既视为中国高等教育发展过程中的契机，也将其视为不可避免的挑战。因此，只有直面挑战，敢于作为，才能抓住机遇，变契机为动机，实现中国高等教育的跨越式发展。而在此过程中，教育教学质量是中外合作办学的关键。中外合作办学的课程设置不能脱离市场需求和学生需要。为使中外合作办学具有普适性，收费问题必须考虑到

---

① 裴文英：《引进国外教育资源 推进中外合作办学》，《江苏高教》2003 年第 5 期，第 82～84 页。

② 王敏丽：《中外合作办学的策略思考》，《教师教育研究》2004 年第 2 期，第 63～67 页。

中外合作办学的大众可接受性。① 可以说，钱景炜的建议对中外合作办学的实践是具有积极意义的，也具有很强的可操作性。

冯伟哲等把中外合作办学管理问题的研究重点放在了怎样建立教育质量的动态监管体系上。他们认为中外合作办学的教学计划和培养措施不应该是一成不变的，需要根据各方反馈进行动态调整和完善。在此基础上，他们进一步设计出了中外合作办学教学质量监管计划和步骤：首先是信息的收集和整理；其次是文档的建立；最后是质量计划文件的完成。② 风险管理也是中外合作办学中管理问题的重要组成部分。然而，国内外学者对中外合作办学的风险管理问题却鲜有论述。其中，冯伟哲等的观点较具现实意义。他们对中外合作办学的风险管理进行了较为精准和普适的定义，指出风险管理的目标是实现办学效益的最大和最优，要在效益和风险对冲的基础上对风险进行管控。对中外合作办学实施风险管理，必须充分结合中外合作办学的特殊性，以系统、全面和动态为基本原则。③ 王敏丽从自身工作经历和经验出发，提出了一套关于外籍教师评聘和管理的对策建议：一是提高对外教作用的认识；二是建立严格的外教聘用程序；三是树立外教管理中的法治意识；四是探索外教管理的规律。④ 许圣道从宏观层面论述了中外合作办学管理中存在的不规范问题，如决策机制不健全，决策具有随意性；领导体制不顺畅，举办者和办学者之间的关系不协调；管理队伍不稳定，工作没有连续性；等等。⑤

（二）中外合作办学的模式研究

对中外合作办学模式的研究主要集中在三个方面，即办学模式、管理模式和合作模式，这三个方面在一定程度上是相互影响和相互制约的。杨

---

① 钱景炜：《浅谈中外合作办学》，《西南民族大学学报》（人文社会科学版）2005 年第 3 期，第 349～351 页。

② 冯伟哲、李岩、谢金迪：《设计中外合作办学教学质量计划的思想和步骤》，《教育探索》2004 年第 6 期，第 44～45 页。

③ 冯伟哲、李岩、谢金迪：《设计中外合作办学教学质量计划的思想和步骤》，《教育探索》2004 年第 6 期，第 44～45 页。

④ 王敏丽：《中外合作办学的策略思考》，《教师教育研究》2004 年第 2 期，第 63～67 页。

⑤ 许圣道：《中外合作办学存在的问题及其监管与规范》，《郑州大学学报》（哲学社会科学版）2005 年第 2 期，第 153～156 页。

辉对中外合作办学模式的研究主要侧重于宏观层面，将办学模式和合作模式作为研究的重点，结合当下中外合作办学所显现出的各种现象和问题，为中外合作办学的实践活动提供了可供参考的意见和建议。他比较系统地对中外合作办学的模式进行了归纳和分类，把对中外合作办学模式的研究推向了精细化的方向，并对中外合作办学的相关重要概念进行了内涵界定，对近年来的办学经验给出了自己的总结概括。他的研究在中外合作办学模式的研究方面起到了一定的引领作用。① 周文婕以高等教育国际化为大背景，梳理了中外合作办学的基本现状，并以此为视角，对中外合作办学的模式进行了大致分类：第一类是开放与远程教育；第二类是外方高校设立的分校区；第三类是引进优质教育资源合作办学。②

周文婕笔下的优质教育资源内涵是较为丰富的，应该是有形资源和无形资源的总称，既有品牌也有师资等，其中课程应该是最为重要的资源。③沈伟晔、朱晋伟梳理并概括了中外合作办学的三种模式——单校园与双校园、单文凭与双文凭、计划内与计划外，并针对不同模式的特点，提出了创新中外合作办学项目学生及教师管理工作模式的建议。同时，为提升中外合作办学管理的有效性，从四个方面对中外合作办学的管理模式进行了探讨，即制订"以人为本"的专业培养方案；明确培养目标，区分合作办学层次；突出具有专业特色的课程设置；加强教师队伍的管理与培训。④

（三）中外合作办学的案例研究

关于此内容的研究，2010 年以前，主要是相关大学中外合作办学管理人员的论述；2010 年以后，高等教育研究会中外合作办学分会筹建工作的正式启动，以及中外合作办学年会的召开，直接推动了中外合作办学的研究走向更深、更远的层次，其中不乏典型案例研究。张圣坤以上海交通大学的中外合作办学为例，从正、反两方面对中外合作办学进行了剖析，指

---

① 杨辉：《中外合作办学模式初探》，《教育评论》2004 年第 4 期，第 4～9 页。
② 周文婕：《论中外合作办学模式与发展对策》，《教育探索》2005 年第 5 期，第 64～65 页。
③ 周文婕：《论中外合作办学模式与发展对策》，《教育探索》2005 年第 5 期，第 64～65 页。
④ 沈伟晔、朱晋伟：《创新中外合作办学模式的管理研究——以江南大学商学院国际班为例》，《黑龙江高教研究》2012 年第 8 期，第 62～64 页。

出要想开展中外合作办学，内涵与质量建设是关键。另外，中外合作办学的内涵提升和质量建设不应只停留在引进上，还要结合派出，全方位实现自我提升。① 黄家泉、彭青分析了初期的中外合作办学，得出了中外合作办学具有粗线条、利益化等特征。近年来，中外合作办学逐步走向质量提升阶段。他们以广州大学中法旅游学院为例，指出该学院的成立和发展都紧密结合国际国内旅游产业的发展动态和趋势，以整合双方优质教育资源为途径，旨在建立融教育、研究、培训于一体的旅游教育大平台的办学思路。② 白莉、张纯明详细介绍了沈阳工业大学中外合作办学的经验，并分析了其取得现时成绩的主要原因：拥有正确的办学指导思想；学校上下一心，高度重视；审慎选取合作伙伴；抓好质量建设，争取可持续发展；等等。③

二　关于中外合作办学的人才培养研究

郭小林指出，入世后，面对激烈的国际竞争，中国需要直面挑战，意识到人才的竞争才是根本，从人才培养入手，将国际化和应用型作为人才培养的两个基点，把中外合作办学作为人才培养的摇篮。通过大力开展中外合作办学，培养造就具有国际视野和跨文化交际能力、服务本国本土社会经济发展的高级专门人才。同时，通过中外合作办学，实现优质教育资源的引进和利用，从而促进高等教育事业的改革和发展，缩小与发达国家之间的差距。以中外合作办学为突破口，构建全方位、立体式的高等教育对外开放体系。④

国际化人才的培养离不开国际环境的滋养。大学本科生国际视野的形成需要利用各种途径来实现，而中外合作办学的本科教育则为国际化人才培养目标的实现提供了主要平台和便捷路径。它是对《中华人民共和国中外合作办学条例》中"因势利导，趋利避害，以我为主，为我所用"的中

---

① 张圣坤：《引进优质教育资源　提升中外合作办学水平》，《中国高等教育》2003 年第 11 期，第 10～11 页。
② 黄家泉、彭青：《中外合作办学新模式的实践探索——广州大学中法旅游学院办学特点浅析》，《高教探索》2004 年第 3 期，第 24～26 页。
③ 白莉、张纯明：《论高等教育国际化背景下的中外合作办学》，《辽宁教育研究》2005 年第 11 期，第 50～51 页。
④ 郭小林：《中外合作办学模式与国际通用型人才的培养》，《四川师范大学学报》（社会科学版）2007 年第 3 期，第 101～105 页。

外合作办学原则的具体落实。要将人才培养放在国际坐标系中参考定位，使培养出来的学生成为具备适应国际竞争的能力、懂得国际竞争规则的国际通用型人才。日本、美国等发达国家早已将培养国际化人才和世界公民作为本国教育国际化战略的重要内容，认为积极融入国际化、引领国际化是未来教育发展的趋势和目标。

魏东海等沿袭"教育要面向现代化，面向未来"得出了自己的观点。他们指出，国际化是中国高等教育发展的必由之路。通过国际化实现办学的现代化，才能增强高校的核心竞争力。而中外合作办学是中国高等教育国际化的主要形式之一。中外合作办学的根本目的是引进、吸收和利用国外优质教育资源，推动我国高等教育的改革和发展，培养为中国社会经济发展服务的国际性人才。重视本科阶段的高等教育国际化，是由大学本科在高等教育中的地位和作用决定的，它是我国高等教育的重要组成部分，占据了高等教育的绝大部分，因此是推动我国高等教育发展的必然趋势。同时，本科阶段高等教育国际化运动的蓬勃发展有利于培养大量应用型国际人才，这是与我国现阶段社会经济发展的需要相契合的。①

徐晓玲等认为中外合作办学有利于整合中外高校的优势学科、专业和课程，使课程体系、师资结构等得到优化设计和配置，从而使人才的培养更贴近市场、更接地气。他们还以上海的中外合作办学基本状况为例，列举了上海在中外合作办学方面取得的一系列成就，详细说明了中外合作办学对于上海高校在课程建设、教学改革、教材利用等方面的促进作用。作为新生事物的中外合作办学在各方面都没有前人的成熟经验可循，也没有完善的模式可供参考，一切都需要在摸索中前进。但正是这些看似缺点的特点，使得中外合作办学没有太多的办学历史包袱，也没有过多的所谓经验和模式的羁绊，不易形成发展中的定式思维，从这种意义上来说，其缺点也正是它的优势，对于创新中外合作办学的发展路径、培养社会经济发展所需的创新型人才具有重要意义。同时，当今社会，知识和技术日新月

---

① 魏东海等：《"一联多""全覆盖"本科教育国际化办学模式的实践与探索》，《高教探索》2012年第5期，第86~89页。

异。中国属于发展中国家是不争的事实，在高新知识与技术的发现、发明和创造中处于较为边缘的地带，因此，要想在竞争中不至于太落伍，就必须充分利用后发优势，积极创造平台和机遇实现弯道超车。而中外合作办学的产生和发展正是适应了这一时代的要求，有利于缓解我国高等教育供求关系中存在的结构性矛盾。他们进一步指出了中外合作办学人才培养目标的几个具体维度，即国际视野和跨文化交际能力、学科专业知识和复合型创新人才。他们认为，人的全面发展是中外合作办学人才培养目标的总方针，以人为本是中外合作办学人才培养的基本理念。①

贺武、刘平认为目前我国的高等教育办学质量不能满足高素质人才的培养需求，引进国外优质教育资源，为我国培养高素质、创新型人才以适应经济建设的需要是中外合作办学的根本目的。因此，学习国外先进的教育理念、教育模式、教学方法，以促进我国教育事业的发展是中外合作办学的一项重要任务。目前中外合作办学的人才培养和课程存在以下几个方面的问题：第一，教学质量有待提升，以满足国际化应用型人才培养的需要；第二，中外双方课程还未实现有效整合，从而形成较为科学的课程体系；第三，外籍教师的教学质量堪忧，尤其是中外双方在社会上聘请的外籍教师；第四，中外双方的课堂教学存在较大差异，给学生带来不少困扰。无论是从国家政府层面、社会发展现实需求层面，还是从学校自身办学层面，抑或是学生的成长需要层面看，中外合作办学承载了太多的期盼和责任。但是，总体而言，借由中外合作办学，促进我国高等教育在人才培养的体制机制、方式方法上进行一些探索，加快为我国培养大批"高精尖"人才，是国家、社会、学校和学生的基本期盼，也是中外合作办学的根本目标。而上述目标的实现，其关键一环在于引进外方优质的教育资源。那么，怎么定义和定位优质教育资源呢？是专家学者、课程教材，还是理念思想、模式方式？这是在中外合作办学过程中必须审慎思考的。另外，当优质教育资源引进后，对其消化、吸收和为我所用则是对中外合作

---

① 徐晓玲等：《高教中外合作办学下我国创新型人才培养问题探讨》，《商业时代》2011 年第 5 期，第 144~145 页。

办学更为高阶的思考和行为，是实现中外合作办学可持续发展、变"输血"为"造血"的创新创造和本土化过程。[①]

冯晨昱提出，要实现中外合作办学的可持续发展，关键在于制定适切的人才培养目标，即以国际化的人才培养为龙头。人才培养目标是中外合作办学的灵魂，其对人才的基本定位和规格描述决定了人才培养的根本方向，而所有的课程和教学活动的开展都是在人才培养目标的统领下围绕目标有序进行的。中外合作办学的人才培养目标是其办学根本目的的具体体现，反映了社会发展的现实需求，结合了学生成长的基本要求。经济全球化和全球一体化是中外合作办学产生和发展的大背景，是高等教育国际化的必然产物。世界经济、文化、教育等诸多方面的相互依存度越来越高，高等教育所培养的人才不能再偏安一隅，而必须直面激烈的全球竞争，中外合作办学的产生也责无旁贷地承担起了国际化人才培养的重责，成为中国高等教育国际化攻坚战的主阵地。中外合作办学是中外双方高校利用自身优质教育资源、实现资源的重新组合和利用、发挥 $1+1>2$ 效应的重要措施。双方高校通过对课程体系、教材、教学方式、管理手段、教育理念、评价模式以及师资等方面进行全面直观的接触与了解，有利于充分利用这些优质资源培养国际化人才。中外合作办学加速了人才培养目标的多元化，是多元文化碰撞、对话、理解和融合的主要场域。[②]

三 关于中外合作办学的课程研究

张晓如、程科认为，通过专业合作将国外大学专业的核心课程模块引入中外合作办学的课程体系中，辅之以部分国内专业课程，构建中外合作办学的专业课程模块，与国内的公共基础课程及其他课程模块搭配，从而形成中外合作办学的课程体系。但是令人担忧的是，部分学校"为引入而引入"，对优质教育资源的鉴别、利用采取粗线条、宽泛化的行为模式，对课程的落脚点——课堂教学不重视，对外籍教师的教学质量和教学行为

① 贺武、刘平：《高校中外合作办学的结构优化与质量提升》，《教育与职业》2012 年第 30 期，第 18~23 页。
② 冯晨昱：《对我国高校中外合作办学的思考》，《教育探索》2011 年第 1 期，第 99~100 页。

不规范，导致中外合作办学质量不能得到适当监管和必要保障。有鉴于此，他们提出要紧密结合中外合作办学自身的特点和办学实际，对中外合作办学的课程体系进行严谨和科学的设计，并且以计算机专业的中外合作办学为例，对其课程体系的设计给出了以下四大原则。一是主体性原则，即办学是主体的行为，也是服务于主体的。通过主体在办学过程中主观能动性的充分发挥，实现办学的根本目标。学生主体是办学的基本主体之一，关注学生的成长、成才是办学的基本理念。主体性原则的另一大特征是逐步促进实现国外优质教育资源的本土化。二是综合性原则。中外合作办学的中外合作办学模式和行为，决定了中外合作办学的人才培养目标和课程体系都应该是多元且综合的，而非一元且单纯的。三是通用性原则。西方国家高等教育的人才培养经历了从通才到专才，又逐渐回归通才的基本发展路径。实践证明，随着经济全球化和全球一体化进程的逐步加快，以及信息技术革命时代的到来，知识和技术的发展呈现不可更改的复合和整合态势，社会发展对人才的需求已远远超越了工业革命时期对专业高级人才的定位，而将通用能力视作一种可迁移的能力，认为它对于学生各方面能力的发挥以及个性的发展都有重要作用，也是学生继续学习的基础。因此，在中外合作办学的课程体系设计中要将综合性作为主要原则之一，为通才的培养打下坚实基础。四是创造性原则。创新创造是当今的时代主题，创新能力和创造能力是未来人才培养的核心竞争力。[①] 因此，中外合作办学在进行课程体系设计时，要将创新创造作为基本原则，使其成为中外合作办学人才培养的主旋律和核心共识。只有这样才能有针对性地学习外方在培养具有创新创造能力的学生方面的先进经验，培养学生的创新意识和问题意识，强化学生的动手能力，提升学生的创造思维能力、实践能力和创业能力。综上所述，中外合作办学绝不是对国外优质教育资源的简单照搬，而是将国际化与本土化不断融合的过程，是创新创造的过程。

王玉等认为在中外合作办学过程中，课程的建设是中外合作办学人才培

---

① 张晓如、程科：《中外合作办学课程体系的本土化研究与实践》，《中国校外教育》2009年第11期，第40~41页。

养的保证。而对于中外合作办学课程建设而言，中外课程的衔接问题则是课程建设的关键环节。基于此，他们对当下中外合作办学中中外课程衔接的主要方式进行了分析，认为较为常见的方式是对合作院校的课程体系全盘接收，再就是适当调整己方课程，以融入外方课程体系。鉴于中外合作办学是在中国境内办学，其人才培养的最终指向是培养能够为中国社会经济发展服务的国际化人才，因此全盘照搬外方课程体系显得太过粗放。他们比较赞同后一种课程衔接方式，即对己方课程进行适当调整，同时他们又认为，只对己方课程进行调整还不足以体现双方课程的整合性和融合性，有必要根据需要对外方的引入课程进行适当调整。具体的调整思路如下：第一，在综合考虑的基础上，调整中外合作办学的课程设置，突出理论与实践并重；第二，整合中外双方课程目标，强调专业素养；第三，对引进教材进行认真研究，根据中外合作办学需要，对课程内容进行增益删补；第四，采取多样化的课程实施方式，形成与中外合作办学课程多元的联动；第五，建设好双语课程，利用好网络资源，辅助老师和学生顺利完成课程与教学的过渡。[①]

喻立森从课程评估的角度对中外合作办学的课程建设提出了自己的见解。他认为评估是对中外合作办学课程有效性的检验和保障，与课程建设的诸环节共同构成了课程系统，缺一不可，环环相扣。中外合作办学既不是本土大学的"沿袭"，也不是外国大学的"照搬"，而是在扬长避短的基础上对中外优质教育资源的有效整合，是扬长避短的强强联合。中外合作办学是一种既不同于双方办学模式又兼有双方办学身影的新型办学模式。因此，以"换汤不换药"和"新瓶装老酒"的思维去运营中外合作办学是严重的误区。要真正实现中外合作办学的根本目的和人才培养目标，就必须有"壮士断腕"的精神和决心，大胆尝试，果断摒弃，积极吸收，重在消化。从人才培养目标这个办学的灵魂着手，对课程设置、课堂教学、课程评价、师资结构等进行大刀阔斧的改革。[②]

---

① 王玉、于洁、孙丽：《旅游高等教育国际合作办学课程设计研究——以泰晤士河谷大学和哈尔滨商业大学为例》，《旅游学刊》2004 年第 S1 期，第 44 ~ 47 页。

② 喻立森：《以引进优质教育资源为核心发展中外合作办学——宁波诺丁汉大学首届中外合作大学国际论坛综述》，《中国高等教育》2011 年第 19 期，第 61 ~ 62 页。

王一兵对宁波诺丁汉大学进行了深入研究，得出在中外合作办学过程中，在引进优质教育资源时，切不可忽视对外方先进办学理念的吸收借鉴。因为，如果只注重"硬件"的引入，而不顾理念的更新和国际化，那么如何才能在本土的办学环境中培养出国际化特色明显的创新型人才？① 蒋凯提出，中外合作办学的确是中国高等教育国际化发展的必然结果，其初衷也是为了缩小与先进的差距，但是截至目前，并没有充分的证据证明中外合作办学比其他办学形式有更明显的优势，且取得了令人信服的成绩。他同意中外合作办学为国际化人才的培养提供了较好的平台，成为国际化人才培养的主阵地，但是要切实提高中外合作办学的质量和水平，实现其办学的根本目的和人才培养目标，还有很长的路要走。而其中"建设高素质的稳定的教师队伍是保证和提高中外合作办学教学质量的关键，是培养国际化人才的前提条件"。由于历史文化和传统的不同，中外双方从课程理念到课堂教学都存在极大差异。正视多元、包容多元、整合多元是中外合作办学不可回避的问题。② 纽约大学上海中心在此方面做了积极有益的探索。杨辉概括总结了美国通识教育的主要特点，如鼓励跨学科选课、教授治校、学术自由等。但是中国目前的国情、社情和校情都决定了完全照搬美式通识教育是不切实际的，必须在立足中国本土社会的基础上进行综合考虑，才能实现办学利益的最大化。③

吴奕立从社会需求的角度出发，认为经济全球化和全球一体化为中外合作办学的人才培养带来了巨大机遇，同时也面临艰难挑战。这是因为，一方面是对国际化人才数量的巨大需求，另一方面是对国际化人才质量的高标准和严要求。这是中外合作办学产生和发展的直接动因，也是中外合作办学面临的直接考验。需要将中外双方的课程体系与教学体系进行最大限度的整合和融合，从而形成具有中外合作办学特色的人才培养方案。在处理中外双方课程关系的过程中，要秉持中外双方的优势最大化原则，在具体课程设置上体现融合型模式。根据中外双方课程在人才培养方案和课

---

① 王一兵：《办好中国特色开放大学》，《开放教育研究》2013 年第 2 期，第 12～18 页。
② 蒋凯：《高等教育市场及其形成的基础》，《高等教育研究》2013 年第 3 期，第 9～21 页。
③ 杨辉：《中外合作办学模式初探》，《教育评论》2004 年第 4 期，第 4～9 页。

程体系中的关联度，可将其分成三大类：一是按照中国传统和根据国情而开设的公共基础课程，如"两课"、大学语文等；二是专业课程模块中相关的课程，此类课程涉及双方课程是否有重叠累加、是否有重大差异等，关系到学分的相互认可，需要双方审慎研讨；三是部分专业核心主干课程，此类课程决定着人才培养的终极方向，因此双方必须敞开怀抱，共享资源，形成共识和合力。①

王保宇分析了中外合作办学过程中可能遇到的文化、体制、理念等方面的碰撞和冲突，进而指出冲突是难免的，但必须本着多元共存的心态，求同存异，寻找双方合作的最佳途径并找准切入点，在碰撞中产生火花，在冲突中寻求共识，在合作中共谋发展。同时，他严厉批判了中外合作办学中的拿来主义思想和做法，认为这是对办学不负责的态度和行为，并在此基础上提出模式只是办学的表象特征，办学成败的根基和关键在于中外合作办学的课程，因为课程是中外合作办学人才培养的最终落脚点。②

吴雪梅等指出，全球教育发展和国际化进程中存在类似于经济领域的"中心－外围"现象。我国高等教育国际化进程中也表现出这一趋向，如过分追求课程的国际化目标，而课程设置和课程内容却忽视了本国政治体制、经济制度和文化传统等。对此，我们应该保持"国际化"与"民族化"的适当张力，在推进课程国际化的同时，力争实现高等教育目标。③

四 研究评述

（一）研究取得的成就

1. 国外对跨国教育的研究系统而深入

由于中外合作办学有其特殊性，国外学者几乎很少涉猎。国外学者与本项目有关的研究主要集中在跨国教育方面。国外学者对跨国教育的研究

---

① 吴奕立：《中外合作办学项目教学实践与思考》，《高等工程教育研究》2010 年第 S1 期，第 36~37 页。
② 王保宇：《合作办学课程设置及师资管理探讨》，《继续教育研究》2011 年第 4 期，第 120~121 页。
③ 吴雪梅、刘海涛、刘恩山：《高等教育课程国际化过程中的"中心－外围"现象分析》，《教育发展研究》2007 年第 Z2 期，第 50~52 页。

具有范围广、材料多、分析深入、理论模型构建成熟等特点。从这些文献的整体情况来看，其研究的广度、深度在跨国教育研究领域首屈一指。总而言之，发达国家在跨国高等教育研究方面处于中心地位，引领着研究的方向和趋势。而且国外的研究几乎是站在高等教育国际化的宏观立场上进行的，对微观层面跨国高等教育的管理、课程、课堂教学等少有论述。另外，跨国高等教育的研究在多元文化的碰撞和交流方面也着墨较多，这表明多元文化研究依旧是当下的热点。同时，令人遗憾的是，在国际高等教育研究领域，无论是国内还是国外，关于中国的跨国高等教育研究却是凤毛麟角，这一方面说明中国高等教育国际化相对迟滞，另一方面也反映出研究人员对中国高等教育国际化道路的不自信和不重视。也正因如此，中国的高等教育国际化研究大有可为。

2. 国内对中外合作办学宏观问题的研究比较全面和丰富

国内对中外合作办学研究的系统性和全面性主要表现在对中外合作办学宏观层面的研究（如管理问题、办学模式等）进行了十分深入的分析，得出了比较深刻的见解。这些研究对高校的中外合作办学行为提供了有益借鉴，在一定程度上促进了中外合作办学管理的规范化，为创新中外合作办学模式、丰富中外合作办学形式提出了许多有建设性的意见和建议。

3. 对中外合作办学质量建设问题的关注越来越多

随着中外合作办学规模的逐步发展壮大，对中外合作办学的研究也由宏观层面逐渐过渡到对办学具体环节的微观层面的关注。而这种研究的转向与当下注重中外合作办学规模向重视中外合作办学质量的转变是相契合的。因此，相当一部分研究人员对中外合作办学的师资建设、教学改革、学生管理、课程设置等进行了比较充分的论述。通过对这些文献的认真阅读，发现此类研究的主体绝大部分是具有丰富的中外合作办学教学与管理经验的一线教师或管理人员，他们多年从事中外合作办学的具体实践工作，对中外合作办学在实际运行中的问题有较为全面和深刻的认识，能够充分结合工作实际，针对具体问题提出比较合理的且行之有效的解决方案和应对策略。这些研究对于切实提升中外合作办学的质量、解决办学中的实际问题具有非常大的参考价值，影响并指导着广大中外合作办学主体的办学行为，避免了办学的无序性，推动了办学的健康与良性发展。

4. 对中外合作办学政策法规的研究比较集中深入

在对中外合作办学的研究中，还有部分研究集中在对办学政策法规的解读方面。迄今关于中外合作办学的政策法规文件已出台数十个，这些政策法规文件对保障中外合作办学的顺利推进和合法开展具有重要作用。关于中外合作办学政策法规文件的解读和研究对于正确理解和准确把握这些文件的精神和宗旨、内涵和外延，以及规范中外合作办学行为、建立健全中外合作办学的保障机制、完善中外合作办学的法律法规体系有着无可替代的作用，能够持续推动中外合作办学在法律法规框架下依法发展。

（二）研究存在的不足

对于中外合作办学的研究，还存在以下不足之处。

1. 研究缺乏理论深度

大部分研究集中在办学的实践层面，且研究人员以中外合作办学的一线工作人员为主，而从事教育理论研究的专家和学者在对中外合作办学的研究方面还较少涉猎，导致对中外合作办学的研究缺乏一定的理论深度，存在就问题而论问题的浅表化现象。可喜的是，厦门大学在教育部的支持下于2013年1月28日正式被批准成立了中外合作办学研究中心，标志着对中外合作办学的理论研究迈上了新的台阶。

2. 对中外合作办学宏观层面的论述较多，微观层面的关注相对较少

宏观研究固然重要，但是如果只注重宏观而忽视了微观，那么中外合作办学活动则很难落地。因为无论规划多么完美、蓝图多么宏伟，如果缺少具体的策略和措施使之得到贯彻落实，就会使宏观的规划和蓝图永远停留在文本和制度层面。

3. 在中外合作办学具体问题的研究上浅尝辄止

部分研究求全而显泛，功利思想严重，具有实质内容和进行深入剖析的文章数量相对较少。通常是在一个问题未讲清、讲透之前又急忙转入另一个问题，缺乏系统性，总给人浅尝辄止的感觉。

4. 研究的滞后性

中外合作办学研究的进展与其发展的速度相比存在一定的滞后性，不能

及时对办学过程中出现的理念冲撞、矛盾和问题提出对策建议；对中外合作办学现存问题的论述不够系统和深入，缺乏一定的创新性。

当然也要看到，我国对中外合作办学的研究呈现良好的发展态势，主要表现在：研究队伍在扩大，核心力量在形成；学术性在不断提高；研究内容日渐广泛，研究方法日趋多元；研究的组织性逐步增强。

综上所述，尽管关于中外合作办学的研究文献不少，但是真正触及其核心和灵魂的为数不多。大多研究停留在"头痛医头、脚痛医脚"的层面，对于办学的核心问题——课程关注较少，更缺乏深入系统的研究，尤其是没有上升到理论的高度来论及课程问题，偶尔谈及，也仅限于课程某方面的改革等。

本书在前人研究的基础上，充分吸收和借鉴前人的研究成果和经验，认真总结研究的不足和缺失，针对中外合作办学课程这个点进行集中、全面、系统的论述，并充分运用知识价值论、跨文化理论、教育目的论和课程论，将研究建立在较为深厚的理论基础之上，结合自身中外合作办学的丰富经验，查找有代表性的案例，将案例与理论结合，深入分析中外合作办学课程的现状和问题，探索问题形成的深层次原因，并根据问题查找影响因素，从而建构系统、科学、有效、合理的中外合作办学课程设计方案和课程实施策略，希望能为中外合作办学的课程研究与课程建设提供有益借鉴。

第三节　研究思路与研究方法

一　研究思路

本书经过文献检索和调查研究，运用知识价值论、跨文化理论、教育目的论和课程论对中外合作办学课程案例进行分析，力图发现存在的问题及其影响因素，并根据中外合作办学人才培养的要求对其课程进行建构性设计，进而提出有效可行的课程实施策略。

二　研究方法

根据选题特点和研究内容要求，本书采用调查研究法、文献研究法、比较研究法等方法开展具体研究。

第一，调查研究法。针对提出的问题，主要采用调查研究的方式收集中外合作办学课程现状和问题方面的资料，系统地加以整理，作为研究的基础。同时，为了进一步分析中外合作办学课程存在的问题，还将对合作大学进行网站资料调查收集，用具体的案例来支撑分析。

第二，文献研究法。通过阅读具有代表性的专著、期刊，收集与本书相关的中外文献，从而梳理研究思路，厘清中外合作办学课程存在的问题，掌握分析问题的方法，辨析各种观点的论证结果；凝练出本领域的研究前沿，明确自己的研究在哪个侧面、哪个层次以及可能对本书所涉及领域做出哪些贡献；为回答本书提出的研究问题构建理论框架。此外，还将对本书所涉及的核心概念加以界定。

第三，比较研究法。本书运用比较研究法对中外合作办学的培养目标、课程设置、课程实施等进行分析，归纳并提炼出中外合作办学应有的课程理念、课程文化、课程实施、课程师资、课程机制等，从而为中外合作办学课程改革提供有益启示。

第四节　研究内容与概念界定

一　研究内容

本书从课程现状和课程存在问题、原因分析、课程设计思路和课程实施策略建构四个维度展开，在认识中外合作办学课程现状的同时，透过现象看本质，弄清中外合作办学课程存在的问题及其影响因素，进而探寻解决问题的方法，即设计课程的思路和建构课程实施的具体策略。具体如下。

第一，中外合作办学课程研究与课程建设的理论基础。着重论述了知识价值论与中外合作办学课程知识的选择问题、跨文化理论与中外合作办学课程的文化多元问题、教育目的论与中外合作办学人才培养目标的确定及其规格问题，以及课程论与中外合作办学课程体系的建构问题。

第二，中外合作办学课程现状的案例分析。通过案例对中外合作办学人才培养目标、课程设置、课程实施状况进行梳理和分析，以把握中外合作办学大学本科课程的现状。

第三，结合案例，首先，对中外合作办学课程存在的问题进行分析，指出中外合作办学大学本科课程存在以下问题：课程目标的依附和悬空；课程设置的移植和拼盘；课程实施的守旧和单一；课程师资的不适应。其次，从课程理念、课程机制、办学环境、文化多元四个方面对问题的成因展开剖析。

第四，中外合作办学课程设计。针对中外合作办学课程存在的问题及其成因，分别从课程目标、课程体系和课程实施三个方面对中外合作办学的课程进行设计。在课程目标设计上，坚持"开放性""协调性""共享性""创新性""跨文化性"的原则，将培养目标定位为"民族心""国际性""整全人"。在课程体系设计上，将"国际化"作为基本取向，建构中外合作办学的模块化课程体系设计方案。在课程实施设计上，主要围绕课堂教学、实践教学和海外锻炼三个方面对中外合作办学的课程实施进行设计。

第五，提出中外合作办学课程实施的策略，即理念创新策略、文化创生策略、途径拓宽策略、师资优化策略和健全机制策略。确立创新、开放、人本、整合的课程实施理念；创生各美其美、美美与共、多元融合的中外合作办学课程实施文化；拓宽中外合作办学课程实施途径；明确中外合作办学师资队伍的建设策略；从行政垂直管理、日常运行管理、师生共建机制和第三方评估四个层面着手建立健全中外合作办学课程实施的机制。

二　概念界定

核心概念的界定是研究的基础。针对中外合作办学中的课程问题研究，对相关的核心概念，如课程和中外合作办学等进行深入的认识是十分必要的。

（一）课程

钟启泉认为，课程，作为学校教育这个系统中的软件，是最重要、最繁难的。它还包括教师组织指导下学生的活动，学生有计划地掌握一定的系统的知识、技能，在解决各种问题的同时，发展起一定的能力、习惯。例如，通过说话、记叙、报告，发展表达能力；通过对事物的系统观察，发展观察能力。① 这就是说，课程是由知识、技能及与之相应的学生的活动组成的。

谈到课程的概念，潘懋元认为，课程首先是一个系统，这个系统的中枢是教育目的，围绕教育目的而开展的各种有关学科的教育教学活动是系统的组成部分。② 从这个层面来理解课程，就可以看出，课程是有意识、有目的的专门活动，而且这些活动是按照一定的逻辑顺序逐步开展的，而不是随心随性的偶发行为。此外，活动的开展是在学科知识体系框架内进行的。课程是教学活动中内容和实施过程（或方式）的统一，因而是实现教育目的的手段。

综上所述，本书认为，课程是实现教育目的的中介，是学校分门别类培养人才的科目及其开展的活动的总和。课程的主要类型是与人的培养相关联的。具体来说，核心课程或基础课程解决的是人的核心素养的培养问题，而边缘课程或公共课程解决的则是人的拓展性素养的培养问题。从课程本身来理解，课程又包含以下几个方面的内容：课程理念、课程目标、课程设置、课程内容、课程设计、课程实施等。本书将课程视作中外合作办学事业的核心，是中外合作办学目的和人才培养目标实现的落脚点，关系到中外合作办学的兴衰和成败。因此，本书将从课程与培养目标的关系入手，从不同类型课程的科学搭配上解决中外合作办学课程体系的构建问题，从课程本身的内容上对中外合作办学课程的诸方面如课程理念、课程文化、课程设置、课程设计、课程实施等开展具体的研究。

（二）中外合作办学

按照对《中华人民共和国中外合作办学条例》的理解，中外合作办学首先是一种办学活动，这种活动是中国的教育机构和外国的教育机构联合举办的。要正确理解中外合作办学，还要对其办学的环境和生源对象有明确的认知。根据该条例的解释，中外合作的教育教学活动是发生在中国境内的，并且是以中国学生为主要招生对象的。③《中华人民共和国中外合作办

① 钟启泉编著《现代课程论》，上海教育出版社，1989，第19~23页。
② 潘懋元主编《高等教育学》，人民教育出版社、福建教育出版社，1984，第34~38页。
③ 《中华人民共和国中外合作办学条例》（中华人民共和国国务院令第372号）。

学条例实施办法》第四章对中外合作办学的主体进行了进一步的界定，首次明确了中外合作办学机构和中外合作办学项目的区别。中外合作办学是指"中国教育机构与外国教育机构以不设立教育机构的方式，在学科、专业、课程等方面合作开展的以中国公民为主要招生对象的教育教学活动"。[①]

本书认为，上述概念应理解为狭义的中外合作办学概念。对中外合作办学概念的理解应从全球的视角，结合跨国教育的概念和理论，对其进行进一步延伸，即从广义上来理解。因此，广义上的中外合作办学还应包含中国教育机构与外国教育机构在中国或外国以不另设立或另设立教育机构的方式，在学科、专业、课程等方面合作开展的以中国公民或外国公民为主要招生对象的教育教学活动。广义上的中外合作办学具有以下特点：①中外合作办学可以是中外双方联合设立新的教育机构的教育教学活动，也可以是中外双方不另设立新的教育机构，依托合作双方之一而进行的教育教学活动；②中外合作办学可以在中国境内举办，也可以在国外举办；③中外合作办学的招生对象可以是中国公民，也可以是外国公民。

中外合作办学也有学历教育与非学历教育之分。

中外合作办学的学历教育是指学生必须参加全国的高等教育统一招生考试，并达到中外合作办学的录取分数线，被中外合作办学机构录取，进行全日制学籍注册，毕业后按照规定获得相关毕业证书和学位证书。目前，中外合作办学的学历教育项目分别有本科国际教育项目、联合培养硕士研究生项目、联合培养博士研究生项目。

中外合作办学的非学历教育则是与学历教育相对的。非学历教育有较大的自主权，无须参加高等教育统一招生考试，学生在通过语言测试后可注册外方学校学籍，达到毕业条件者，授予外方学位。

目前，各级各类中外合作办学在校生总数约56万人，其中高等教育阶段在校生约46万人，高等教育阶段中外合作办学毕业生总数已超过160万人。全国中外合作办学机构和项目有2371个，如果把高职高专的中外合作办学机构和项目计算在内，那么高等教育中外合作办学机构和项目数约占

[①] 《中华人民共和国中外合作办学条例实施办法》（中华人民共和国教育部令第20号）。

总数的 90%。其中,本科及以上中外合作办学项目共 1084 个,具有法人资格的中外合作办学机构共 11 个（含筹）,不具有法人资格的中外合作办学机构共 57 个（含筹）。在 1084 个本科及以上中外合作办学项目中,博士学位教育项目 12 个,占 1.1%；硕士学位教育项目 200 个,占 18.5%；学士学位教育项目 872 个,占 80.4%。[①]

本书涉及的是狭义的中外合作办学,将范围限定在占中外合作办学形式绝大多数的大学本科非独立法人中外合作办学机构和项目,研究中所提及的中外合作办学统一指代如上所述的中外合作办学形式。但是本书的研究成果对广义的中外合作办学也能起到一定的借鉴和推动作用。

（三）大学

关于大学的概念有不同的界定,也有古今之分。从我国词源学角度看,大学的概念可以从两个角度来理解。一种是《教育百科辞典》将大学界定为"大学是实施高等教育的机构。包括综合大学、专科大学和学院"。[②]另一种是《世界教育辞典》对大学的界定,即"大学是指高等院校中以学术为媒介进行研究和教育,即培养人和进行高等专业教育的机构"。[③] 因此,当前我国对大学的共识是提供教学和研究条件以及授权颁发学位的高等教育机关。

而从西方词源学角度看,"大学"即 University,它是由拉丁文 Universitas 演变而来的。Universitas 是指学会、行会,所以中世纪的大学是带有行会性质的。University 对应的是我国的综合性大学。

洪堡指出,"高等学术机构的概念乃是一个极点概念,所有直接为民族道德文化而发生的事情都汇聚于此极点上。这个概念的依据就在于高等学术机构负有使命,去开展最深刻又最广泛意义上的科学（或译'学术'）之工作"。[④] 雅斯贝尔斯指出,"大学是研究和传授科学的殿堂,是教育新

① 厦门大学中外合作办学研究中心:《第六届全国中外合作办学年会资料》,2015 年 9 月。
② 张念宏主编《教育百科辞典》,中国农业科技出版社,1988。
③ 〔日〕平塚益德主编《世界教育辞典》,黄德诚译,湖南教育出版社,1989。
④ 孙周兴:《威廉姆·洪堡的大学理念》,《同济大学学报》（社会科学版）2007 年第 2 期,第 7~12 页。

人成长的世界，是个体之间富有生命的交往，是学术勃发世界。每一任务借助参与其他任务，而变得更有意义和更加清晰"。[①] 时任北京大学校长蔡元培认为，"大学者，研究高深学问者也"。[②] 时任清华大学校长梅贻琦认为，"所谓大学者，非谓大楼之谓也，有大师之谓也"。[③]

由此可以看出，由于受时代的影响，人们对"大学"的界定各不相同，各具特色，各自有不同的侧重点。因此，"大学"这一概念是动态的而非静态的。它是随着时代的变迁和人们思维的发展而不断调整的。

综合以上若干"大学"的概念，本书所指"大学"与现代大学的概念同义，可以将其共性归纳如下：①大学是一个学术组织；②这个组织以培养人为其首要任务；③大学还要为社会提供服务；④大学为社会提供服务的基本途径是科学研究。

（四）本科

本科，是大学本科的简称，即大学本科专业学历，是高等教育的基本组成部分，一般由大学或学院开展，极少部分高等职业院校已经开展应用型本科教育，学生毕业后可获学士学位。与专科相比，本科更注重理论上的通识教育，而非应用上的专业教育和实际技能。本科层次的学生毕业后一般可获本科毕业证书和学士学位证书，少数人因成绩或综合评价未符合学术要求而只有本科毕业证书，没有获得学士学位证书。根据高考录取批次的不同，本科也分为一本、二本（包括公二本、民二本）、三本，但它们同属于一个层次和等级（本科教育层次）。同时，本科又分为重点本科高校与普通本科高校。重点本科高校与普通本科高校只是侧重点不同，并无本质差别，前者注重理论研究，后者注重实践应用。按照教育种类来分，本科可以分为全日制统招本科和成人教育系列的本科，如自考本科、成人教育本科、网络教育本科；按照办学性质来分，本科还可以分为公办

---

① 〔德〕卡尔·雅斯贝尔斯：《什么是教育》，邹进译，生活·读书·新知三联书店，1991，第149~150页。

② 蔡元培：《就任北京大学校长之演说》，载《蔡元培全集》（第三卷），浙江教育出版社，1997，第8页。

③ 梅贻琦：《就职演说》，《清华校刊》1931年12月4日，第341号。

本科、民办本科。

重视本科阶段的高等教育国际化，是由大学本科在高等教育中的地位和作用决定的，它是我国高等教育的重要组成部分，占据了高等教育的绝大部分，因此是推动我国高等教育发展的必然趋势。同时，本科阶段高等教育国际化的蓬勃发展有利于大量应用型国际人才的培养，这是与我国现阶段社会经济发展的需要相契合的。大学本科生国际视野的形成需要利用各种途径，而中外合作办学的本科教育则为国际化人才培养目标的实现提供了主要平台和便捷路径。因此，本书对中外合作办学课程的研究限定在本科阶段。

第五节　研究框架与创新之处

一　研究框架

本书的研究框架见图 1 − 1。

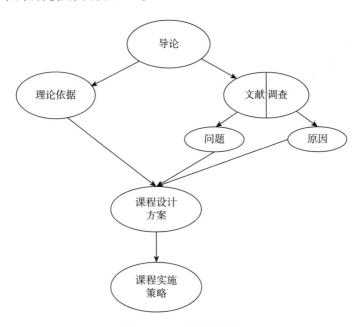

图 1 − 1　本书研究框架

二 创新之处

国内外对中外合作办学的研究兴起于近年，笔者试图通过自己的研究将这一课题推向深入，并在以下几个方面有所创新。

第一，中外合作办学课程理念的创新。以往中外合作办学的研究将重点放在管理模式、政策、教育主权等方面，研究成果多停留在宏观层面。然而，模式再精巧，管理再完善，在实践中终难避免教育质量不尽如人意之处，也无法真正触及中外合作办学的核心之所在——课程。要解决这个问题，必须将研究视野转向中外合作办学中的课程研究。把中外合作办学的课程作为研究的中心和重点，从人才培养目标着手，将研究的落脚点放在课程上，从课程目标、课程设置、课程实施等方面全面阐述中外合作办学的课程问题及其成因，使研究不再局限于表象的现状与问题，而是透过现象看本质，将研究的主旨指向中外合作办学特有的课程理念建构上。

中外合作办学本身的特性决定了其课程理念必然是"混血"的，既不同于中国传统办学的课程理念，又非全然照搬外方合作学校的课程理念。首先，中外合作办学的课程理念在于"创新"二字。若无创新之理念，中外合作办学的课程必然面临诸多掣肘。其次，要将"开放"作为中外合作办学课程理念的基本成分。唯有开放，才有胸怀，才能海纳百川，才能兼容并蓄。"开放"是中外合作办学与生俱来的应然特质，若无开放，中外合作办学只是徒有其表罢了。再次，"人本"是中外合作办学课程理念的核心元素之一。中外合作办学的产生和发展既是教育国际化的大势所趋，也是中国高等教育自身发展的需要。中外合作办学只有坚守人本的课程理念，才能关注学生的个性化需求并结合社会的多元需要，与国际接轨，实现可持续发展。最后，是"整合"的课程理念。整合是中外合作办学课程建设体现"中外合作"特性的基本途径和必然选择。

第二，中外合作办学人才培养目标的重塑：家国情怀与国际意识并重；专业特长与整全发展协调。中外合作办学的人才培养目标是什么？目标决定课程。自中外合作办学活动开展以来，中外合作办学人才培养的目标常常是顾此失彼或非此即彼。"国际意识""社会需要"等词语频出，目标定位大而空。总体而言，学校对于引进、吸收、创造还是保留显得"左支右绌"。如何结合实际，引进精华，创新发展，重塑中外合作办学的培养目标，是本书的难点和重点，也是本书的创新之所在。中外合作办学应当以培养能够进行跨文化交际、具备国际视野的外向型和开放型国际化人才为己任。但是无论怎样"国际"和"外向"，家国情怀才是"根"，否则必然与我国进行中外合作办学的初衷是相悖的。中外合作办学人才培养的大前提是培养为中国特色社会主义发展服务的人才。这是中外合作办学人才培养目标重塑的第一关切点，也是人才培养目标的"民族心"。另外，中外合作办学的人才培养目标绝不仅仅限于"才"，还要观照"人"，"成人"先于"成才"。如果说"才"对应的是"专业特长"，那么"人"对应的就是"整全发展"。实质上，"专业特长和整全发展"与"家国情怀和国际意识"是有机统一于中外合作办学人才培养目标的。前者是后者的前提和条件，后者是前者的基础和内容。因此，中外合作办学的课程与人才培养目标也应该是遥相呼应的，既不同于立足国内的传统的人才培养，也绝非全盘西化。

第三，研究内容的创新。本书在前人研究的基础上，对中外合作办学的课程进行了全面、系统、创新性的研究。相较于其他关于中外合作办学的课程研究，本书结合相关的理论基础，以理论与实际相结合的方式对中外合作办学课程的问题及其产生的原因进行了充分的探讨，并在此基础上，对中外合作办学的课程进行了系统设计，提出了课程实施的系列策略。

第二章

中外合作办学大学本科课程
研究与建设的理论依据

中外合作办学与经济、政治、文化之间存在千丝万缕的联系，受到多种因素的影响。本书力图从多维的角度研究中外合作办学大学本科课程，其中知识价值论、跨文化理论、教育目的论和课程论是本书的理论基础。

第一节　知识价值论

一　"什么知识最有价值"的缘起与发展

"什么知识最有价值"最早是由英国著名哲学家、教育家赫伯特·斯宾塞（Herbert Spencer）提出的关于知识价值的命题。斯宾塞在《什么知识最有价值》一文中对当时盛行的"重道轻器"的知识价值观进行了针锋相对的批判，提出了自己对知识价值尺度的见解。斯宾塞将最有价值的知识直接归类为科学，因为他认为科学可以"直接保全自己或者维护生命和健康"。① 自此以后，"什么知识最有价值"成为知识价值论中最为重要的命题，对这一命题的争论从未停歇，并发展成为课程思想史上的重要标志。斯宾塞对知识价值的理解和判断对于世界课程思想史的发展具有划时代的颠覆性意义。这一命题本身的价值远远超越了对这一命题答案的追寻，它

---

① 〔英〕赫伯特·斯宾塞：《斯宾塞教育论著选》，胡毅译，人民教育出版社，2005，第41页。

的经典之处在于唤醒人们长久以来对古典人文的依恋和沉醉，犹如晴天霹雳般引起了当时学界的关注和思考。当时工业革命已然发端，科学的概念、功能和价值正逐步引发生产力的技术革命，斯宾塞的呐喊与科学技术的发展不谋而合，二者很快形成了共鸣效应，在世界范围内引起了巨大反响，为工业革命的全面兴盛奏响了进行曲，促进了科学与技术的发展和应用。

（一）"什么知识最有价值"命题中，首先需要观照的是知识的价值问题

1. 知识之于个人的价值

知识是人类历史精神文化的总和，知识是不断向前发展的，因此知识既是历时的，又是共时的。从根本上说，知识的价值在于对个人成长成才和社会发展的作用，因此可以从人与社会两个方面理解知识的价值问题。个人的成长成才需要知识的襄助，这就是知识的个人价值所在。个人的成才源于对知识能力、素质的追求，而个人的成长则源于对知识中个人情感和志趣及艺术价值的喜好。如果说成才是安身立命之本，那么成长则是内心幸福之源。所以，知识之于个人的成才价值是专注于个人的技能、素质的训练，而知识之于个人的成长价值则是对个人的内心圆满和幸福的观照。

2. 知识之于社会的价值

知识之于社会的价值在于促进社会的可持续发展，具体而言也可以从两个方面来理解：一方面是社会生产力的高度发展和社会财富的极大丰富；另一方面是社会生活的健康、和谐。社会生产力和社会生活是社会的两大基本元素，二者相辅相成，推动着社会的可持续发展；二者缺一不可，否则就是一个跛脚的社会形态，是病态的社会。所以，可以将知识之于社会的价值概括分类为生产力价值和社会生活价值。生产力价值是知识对生产力发展的促进作用，"科学技术是第一生产力"的论断就是对知识生产力价值的直接体现；社会生活价值则是通过知识成就健康和谐的社会生活。

（二）回答"什么知识最有价值"，离不开时代主题和主体意志

知识通过人类的教育教学实践活动得以传递。在漫长的人类历史长河中，知识的累积一刻也不曾停止，传递所有知识几近痴人说梦。于是，通过教育教学实践活动有选择地传递知识是知识发展的必然结果。既然有选择性，那么，对知识的价值判断就是选择的基本依据，这就是对"什么知识最有价值"的理解和把握。历史是不断向前发展的，历史车轮的转动是不以人的意志为转移的，因此每个时代都有各自最为贴近时代主题的知识价值体系，这是"什么知识最有价值"的决定因素之一，而知识的社会属性决定了人才是知识的主宰。从这个层面来理解知识的价值的关键在于理解谁在社会中是强势群体，那么谁就是知识价值判断的主体。这是"什么知识最有价值"的另一个决定因素。

1. "命题"的时代性价值演变

信息技术革命使得人类近几十年的知识积累有超越数千年文明累积的趋势，正呈几何级数增长的知识是人类诞生以来所不曾遭遇的。传统学科知识间的壁垒已然不复存在，取而代之的是学科的交叉和复合。以高新技术为代表的知识所衍生的高科技、高智能产品在个体和社会生活中的地位与作用的重要性已是无以复加。高新技术已经融入人类生活的方方面面，成为人类生活中不可分割的重要组成部分，"科学技术是第一生产力"的提法尚未冷却，知识经济时代已姗然而至。知识以各种不同形式与功能反映在个体和社会生活的各个方面、各个环节，知识技术给人类生活带来了前所未有的改变。在这种大背景下，不少学者开始反思知识技术对人类社会生活的影响，尤其是对技术条件下技术运用的理性反思。于是，当下越来越多的人对"什么知识最有价值"这一命题开始了新一轮的省思。培根关于"知识就是力量"的论断是毋庸置疑的，它肯定了知识的价值和作用。但是，在喧嚣的商品和技术充斥时代，人们开始追寻内心的宁静，希望寻求一方净土以思考人与自然存在的真谛。在这种思潮的影响下，人们开始重新探讨知识价值的时代意义。庄子云："吾生也有涯，而知也无涯。以有涯随无涯，殆已！"① 也就是说，人生是短暂的，相对于浩瀚的知识海洋，一个人即便穷其一生，所知所学也是极为有限的。将知识尽收囊中的想法是根本无从实现的，只是白费力气罢了。但是知识经济时代，个体的生存与生活所面临的压力也是前所未有的，要想在激烈的竞争中安身立

---

① 《庄子》，生活·读书·新知三联书店，1979，第8页。

命，实现自我，对知识的追求又是须臾不可废的，这好比逆水行舟，不进则退。于是，对于知识获取的效率问题便成为知识学习过程中的头等大事。换言之，就是如何在最短的时间内学到最有价值的知识，这一过程实质上就是对知识的价值判断过程，也是知识价值的时代性演变过程。

2. "命题"对主体意志的观照

从生活中实现自我价值是知识价值标准的时代特征。那么，什么样的知识才能够让个体实现自我，在生活中游刃有余？哪些知识才能够满足个体的生活需要？古今中外，知识之于生活的价值一直是被持续探求和争论的话题。中国古语云，"书中自有黄金屋，书中自有颜如玉，书中自有千钟粟"，其实质也是展现知识的不同价值维度。荷兰哲学家斯宾诺莎（Spinoza）看重生活中的善与幸福；霍尔巴赫（Holbach）把生活幸福作为毕生的追求。由此可以看出，无论是哪一种追求，都是生活的真实写照，是源于生活、融于生活的。从生活中寻求自我的满足和实现才是对自我幸福追求的不竭动力，而这种追求的过程就是对知识的价值判断和知识的最终选择过程。从叩问生活中找寻知识的价值，才能在现实生活中实现自我。如果价值客体能够使价值主体——"人"获得幸福的生活就是有价值的，反之就是没有价值的。

张传燧先生曾言："教育是属于人的，是为了人的，也是人为的。"因此，教育的本质是始于人并终于人的，这也是教育的本体功能。人的成长是教育的根本使命，人的长成是教育的终极关怀。成长主要是指生理和心理的发展进步，成才而得以自立，成人而得以幸福。通过对知识的学习，成长为一个健康的、理性的、有能力的、心智健全的、能够在社会上独立营生的人。长成则是在成长的基础上对人的内心满足的不断追求，是一种怡然自乐的生活状态，是自我实现的终极版，是幸福的生活状态。幸福的本质不关乎名，也不关乎利，唯有内心的满足才是幸福的真谛。所以，教育的终极目的就是人的幸福。乌申斯基将幸福的获得作为教育的主要目的，认为所有一切活动都不应有碍于学生幸福的获得。苏霍姆林斯基、卢梭、杜威等教育思想家都认为，教育最根本的目的是追求儿童幸福，没有任何东西比这个目的更能体现本源性。追求儿童幸福就是目的，我们追求它，就是因为它本身有价值，并不是为了别的什么目的。追求儿童幸福是这个公理的一个组成部分，我们找不出也没有更充分的理由来证明这种追求的正当性。① 总之，培养人是教育的质的规定性使然，而学校教育对人的培养不应仅仅限于知识技能的传授，还要关注学生内心的幸福，这是教育的题中应有之义。判断事物价值的尺度是人的需要。因此在当代，判断"什么知识最有价值"的尺度就是所学知识是否有利于人的幸福生活的获得。

二 知识的价值判断引领课程知识选择

谈及课程，必然涉及知识问题，课程与知识一直就是交织在一起的。课程问题首先就是知识问题，"课程知识是一定社会或文化主体有目的地加以选择和设置的，并以一定形式呈现的，基于一定的标准而互动、建构的知识体系"。②

（一）课程知识的内涵

第一，需要厘清的关键问题是"谁的课程知识"，即课程知识的主体性。论及主体，不外乎人或组织。以群体形式出现的人即可称作组织，因而组织亦是"人"。所以，可以将课程的主体理解为与课程本身存在各种牵涉关系的利益攸关之人。人的主观意识性决定了课程主体的价值取向性。因此，课程知识是"因人而异"的，不同的主体对课程知识有不同的取舍，这就是课程主体对课程知识的选择作用。不同的课程主体根据自身目的而对课程知识进行组织、选取、实施、评价等是带有明显的价值取向的，是服务于主体自身所需要的各类型人才培养的。可以这样理解，课程知识不是一概而论的，能否成为课程知识的关键不在于知识本身，而在于谁来选择知识、选择了哪些知识，这就是课程知识的主体性。

第二，相对于课程主体而言，其所选取的知识组成，即课程知识，就是课程主体的客体，因而课程知识是具有客体性的。客体性说明的是课程主体到底选取什么样的知识。客体性在某种程度上代表的是被动性，即哪

---

① 陈铁成、熊梅：《什么知识最有价值——基于斯宾塞课程思想的思考》，《外国教育研究》2013 年第 5 期，第 73～79 页。
② 金志远：《课程知识选择：内涵分析》，《教育科学研究》2011 年第 1 期，第 10～13 页。

些知识被认定成课程知识。课程知识的对象是作为一种特定社会文化而存在并运作的知识。

第三，正如在第一点中所表述的，主体是具有主观意识的，而其主观意识所欲针对的即其所欲达成之目的。课程主体对课程客体的选取并非率性而为的，而是具有极强的目的性的，所以目的性也是课程知识的主要属性之一。目的性是课程主体苦心孤诣地对课程客体的一系列动作而欲表达的价值目标和诉求，是课程主客体高度统一后的共同追求，也是课程主客体能够必然联系在一起的纽带和旨归。

第四，课程主体为达到所设定的目的，选取课程客体的基本依据是什么？是根据什么标准来实施的？这就是课程知识的标准性，即对课程知识的事实层面、价值层面、运作层面和结果层面做全程性判断的依据。课程知识的标准是回答课程知识体现谁的价值、代表谁的利益这个问题的依据。

第五，课程知识是客观的吗？是价值中立的吗？是确定无疑的吗？不可否认，课程知识是具备以上属性的，但是上述属性不能完整代表课程知识的特性。客观的课程知识自有其存在的逻辑，价值中立的课程知识也有其存在的必要，确定无疑的课程知识也是理所当然的。然而，课程知识的构成终归是由课程主体来决断的。也就是说，课程主体才是课程知识是否具备客观性、价值中立性和确定无疑性的客观影响因素。总体而言，知识在成为课程知识之前是要经过检校的。而检校的主要标准就是所选取的即将成为课程知识的知识是不是客观的、价值中立的、确定无疑的，这些标准是课程知识成立的合理基础，决定着课程知识的基本结构。然而，无论是谁选择课程知识，也无论是谁检校课程知识，"谁"的意志总是或多或少地体现在课程知识的选择和检校过程中的。于是，所谓客观的课程知识必然带上人的意志，而成为社会建构的。因为有了人的意志烙印的知识要成为课程知识，必须为社会所接纳，因此，从此种意义上说，课程知识是社会建构的。随着社会的不断发展和变迁，课程知识的选择标准也是不断发展变迁的，这是课程知识适应社会、促进社会发展的必然选择，也是社会价值取向对课程知识的渗透和影响。

综上可以看出，课程知识的复杂性远远超过知识本身，尽管课程知识源于知识，但是课程知识并非知识的简单删减、挑选或重组，而是在社会价值取向影响下社会意志的集中体现，是从内容到形式、从意义到价值都截然不同的全新的知识组合体，是具备社会意识和价值取向的目的性结构化知识体系。课程知识所反映的社会意识和目的必须以学校教育的形式在课堂教学中传递给学生才能发挥其应有的效力，所以，课程知识才是课程的真正核心。

（二）课程知识的选择

长期以来，关于课程内容，有两个关键命题影响深远，也是至今仍被广大学者持续关注和讨论的问题，即"什么知识最有价值"和"谁的知识最有价值"。对这两个命题的不同回答，直接影响着课程知识的选择。如果说"什么知识最有价值"反映的是课程主体对课程知识的绝对权限的话，那么"谁的知识最有价值"则是社会对课程知识的直接判断。因此，对于课程知识的选择，是没有绝对的标尺的。在课程知识的选择过程中，包括课程知识形成以后，课程知识随时随地在变，不变的唯有社会的价值判断过程。换言之，课程知识的选择过程本身是历时的，是一直处于选择进行中的行为，是社会对于知识的不断的价值判断过程。也就是说，"课程知识不是外在于人和社会的，而是社会与人的建构物；课程知识不是神圣的，即便是自然科学知识，也不是真正的代言人，它们不是与人的思想、价值和观念无涉的；没有绝对的知识，知识与社会环境和文化思想有着不可分割的联系；社会的政治、经济和文化等价值因素影响着课程知识的选择"。[①]

1. 课程知识的来源

课程知识源于何处，这是进行课程知识选择之前所要回答的第一个问题。很明显，知识的范围是远远大于课程知识的。课程知识是经过课程主体对知识的筛选、组织而来的。课程知识选择的范围整体是知识，也可以是知识中的课程知识本身。这种选择行为，是动态的，故而选择活动随时

---

① 吕致远：《对"什么知识最有价值"问题的反思与回答》，《内蒙古师范大学学报》（教育科学版）2004 年第 10 期，第 55~57 页。

随地都在进行，包括对知识的课程选择和对课程知识的选择。对知识的课程选择是指根据课程的需要来对知识进行选取和加工；而对课程知识的选择则是课程建设中更为高阶的课程行为，是对已经成为课程知识的知识的再选择和加工的行为。前者的选择范围是无限宽广的知识海洋，后者的选择范围则在课程知识界限内。要正确做出选择，必须从以上两个方面来正确理解课程知识的选择。二者的区别与联系是对课程知识选择问题不同侧重点的观照。尽管二者都是对知识进行筛选、加工、组织和整合等，但是不同范围内进行的知识选择活动，表明了选择主体的不同目的取向。知识的课程选择与课程知识的选择的关系可以理解为"一"和"再"的关系，也可以理解为"粗"和"精"的关系。"一"是指对知识的初次加工，而"再"则是对知识的再加工；"粗"是在知识范围内的"海选"，而"精"则是"海选"过后的"精选"。

2. 无论何种选择，选择的权限都在于课程的主体

课程知识的选择主体主要是广大教师，不同性质的课程有不同的选择主体，可以是教师个人，也可以是教师群体。无论是个体还是群体，选择活动都是整体的、联系的行为，而非局部的、割裂的行为。因为课程本身就是一个统一的系统构成，包含课程性质、课程目标、课程内容、课程实施、课程评价等。所以，课程知识的选择活动必须是通过纵观全局的"整体设计"行为进行的，要将课程的各要素加以统筹，并综合考虑到选择活动中，而不能各自为政、各行其是。课程知识与教材是不能完全画上等号的。课程知识可以从教材内容中选编、整理，也可以由课程主体根据需要适时增补删减，甚至改头换面。课程知识既具有预设性，也具有生成性。尤其是在课程实施过程中，或者通俗地讲，在课堂教学中，师生间思想的碰撞常会擦出火花，凸显课程知识的生成性，成就更加丰满和灵动的课堂，实现教学相长的实在成效。正如有学者所指出的，"作为'法定知识'的课程，也可以称为'事实的课程'，即'从一定的社会文化里选择出来的材料'，它主要呈现为静态的知识材料；课程的'实践运作'，即师生以'法定知识'为中介的授受活动，它主要呈现为动态的运作过程；课程运作的结果，即通过师生的课程授受活动而在学生身上所形成的经验，它主

要体现为学生的文化特性"。①

三 中外合作办学课程知识的价值判断与选择

"谁的知识最有价值"和"什么知识最有价值"成为衡量课程知识选择的标尺。"课程知识选择是指课程知识的选择主体在一定社会或文化形态的影响下，为实现一定的教育目的，按照一定的标准和顺序对课程知识的客体加以选取、组织、增减、置换和排列并最终以法定的文本形式呈现出来的过程。"②

中外合作办学的课程知识是课程知识主体性、客体性、目的性和标准性有机结合的产物。主体性回答的是中外合作办学的课程知识由谁来定；客体性表达的是中外合作办学课程知识的主要构成；目的性强调的是中外合作办学课程知识的基本诉求；标准性则表明了中外合作办学课程知识选择的基本依据。总体而言，中外合作办学的课程知识应该是主客观统一的。知识的客观性无疑是中外合作办学课程知识可信赖性的保障；而特殊办学主体的特殊需求则是中外合作办学课程知识选择的基本依据。中外合作办学的课程知识是由中外双方原有课程知识的精华组成的，也是由中外双方办学主体共同选择的。在中外合作办学课程知识的选择过程中，无论是主体、客体还是目的和标准，都是自成一派的，没有先例和传统，更没有统一的标准和规范，需要根据中外合作办学本身的客观需要和目标要求才能做出判断。实质上，中外合作办学课程知识的选择就是判断所选择的课程知识组成是否能够满足中外合作办学课程主体的需要，服务于课程主体，促进课程主体的发展。中外合作办学课程知识是中外合作办学课程主体的价值判断和选择行为的结果，决定了课程知识的基本功能和类型。课程主体对课程知识客体的价值判断是在中外合作办学所处的社会环境下进行的，在很大程度上也是社会意识的集中反映，与社会主流意识是一致的。"中外合作办学者既要判断课程知识结果的价值，也要判断课程知识

---

① 吴康宁：《课程社会学》，江苏教育出版社，2004，第358页。
② 周书俊：《选择论》，中央编译出版社，2006，第22~24页。

要素和过程的价值。其中，课程知识结果的价值以效果为基础。从这一点来说，中外合作办学的课程知识选择不是单纯的事实描述或者主观认定，而是主观与客观的统一、客体与主体的沟通。中外合作办学的课程知识选择必须把这两个方面的价值辩证地整合起来，忽视任何一个方面价值的选择必然是片面的。"①

（一）　中外合作办学课程知识的选择标准

"课程对知识的选择受一定的文化价值的影响，课程知识的选择是按照一定的价值标准对知识进行价值判断。"② 对事物的价值做出准确的判断是选择行为发生的根本依据。中外合作办学课程知识的选择过程也是基于中外合作办学主体对其所面临的课程知识体系的价值判断而发生的。中外合作办学的课程知识选择主体将其自我意识融入选择过程中，将自我意识对知识的价值判断作为选择的主要依据。

对于中外合作办学的中方而言，课程知识的选择离不开引进合作方优质教育资源中的核心要素——先进课程知识体系，以及保留自身的优质课程内容。这其中涉及两个方面的价值判断：一是外方的哪些课程知识是优秀的，值得引进并成为中外合作办学的课程知识；二是己方的哪些知识值得保留，堪与引进的外方知识共同组成中外合作办学的课程知识体系。对于中外合作办学的外方而言，哪些知识是能够在可接受范围内被输出的，这是外方基于自身利益的价值判断。中方的价值判断和外方的价值判断共同构成了中外合作办学课程知识的价值判断。这种共同的价值判断也是中外合作办学课程知识形成的基本依据。尽管不同的价值判断源于不同的社会意识和目的，但是在中外合作办学主体有意识地进行主观筛选重组后，构成了中外合作办学所具有的社会意识和目的。因此，中外合作办学课程知识从根本上说就是中外合作办学课程主体在课程知识选择标准的限定下将课程知识的价值与课程主体的需要有机统一起来的结果。

中外合作办学课程知识的选择实际上是对课程知识价值的取舍判断，

---

① 陈铁成、熊梅：《什么知识最有价值——基于斯宾塞课程思想的思考》，《外国教育研究》2013 年第 5 期，第 73～79 页。

② 王本陆：《课程与教学论》，高等教育出版社，2009，第 73 页。

是以价值本身为对象和客体而进行的判断活动，选择行为是在课程主体有意识的主观作用下根据自身的价值和需要进行的。所以，深刻理解中外合作办学课程知识选择的本质，关键在于具体把握中外合作办学课程知识的价值和选择标准。中外合作办学课程知识的选择标准源于办学主体的价值和需要。当这种价值和需要被选择主体意识到时，它就会被中外合作办学者设定为选择标准。所以，中外合作办学课程知识的选择最终取决于选择主体对课程知识的需要与否，也就是课程知识对选择主体有无价值、有何种价值、价值大小。如果课程知识满足了中外合作办学的需要，则对中外合作办学的目的和人才培养目标的实现有着现实意义，那么，知识就是有用的知识。质言之，对课程知识的价值判断过程也就是回答课程知识对谁有用、谁的知识最有价值的问题。中外合作办学课程知识选择的具体标准是什么呢？

1. 是否有利于学生的成长成才

中外合作办学所选择的课程知识能否满足学生成长成才的需要是中外合作办学课程主体在进行课程知识选择时所要面临和解决的首要问题。中外合作办学培养的学生需要具备以下知识。

首先，国际化人才的培养需要国际化的科学文化知识。国际化是对不同国家和民族文化的认识与了解，是对国际先进科学文化知识的融会贯通。国际化的人才需要对国际前沿的科学文化知识了然于胸，还要对本土的科学文化知识耳熟能详。因此，国际化不是一味地抛却本土，完全西化，也不是将国际化流于形式，只知国际的"皮毛"而未触及实质。对国际化人才培养的要求决定了中外合作办学课程知识的选择是对国际与本土先进科学文化知识的融合。

其次，不可或缺的爱国爱家的民族文化知识。中外合作办学是中国主导的办学形式，本质上是属于中国的，也是服务于中国的，培养的人首先是一个堂堂正正的"中国人"。因此，在进行中外合作办学课程知识的选择时，不能忽略爱国爱家的民族文化知识。

最后，关乎个体情感发展的文化知识。中外合作办学培养的人才不仅要具有知识和能力，丰富的情感也是中外合作办学人才培养的重点，具有高情商，才能及时理解多元、尊重多元、包容差异。否则，培养的人才不能称为"完整的人才"。因此，在进行中外合作办学课程知识的选择时，有关人的情感培养的课程知识也是其基本内容之一。

2. 是否有利于社会经济的发展

是否有利于社会经济的发展是所有课程知识选择的恒定标准之一。中外合作办学课程知识的选择是否有利于社会经济的发展，是中外合作办学社会服务功能的集中体现。其对社会经济发展的价值和功能也是做出选择行为的主要依据之一。而中外合作办学课程知识选择的特殊性在于可以通过以下几层含义来理解是否有利于社会经济的发展：一是是否有利于中国本土社会经济的发展；二是是否有利于国际社会经济的发展；三是是否有利于把本土的社会经济发展逐步推向国际；四是是否有利于把国际社会经济的成果发展引进国内。

3. 是否有利于国家意识的表达

如前文所述，中外合作办学是中国主导的新型办学形式。因此，国家意识必须在中外合作办学过程中得到基本体现，这是教育的本质属性使然。本书所指的中外合作办学是在中国境内举办的，是以中国公民为主要教学对象的，因此，中国的国家意识是中外合作办学课程知识选择的标准之一，这种国家意识包括政治意识形态以及国情、社情、民情等。作为合作形式的办学模式，清晰地表达国家意识是非常必要和不容忽视的。教育主权和办学底线决定着办学的基本性质。越是国际化，越是合作性，就越要保留初衷，不忘本心。

4. 是否有利于科学文化知识的传播

传播知识和文化是教育教学的基本功能之一。没有教育教学活动的开展，人类在漫长的历史长河中所积累的优秀文明成果极有可能付之东流。中外合作办学课程知识的选择活动不仅能够使优秀文化成果得以延续，而且将有利于推动不同国家和民族之间的优秀文化成果在交流互动中得到传播和发展，甚至创新。因此，在选择中外合作办学课程知识时，有必要将可以传播，并有利于人类优秀文化成果传播的知识作为其基本内容之一。在中外合作办学中实现优秀科学文化知识的传播，主要有以下作用：弘扬本土的优秀文化，增强文化的自信与自强；吸收国际先进文化，促进本土文化的革新与发展；融合国际与本土的先进文化，实现文化的再生与创造。

（二） 中外合作办学课程知识的选择过程

在中外合作办学中，无论是以实践为主的课程知识，还是理论性的课程知识，其选择过程都是基于对课程知识应有的价值判断和预见，而判断的主体自然就是中外合作办学的主体，是主体主观能动性的集中体现，也从客观上反映了课程知识的标准性和目的性。无论是办学主体对课程知识的事实判断还是价值判断，都是在固有目的的引领下，依据主客观情况综合设定基本选择标准而进行的。有研究者认为，教育的文化选择，"包括对文化的挑选、糅合、加工整理、清理排劣等制作过程，选择文化贯穿于教育的全过程，教育的每一活动，其过程的每一方面都包含着选择的意义，都经过取优去劣的过程"。[①] 对于中外合作办学而言，其课程知识的选择主要有以下途径。

1. 引进吸收

在中外合作办学过程中，不可避免地会面临多元的课程知识体系和内容，中方办学主体对合作方所提供的课程知识并非毫不甄别地一味照单全收。课程知识是一种载体，承载的是不同的文化和价值观。中外合作办学对外方课程知识的选择过程必然包含对知识的甄别和认同，然后才是对知识的引进和吸收。因此，这一过程是带有明显主观目的性的，是根据自身标准而开展的对课程知识的选择活动。

2. 加工改造

加工改造包含两方面的含义：一是面对中外合作办学的全新需求，对传统的课程知识进行与时俱进的加工改造；二是根据中外合作办学的需要，对引入的课程知识进行必要的加工改造。加工改造的目的是使中外合作办学的课程知识能够符合中国社会经济发展的需要，满足学生的需求，同时实现不同的先进的课程知识体系和内容间最大限度地融合甚至共生，

---

① 顾明远主编《教育大辞典》，上海教育出版社，1998，第902页。

消弭原有的隔阂，发展完善所服务的文化，培养所需要的人才。

3. 筛选淘汰

筛选淘汰即中外合作办学"对旧的、过时的、对立的或有害的文化抵制清除，一方面是淘汰一切无用的内容；另一方面是批判反动有害的文化因素，或是通过必要的文化分析，排除某些不利的文化因素，澄清文化方向"。[①]

可见，无论是引进吸收、加工改造还是筛选淘汰都离不开课程知识选择主体的能动把握，体现出主体的目的性。

第二节 跨文化理论

在人类历史长河中，多元文化的并存与相互交流、融合是文化得以持续发展并永葆活力的不二法则。文化的多样性是文化创生的基本前提，也是一种文化在浩瀚宇宙财富中能为人所识、为人所知的客观需要。在多元文化中，不同文化间的差异正是该文化特有的价值所在，因此包容差异、理解差异是多元文化发展的历史必然。

一 多元文化交互下的文化冲突与对话、理解及融合

（一）冲突与对话

文化的多元性造就了世界的多样性。多元文化的存在状态并不是文化间的平行发展。文化的发展得益于不同文化、文明之间的交往、对话，甚至碰撞和冲突。多元文化的共存是必然的，但是多元文化的平等与和谐并非顺理成章的。全球化不仅是经济的全球化，而且是文化的全球化，而文化的全球化绝不是文化的一体化。人类社会在不断发展前进中，相互依存度与日俱增，正在以前所未有的速度进行互联和整合。"整体化就是指全世界作为同一个社会整体而存在；互联化是指世界上所有的国家、民族和地区在信息、交往、利益等方面的普遍相关性；依存性是指国际合作和协

---

① 冯增俊：《教育人类学》，江苏教育出版社，2001，第 273～274 页。

调已成为全世界任何国家和地区发展的基础和前提。"①

文化和文明之间的交流对话推动着人类社会不断向前发展。悠久的文化史证明，封闭和孤立的文化必定不会长久，因为它拒绝与他文化进行交往和对话，拒绝吸收利用他文化的精华，拒绝对自身的传统文化进行与时俱进的必要改造，文化的式微与消亡是不可逆的。跨文化对话是多元文化交往的基本途径，也是多元文化状态得以继续和前行的保障。人类社会发展的客观需求为跨文化对话的实现奠定了基础，而跨文化对话也推动着人类社会对多元文化存在的客观性和必要性进行持续不断的反思与自省。

全球化所覆盖的不只是经济领域，文化领域是其核心领域，故而跨文化对话是全球化的基本内涵之一，也是全球化真正实现的主要依托，在跨文化对话基础上进行的全球化是世界各国、各民族积极融入全球化而不迷失在全球化中的主要凭借。唯有如此，文化的多元性才不至于演变成为一个个互不关联的独立个体，而丧失了其本源的整体化、互联化和依存性。跨文化对话不是一种文化强势遮蔽另一种文化而最后形成的文化整体，而是通过跨文化对话形成的多元文化之间的高度互联和紧密依存，呈现和而不同的文化多样性状态。在跨文化对话中，多元文化在积极融入全球化的同时，也无时无刻不在坚守着自身独特性的一丝清明，不被全球化所淹没而迷失本真。跨文化对话已然成为文化发展的新常态，成为一种全新的文化存在方式。

（二） 理解与融合

1. 理解是多元文化的生态法则

跨文化对话的前提是文化的多元存在，在这种多元存在态势中，文化的特色与差异是显而易见的。认同多元、尊重多元、理解多元，是跨文化对话的意义和价值所在。真正的跨文化对话源于对不同文化背景的熟知；而对不同文化背景的熟知则表达了对异文化的关注与关心，是对不同文化主体存在状态的关切，是了解其文化背景和发展趋势的不竭动力，这种关

---

① 张友谊：《全球化视野下的文化冲突与融合》，《西南师范大学学报》（人文社会科学版）2001 年第 1 期，第 22 页。

注、关心和关切是实现跨文化对话和理解的基本标志。文化的多元实则是一个相对高阶意义上的生态系统，在生态系统中，缺少了任何一部分，都会导致生态灾难。

全球化背景下国际教育的基本内容之一是国际理解教育，而国际理解教育的主要内涵是通过跨文化对话实现的跨文化理解。理解是深层次的心理活动，受制于根深蒂固的思想观念。在多元的世界中如果没有建立起多元的生态文化观，文化的偏见所带来的绝非不痛不痒的文化认同问题。历史证明，惨痛的人类悲剧正是源于文化的歧视与偏见影响下的种族歧视与偏见。只有建立了多元文化生态观，才能促使人们去了解自身之外的存在，学习先进的，理解差异的，有意识地进行跨文化对话，实现跨文化理解，开启真正的多元文化通达教育。"世界本身就是丰富的多元文化生态，每一种文化的意义都在于理解人、社会、自然之间的种种联系；每一种文化的功能都会在人类生活、生产活动、休闲娱乐、智慧思考中体现出来。每一种文化都是特定时空的产物，又都与时代相联系，在空间中像生命一样鲜活。"[①] 于是，实现多元文化之间的对话与理解，在多元之中求同存异，形成生机勃勃的多元文化生态是有可能的。多元代表的是生机，每一种文化都有其存在的合理性和意义，都是人类文明的元素，认同多元、理解多元、沟通多元、融合多元是人类文明发展的必然要求。

2. 融合是文化创新的起点

"天下合久必分，分久必合"，这是人类社会发展的大趋势和特点。对于人类社会的文化而言，分与合、合与分，也是文化发展的曲折过程。无论是分还是合，这一过程都是客观存在的，是不以人的意志为转移的，分也好，合也罢，在某种程度上说，它们都是自发产生的，是自然而然的，也就是前述的"必分"或"必合"。"必"就是文化发展的"道"，"道法自然"也同样适用于文化的发展路径。怎样理解合与分呢？"合"，是指不同文化、不同文明的交织与对话，并且通过跨文化的对话，达到跨文化理解，进而进一步相互作用、相互吸收、相互融合，形成具有跨文化特色的

---

① 熊川武、江玲：《理解教育论》，教育科学出版社，2005，第55页。

文化合流，发展成为多元元素并存的文化生态体。而"分"则是指经过多元文化合流过程而形成的文化综合体，在自身生态圈中一直处于不断吸收、排斥、调整、进化的循环发展历程中，逐渐分离出各具特色的与某种场域相互适应和相互促进的文化支流，并最终发展成为该地区或该民族的主流文化。纵观世界文化发展史，无论是以中华文明为代表的大儒家文化还是以西方文明为标志的基督教文化，其发展过程无一不是分与合的过程。分与合的实质就是建立在跨文化对话和跨文化理解基础之上的跨文化融合。"用生态学的观点看，冰雪融化成水滴、水滴形成小溪、小溪汇入江河、江河流入大海，这一切就是自然而然的过程。"① 中外合作办学的课程文化最终体现的也应该是跨文化融合的态势。

二　跨文化教育与中外合作办学课程的文化建构

"文化"一词出自《易·贲卦·象传》："刚柔交错，天文也；文明以止，人文也。观乎天文，以察时变；观乎人文，以化成天下。"故而中国学界有文化即"人化"一说，目的是化人。跨文化，顾名思义，"跨"字为其关键之所在和其核心要义之所系。所"跨"之下必是两种文化或多种文化的并列与对峙，"跨"所需解决的是二者或多者之间的沟通协调甚至共生共长。跨文化的目的是培养既具有国际视野又能与本土经济社会发展相融的复合型、实用型国际化人才。跨文化的形成是与多元文化知识的建构密切相关的，实则是多元文化的整合与重构。跨文化必当涉及不同文化之间的交流碰撞与融合。

（一）中外合作办学中跨文化不是文化叠加

在中外合作办学中，从"中外"二字可以窥见文化的多元必然性，而从"合作"二字亦可洞察跨文化对话的必要性。中外合作办学为不同文化主体之间的合作、对话提供了天然平台。"在跨文化的课程与教学当中，不同文化之间的接触、摩擦以及伴随着的文化冲突是不同文化内在差异的自我表达，但这种冲突并非不可调和的敌对性冲突，随着不同文化主体之

---

① 张洪江：《冰雪融化的现代意识》，《吉林日报》2010年1月21日。

间交往的进一步加深，不同文化之间的融合是一种历史之必然，但这种融合并非不同文化的简单相加，也不是抹掉不同文化的差异而生成一种大一统的文化。"① 由此可以看出，中外合作办学的课程文化并非中外双方课程文化的简单叠加，而是双方课程文化通过无法避免的冲突和摩擦后建立起来的有意义的跨文化对话，进而在跨文化对话的基础上进一步加深中外双方的文化交流和理解，并逐步形成文化的融合，这种融合是双方"你中有我、我中有你"的相互依存和互联的整体格局，而非粗暴地将某一方直接予以抹杀。

中外合作办学课程文化建构的终极目的不在于形成一种以牺牲某种文化特质为代价的表面意义上的文化趋同，或所谓的"天下大同"状态。在中外合作办学课程的文化建构过程中，只有最大限度地保持中外特色或精华文化之间的平等对话，跨文化对话的现实意义才能得到极大彰显，不同文化与文明之间的交流才更加富有生机和活力，而不会成为徒有其表的象征性交流。中外合作办学课程的文化本然面目就应该是带有不同文化痕迹的，更应该是保留了不同文化特质和精髓的，这也是中外合作办学本身存在的价值和合理性使然。因为多样，中外合作办学才更加显示出其蓬勃生机与巨大潜力；因为跨文化对话，中外合作办学课程的文化才能呈现"和而不同""美美与共"的妙趣横生之态。因此，建构中外合作办学课程的文化要以中外文化的存异为基础，并在此基础上开展跨文化对话。跨文化对话就是要对其他文化采取一种宽容的心态，理解和尊重其他文化的价值，在共性的基础上建构一种多元文化并存、和而不同的动态展示。②

（二）跨文化教育是中外合作办学课程的文化建构路径

1. 多元融合教育的必然性

在中外合作办学中，文化的多元是伴随中外合作办学的产生而与生俱来的，跨文化的对话和理解是必要的，因此跨文化融合的形成也是应然

---

① 杨宏丽、田立君、陈旭远：《论跨文化教学的文化冲突与文化融合》，《教育研究》2012年第 5 期，第 102～106 页。

② 张宁、连进军：《多元文化视角：中外合作办学批判性课程文化的生成与构建》，《江苏高教》2012 年第 6 期，第 78～81 页。

的。在中外合作办学中，为实现跨文化融合而实施开展的多元文化融合教育是大势所趋。多元文化融合教育要求教与学的主体具有文化的生态意识观念，将"融"理解得通达透彻，摒弃门户偏见，丢掉优劣歧视，逐渐由"小我"融入"大我"之中，将没有他者、没有偏见、没有等级、没有歧视的观念始终渗透于教育的全过程之中。尊重、吸纳、兼容是任何一种事物保持生命力、可持续发展的表现，不同文化之间要有理解的精神和博大的胸怀，做到相互尊重、相互宽容、相互理解、相互借鉴。

因此，中外合作办学既不能一味地"拿来主义"，也不能闭门造车，而应该开展多元文化融合教育。中外合作办学的产生与发展为这种不同文化的融会贯通提供了现实载体。文化的多元融合是中外合作办学教育的必然选择。中外合作办学的课程建设是实现不同文化多元并存和融会贯通的基本途径。在中外合作办学中，中国的文化需要谦虚谨慎地包容和理解外方的文化，融合不同文明社会的文化。只有在中外合作办学中坚持和守护多元的文化生态，才能承载中国高等教育国际化的历史使命。

2. 融合教育不是文化的兼并

无论从理论层面，如知识价值论来分析，还是从人类历史发展的实践角度去考察，教育都有着明显的国家意识痕迹，即教育在某种程度上是为统治阶级而服务的。统治阶级所认同的共通的意识形态和文化传统是教育的根基之一。但是"共通"并非"共同"，共通是对多元的默认和包容，而共同是狭隘的取舍。因此，在中外合作办学的教育中也不容许发生对文化的狭隘取舍，因为这是防止绝对民主主义泛滥的基本手段，在中外合作过程中，这一点显得尤为重要。狭隘的取舍行为所表达的是文化歧视观或文化偏见论。在中外合作办学的课程建设上要多挖掘多元文化交往与融合的素材，避免"敝帚自珍"和宣扬文化偏见。如何才能达到这样的教育目标？在中外合作办学课程与教学中，对外方文化没有任何偏见，相互尊重，才能有效达成共识，并实现对中外合作办学整体培养目标的认同。因此，中外合作办学文化生态系统的基本特征是多元文化之间的关联性和整体性，这是这一生态得以永葆生机和活力的根本。同时，中外合作办学的教育教学要在多元的生态中保持永久的国家意识形态清明，"家国天下"才是中外合作办学得以存续的根基，对国家的热爱，对民族的情怀，是中外合作办学教育教学的基本环节，是对完整、完全的生态教育意义的诠释。

3. 跨文化教育是中外合作办学人才培养的有力保障

中外合作办学是一个多元文化的生态场域。中外合作办学的课程是多元文化通达教育实现的必要载体。依托中外合作办学的课程，不同文化的碰撞、对话和理解成为可能。跨文化理解是中外合作办学课程文化建构和教育教学不可忽视和回避的一环，也是中外合作办学人才培养目标中的基本价值诉求。中外合作办学课程的文化建构经历了从多元碰撞、摩擦到跨文化对话交流，再到跨文化理解的过程。如前文所述，多元是中外合作办学课程文化的本然面目，多元并存直接导致不同文化之间的摩擦碰撞是理所当然的。但是中外合作办学作为中外先进的合体，摩擦与碰撞终究要归于共生与融合。而在此之间，居中环节就是对话与理解。跨文化对话使跨文化理解更易达成，跨文化理解使跨文化对话更加深入，对话和理解本身是相辅相成的，对话是基本手段，理解是直接目的。正视中外合作办学课程中的多元文化现象，认同文化多元的价值和意义，有利于积极促成中外合作办学跨文化对话的实现。而跨文化对话的有效进行，将使中外合作办学课程的文化建构之路更为平坦，形成深入而持久的跨文化理解，对文化的共生与融合带来直接的现实影响。在中外合作办学课程建设中，将文化的多元通过课程与教学的实施途径来具体化和浅表化，将文化的冲突与碰撞在课程与教学的过程中变为现实的理解与对话，是中外合作办学课程建设的根本出路。在中外合作办学中，实施多元文化通达教育，一定会在未来培养出"国际人"的多元文化素养，人们会从相互欣赏的"美人之美"达至"美美与共"的大同境界。

第三节　教育目的论

一　教育目的引领人才培养

（一）教育目的概论

教育目的是对教育行为发生后的结果预设，是教育活动的基本指向，是教育教学设计的核心环节，对人之培养给出了明确标准和要求。教育目的有狭义和广义之分。狭义的教育目的指向人才的培养；广义的教育目的指向社会的发展。无论是从狭义还是广义上理解教育目的，其本源是一致的，是殊途同归的。因为人是社会的基本组成单元，指向人的教育目的最终汇聚成指向社会的教育目的。质言之，"人"才是教育目的的核心观照。只有个体成长成才的目的实现了，社会的发展才有了源源不断的动力，才能最终发展成教育广义目的的实现。因此，人的发展是教育目的的根本诉求。人的发展有内心世界和精神世界的发展，也有肌体和生理的健康，还有社会认知能力的发展，等等。从传统意义上来理解和定位个体的发展目标，即知识、能力、情感。

1. 对教育目的分类的理解

"教育目的按人才培养作用的特点可分为价值性教育目的和操作性教育目的。价值性教育目的是指具有价值判断意义的教育目的，即含有一定价值观实现要求的教育目的，表示人才培养所具有的某种价值取向，是指导教育活动最根本的价值内核。操作性教育目的是指具有实践操作意义的教育目的，即现实要达到的具体教育目标，表示实际教育工作努力争取实现的某些具体目标，一般是由一系列短期、中期、长期的具体教育目标组成的。"[①] 教育目的的最终实现不是一蹴而就的，就如教育目标是由不同子目标构成的综合系统，教育目的可以是分阶段形成的。个体成长的每个阶段都有与之对应的教育目的伴随，不同的阶段性教育目的是对终极性教育目的实现的逐渐累积和奠基过程，最终发展成为终极性教育目的。如果说阶段性教育目的的指向是个体在某个阶段针对某一方面的知、情、意的具体发展目标，那么终极性教育目的的指向就是"完人"的长成。阶段性教育目的是终极性教育目的的过程，阶段性教育目的是对个体成长的现实和功利的观照，而终极性教育目的则是对人的内心圆满的理想期待。阶段性教育目的的产生和形成是与人的成长和发展规律相符合的。因此，教育目的的每个阶段不是杂乱无序的，更不是随机发生的，阶段与阶段之间有着

---

① 钟启泉、李雁冰主编《课程设计基础》，山东教育出版社，2003，第34页。

严密的逻辑关联性，有承上，也有启下；有厚积，也有薄发；有过渡，也有延展。某一阶段的缺失都可能对下一阶段或另一阶段目标的实现形成阻碍，因此，阶段是"点"，无数个"点"汇聚成终极性教育目的这根"线"。而缺了任何一个"点"，自然也就断了"线"。

2. 教育目的定向着人才培养

教育目的为教育活动的开展指明了方向，是教育的根本指针，这也是教育目的对教育活动定向功能的根本体现。教育目的回答了教育是为谁培养人才、培养什么样的人才的问题，因此，可以说教育目的也定向着人才培养。而人的培养就是以人才培养计划为总纲，再根据和围绕人才培养目标开展一系列课程与教学活动，如课程目标、课程内容、课程设置、课程实施和课程选择及课程建设等，还有对教师的"教"和学生的"学"的规范、师资结构和教师个体素质的建设，以及学生能力、素质、技能和品德的塑造等，都是在人才培养目标的价值引领下进行的。而人才培养目标是根据教育目的制定的各级各类学校或某一个专业人才培养的具体要求，是教育目的在不同教育阶段或不同类型学校、不同专业的具体化，它与教育目的是普遍与特殊的关系，如果把教育目的看作源，那么人才培养目标就是流。

（二）人才培养需要彰显时代特性

如前文所述，"为谁培养人、培养什么样的人"是教育目的为教育活动的开展而设定的基本方向。新中国成立以来，我国一直是沿着马克思主义关于人的全面发展学说制定教育方针政策的，也是以马克思主义关于人的全面发展学说为教育的主要哲学依据和思想来源的。但遗憾的是，前人在运用这一学说制定教育目的时存在一个重要误区："社会本位主义作为我国传统思想的重要组成部分，淡化了这一理论中促进人自主、自由和个性化发展的重要思想。"① 世界经济全球化浪潮的兴起和高涨，以及人本主义思潮在物质至上的世界中逐渐占据理论和思想的制高点后，以人为本的

---

① 傅维利：《新教育目的：需符合马克思主义基本原理和时代发展特征》，《光明日报》2015年9月8日。

人的发展多元化趋势成为人与世界发展的并行趋势。在此基础上，中国教育的目的也应该与时俱进，随之而改变。教育目的引领着教育事业不断向前发展，是教育对国家意志的直观反映，是不同类型、不同层次的所有学校进行人才培养的主要依据，规定了国家对社会发展所需人才的主体规格。

中外合作办学的产生和发展有其特殊的时代背景，也为中外合作办学的人才培养提出了特殊的时代要求。基于此，有必要对中外合作办学的人才培养目标与现阶段我国的教育目的进行认真审视，把中外合作办学的人才培养目标放在国家教育目的和国际教育趋势的框架下，以时代要求为背景进行考量，并以此为基础，适时对其进行调整。

经济全球化和教育国际化是一脉相承的。经济全球化需要国际化的人才作为智力保障和发展支撑，教育国际化的目的就是培养国际化的人才。世界经济一体化面临的是世界本身的多元化，而国际化的人才正是与世界经济一体化相适应的，了解多元世界、认同多元世界，并能积极投身和改造多元世界的人才，也是具备多元文化素养的人才，更是全面发展和特色发展相结合的人才。

早在春秋时代，我国著名教育家孔子就提出了"因材施教"理论，成为我国传统教育理论与实践的经典。时过境迁，国外学者经过大量研究和佐证，得出了"不同的人具有不同的优势发展潜能"的判断。而这一"著名"判断竟也成为我国传统"因材施教"理论的又一佐证基石，这是我们始料未及的。当今社会，创新和创造已然成为推动社会前行和改革发展的主旋律，而教育的社会服务功能注定了当下教育改革的趋势是必然与之相适应的，这既是培养社会所需人才的客观需要，也是教育发展改革的内在需求。"人尽其才，物尽其用"是人类社会发展的不竭内在动力。因此，针对不同类型的人制订不同的有针对性的培养计划以激发其潜能是对全面发展的人的培养学说的深化和补充。

全面发展，并不是没有重点地均衡发展，也不是妄求方方面面都充分发展，而是充分发展最有潜力的，适度发展可以发展的。这与当代马克思主义关于人的全面发展学说也是心意相通的，正如我国著名马克思主义教育理论研究专家厉以贤先生提出的，人的发展既要克服盲目性和自发性，又要形成重点针对性。① 这种重点针对性就是针对不同的人的优势潜能而开展的教育活动。在"创"字当头的"大众创业、万众创新"新时代，激发不同的人的优势潜能是创新创业得以实现的保障。创新创业讲求的是不随波逐流，不盲目跟风，要有自己的原创和主见，而非"千人一面""万人同心"般地重复和复制他人的思想和行为。这就需要个体把自身的优势潜能发挥到极致，这样才能在创新创业上谋实事、出成效。而如何发挥个体的优势潜能，则是当代教育所必须观照的教育之根本目的。通过教育，可以"使人的潜能和天资、兴趣和才能得到前所未有的充分发展，使人的身心、精神（道德）、才能、个性得到全面而丰富的发展"。②

二　中外合作办学的人才培养目标与课程

大学本科中外合作办学本身的特殊性决定了其人才培养目标的生成极具复杂性，办学目的的主导、办学主体的不同、学生需求的差异、社会期许的别样、高校本身的限制等都是中外合作办学人才培养目标的主要影响因素。

（一）影响人才培养目标的因素分析

1. 国际化背景下学生成长成才的内生需求

伴随高等教育大众化的不断深入，形色各异的学生群体纷纷涌入大学校园，随之而来的是对高等教育的需求呈现多样化。而高等教育国际化的蓬勃发展又催生了中外合作办学的产生和发展。中外合作办学既是高等教育国际化的产物，又在一定程度上暗合了高等教育大众化的发展趋势。作为一种全新的高等教育办学形式，中外合作办学为学生提供了更为丰富多元的成长成才平台。因此，中外合作办学人才培养目标如何兼顾与符合多样化的学生需要，值得我们深思。

不同的学生可以通过中外合作办学这一平台实现自身不同的价值追求和发展路径。这就是以中外合作办学人才培养目标的多维性服务于学生需

---

① 王彦明：《论教学习惯》，南京师范大学博士学位论文，2012，第25～32页。
② 戴跃侬：《人的全面发展理论与马克思主义中国化》，《马克思主义与现实》2007年第5期，第145～148页。

要的多元性：从学生个体对中外合作办学教育的需要来看，有的谋求通过中外合作办学教育提早适应国外的课程与教学体系和教学方式，奠定海外求学的基础，实现自己到国外更高级学府继续深造的留学梦，畅游学海，攀登学术与学问的高峰；有的谋求通过本科阶段的中外合作办学教育体验不出国门便可享受国外优质教育，提高学习的投入产出率，拓展自己的国际视野，提升跨文化交际能力，丰富自身成长的个人体验；有的谋求通过中外合作办学教育，从国际比较的视角，对专业的国内外发展现状进行整体把握，以便第一时间站在专业发展的国际前沿，了解和掌握专业发展趋势和先进技术，以国际先进的知识和技能为资本谋求自身发展，形成竞争优势，在社会中"修身齐家"；有的谋求通过中外合作办学教育，实现大学梦，积累知识，希冀能在竞争激烈的社会中安身立命，找到一份满意的工作，减轻来自社会、家长的压力；等等。

中外合作办学只有本着全心全意服务于学生、与学生需要保持步调一致的原则，才能永葆生机和活力，获得学生的认可，实现办学的目的。关心学生成长，关切学生需要，关注学生成才，将多元化的学生需要作为中外合作办学人才培养目标的主要参照之一，才能使人才培养目标更具现实意义。

2. 全球化趋势下社会需求多样性的本然诉求

经济全球化和高等教育国际化是中外合作办学产生与发展的大背景。中外合作办学的"中外"二字决定了它的历史使命与众不同。相较于其他办学形式，中外合作办学当之无愧地面临"中"与"外"的社会需求，这也决定了中外合作办学本科人才培养目标的复杂性与多元化。

首先，生产力是社会发展的根本动力，生产力发展的需要是社会发展需求的集中体现。中外合作办学的人才培养目标必须以生产力发展的需要为基本参照，以适应和推动生产力发展为担当，才能与社会发展需求相呼应。

其次，对社会发展有着决定性影响的是科学技术发展水平。"科学技术是第一生产力"的论断经受了社会发展的实践检验，成为家喻户晓和不证自明的真理。当今社会，科学技术强力推动着产业、行业、企业的不断升级与改造，如果只拘泥于所谓"永恒"和"经典"的人才培养目标，不将科学技术的发展现状和趋势纳入考量，那么其人才培养目标的时效性和现实针对性则有待商榷。

最后，社会经济政治的变革是社会发展的重要影响因素。随着中国对内改革和对外开放的逐步深入，其对社会发展的影响也与日俱增。改革推动着传统经济结构的不断调整，开放为社会经济的发展带来了巨大挑战和契机，引领着经济朝国际化方向不断前行。中外合作办学诞生于中国社会主义市场经济的建立和完善期，它的产生与发展与市场有着天生不可分割的联系。绝大部分中外合作办学不曾经历计划经济时代的风雨洗礼，没有历史的包袱和羁绊，市场是其与生俱来的试金石。中外合作办学人才培养目标的根本导向是市场，能否满足市场需要，是中外合作办学兴衰成败的关键。同时，在市场经济背景下，我国已经形成了一个多元的复杂经济结构，其中既有公有制经济，也有私有制经济，还有非公非私、半公半私的中外合资经济和外商独资经济。中外合作办学的诞生正是契合了当下中国经济结构的复杂性和利益主体的多样性，其人才培养目标的建构也是根据市场的需要围绕多元、复合而进行的。

中外合作办学所面临的复杂而多元的社会需求主要体现在它不仅要适应本国本土的社会需求，而且要将国际元素融入中外合作办学的人才培养目标中，从国际和全球的视角看待社会需求，将"中"与"外"的因素综合起来，有机统一于交织着国际与本土元素的中外合作办学人才培养目标这一复杂的综合体中。以上述论述的社会需求的三大要素为例，中外合作办学的人才培养目标不仅要适应国内生产力发展的需要，而且要在人才培养过程中观照国际生产力的发展水平，正视国内外的差距，提高人才培养的预见性，为学生的未来奠定基础。另外，在制定中外合作办学人才培养目标时，要站在国际前沿的制高点把握科学技术发展的现状和趋势。同时，中外合作办学培养的学生不仅要满足中国市场的需要，而且要把中国融入经济全球化的进程视作人才培养的重要指向，以培养适应国际需要的国际人为己任。

（二）中外合作办学人才培养目标下的多元课程

按照对人才目标结构标准的传统划分，中外合作办学的人才培养目标也可以简单归纳为认知维度、技能维度、情感维度。认知目标所对应的客体是知识，认知即指对知识的记忆，包括识记和再认。识记针对初次学习的内容，再认则是对学过的知识的再识别。认知的内容主要是"特定事物的知识以及处理事务的方式和手段"，还有"某一范围内的普遍事理和抽象概念"。① 而中外合作办学人才培养目标的认知客体则是中外知识的个性和共性。目标的认知维度可以解构为对认知客体的理解、应用、分析、综合及评价能力。中外合作办学人才培养目标中的认知维度决定了中外合作办学的课程需要围绕国际认知能力来进行设定。此类课程主要涉及中外双方的专业基础课程、专业核心课程。技能维度所针对的是培养学习主体的知觉能力，即技能维度的客体是知觉，运用感觉器官，了解与某技能有关的知识、性质和功用。中外合作办学人才培养目标技能维度的终极指向是对国际国内事务熟练处理、应变和创造性开展的能力。因此，可以将此目标结构分解为定向能力、反应能力、机械动作能力、复杂的外显反应能力、适应能力及创作能力。针对中外合作办学人才培养的技能维度目标，其开设的课程主要应有实践类课程、实验类课程。情感的核心在于接受，且是主动地接受，是指学习者开始关注某些特定的刺激或现象。尤其是在中外合作办学中，"接受"显得尤为重要。中外合作办学中师生所面临的不仅仅是母国的文化知识体系和价值观念、思维方式，外方的也一并涌入。在此过程中难免会有冲突、碰撞，因此，接受是中外合作办学人才培养能够形成合力的基本要求。情感领域的目标结构组成如下：反应能力，即对现象做出的基本反应，包括对反应的默许、意愿和满足感；评价能力，主要涉及对某种价值观的喜好或接受；组织能力，即对已有价值观念的加工、整理，从而形成自我体系；性格化能力，简言之，就是个人品行和个性的最终形成，是人之为"我"、区别于"他"的主要特性。中外合作办学人才培养情感维度的终极关怀应该是"国际胸襟"和"家国情怀"。国际胸襟是"容人"之雅量，家国情怀是自强之赤心。因此，中外合作办学人才培养的情感目标决定了中外合作办学课程不应缺少公共选修课程、

---

① 李向荣、杨开城：《对认知领域教学目标分类的再认识》，《中国电化教育》2002 年第 4 期，第 18～21 页。

跨文化必修课程（见图 2-1）。

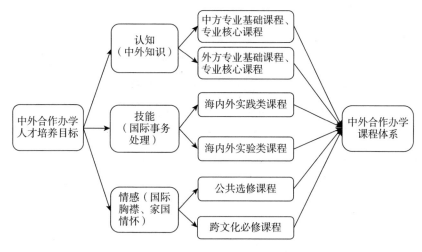

图 2-1 中外合作办学目标结构与课程类别对应

第四节 课程论

本节主要论述的是为中外合作办学课程体系的建构寻找课程论切入点。在课程论的观照下，来思考中外合作办学的课程目标、课程设置、课程实施等，对中外合作办学课程研究和课程建设具有较大的理论和现实意义。

一 中外合作办学课程发展的"融合性"

（一）科学与人文并重

个体、社会、自然相互交织形成了错综复杂的人类世界。个体、社会、自然三者间的关系是人类所面临的永恒命题，从古至今，对如何处理三者之间关系的探讨不曾有片刻的停歇，这也是教育的基本命题之一。科学主义课程理论更加重视对自然的探索，人文主义课程论观照的是个体的发展，社会本位主义则将社会的前进视为主要目的。三者各有所长，也各有其短，走向其中任何之极端，都会令世界的发展出现偏差。于是，优势互补、各取所长、实现融合是课程发展的根本趋势。

在中外合作办学课程建设的过程中，在注重自然科学课程的同时，人文课程的作用也不容忽视，同时，个体是社会一分子的社会使命也要牢记心间。个体、社会、自然三者是和谐统一于人类世界当中的。中外合作办学课程所反映的也是三者之间的平衡协调与融合共生。不能打着引进优质教育资源，尤其是理论与技术的幌子，而削弱中外合作办学中人文课程的地位和作用；也不能将"素质教育"与科学课程对立起来，或置于其上，而忽视了对自然的探索。中外合作办学课程建设的基本理路须是人文与科学并重、个体与社会协调。个体、社会、自然本是"三位一体"地存在于世界之中，构成了世界的有机统一体。三者在总体上步伐一致，相互融合。偶尔的、短暂的摩擦与冲突并不能阻止三者之间共生共长的发展趋势，一荣俱荣、一损俱损是三者统一的根本标志。这也是中外合作办学课程发展的主趋势。

（二）个体与社会和谐

中外合作办学课程的存在与发展有其固有的社会经济大环境，社会需求是中外合作办学课程建设的基本依据之一。同时，堪与社会需求并列的则是学生的需要。社会是由万千个体组合而成的，个体之间经由各种纽带关系组成社会群体，最终形成社会的存在方式。万千个体普遍的共性需要构成了社会的需求，因此，从本源上说，个体的需要与社会的需求是并行不悖的，甚至是殊途同归的。由此推论，将中外合作办学课程设定的基石定义为学生个体的需要是理所当然的。然而不同的学生个体，其需要也各不相同。于是，在不同学生的需要个性中寻找其共性元素，是中外合作办学课程最为基本的内核依据。知识、技能等会因个体的不同而附着不同的价值判断，但是个体与社会的发展都离不开对自然的探索。对自然的探索并不意味着对自然进行无休无止的索取，其根本目的是如何实现个体、社会、自然的和谐统一。

二　中外合作办学课程结构的"协调性"

（一）分类课程紧密协调

对于课程，不同时代、秉持不同观念的人有不同的理解，因之而产生的不同的课程结构观也层出不穷。根据不同课程在人才培养中的不同作用，课程又可以分为若干种类，这也就是对不同课程在人才培养过程中的价值判断依据。按照中国的传统分类，根据不同的分类标准，课程可以分为公共课与专业课、必修课与选修课、理论课与实践课等。对其价值判断不同，其类型也各不相同。在中外合作办学中，课程更具复杂性。除了上述分类，还有诸如引进课程和本土课程、共建课程和联合开发课程等。在中外合作办学中，选择行为是课程建设的基本行为之一，也是贯穿于中外合作办学全过程的办学行为。这种选择包括对课程门类的选择、对课程数量的选择、对课程内容的选择、对课程价值的选择、对课程目标的选择等。通过不断的选择，构建中外合作办学课程的基本结构，即中外合作办学的核心课程、边沿课程和外围课程。核心课程关乎人的核心素养的养成，边沿课程则是为核心素养的养成奠定基础，而外围课程则主要针对拓展素养的养成。在中外合作办学中，哪些课程的组合可以构成核心课程结构，哪些课程的组合可以构成边沿课程结构，哪些课程的组合可以构成外围课程结构，这些都是中外合作办学课程建设主要思考的内容。三类课程按顺序共同构成了中外合作办学课程的完整结构。在这一完整的结构系统中，三者如何以一定的逻辑顺序共同发生关系，形成合力，将是中外合作办学课程有效性的保障，也就是三者之间融合共生关系的生成、发展与形成最终合体的基本方式。

（二）课程知识有机搭配

越是多维的目标和多元的价值判断，中外合作办学的课程就越是多样化的。但是无论其如何变化，都万变不离其宗，课程最本质的内涵不变，即便其外延处于不断的延伸和变化中。在这种不断的扩展中，中外合作办学课程所拥有的课程种类、课程数量、课程内容都在不断地因之而动，进行动态调整，并且这种调整的趋势也是以扩展为主的。中外合作办学课程的这种变化，在其他办学形式中也可能出现，但是远不及中外合作办学这般在规模、数量、内容上都进行大幅的增补。在中外合作办学课程知识的扩展和延伸中，不同类型的知识始终围绕人才培养目标进行不断的分类组合，如认知类知识、技能类知识、情感类知识等，围绕"国际化""民族人""整全人"等目标定位，进行知识的筛选、重组和有机搭配。

三 中外合作办学课程体系的"国际性"

经济全球化和全球一体化是教育国际化的催化剂。而课程国际化则是教育国际化的中心和主体。教育的国际交流与合作为课程的国际交流与合作提供了契机和平台，中外合作办学的产生则将这一契机和平台的作用发挥到了极致，是天时、地利、人和相统一的综合作用的结果。在中外合作办学中，课程体系的构建与形成本身就是中外合作的结果。中外合作的课程体系具有国际化的典型特征，从内容到形式都是国际特色明显的课程体系。课程目标是中外课程目标的融合共生；课程内容有本土与国际知识的有机搭配；课程设置是中方课程和引进课程的紧密协调；课程实施是本土与国际相互配合、共同完成的；课程评价是兼顾中西的取长补短。

在中外合作办学中，引入的课程多是代表国际先进水平、侧重理论与技术类的科学课程，而人文课程则多是本根本土的历史文化的反映，同时还要增加西方文化的课程与之相互作用，体现跨文化特色。因此，在中外合作办学中，引入课程固然重要，因为它们是优质教育资源，是先进的理论与技术，但是切不可忽略中外合作办学的本土情怀，也就是中方课程的价值和意义，家国历史、民族情怀都在其中。不能为了国际而抛却本土，这本身是理念的错误。国际与本土实则是不离不弃的，所以才有"民族的才是世界的"这一说法。中外合作办学的课程不能成为无根之浮萍，成为理论与技术的"工具箱"，人文与情怀才是科学的润滑剂。教育的根本目的在于培养合格公民，中外合作办学也是如此，唯一不同的是，中外合作办学还肩负着为中国培养世界公民的历史责任。而这一目标的实现，需要国际与本土的融合。

四 中外合作办学课程目标的"整全性"

科学课程对人类科学精神的养成居功至伟，也是获取科学文化知识的直接途径。功利主义的泛滥使科学课程"独步江湖"，大大遮蔽了人文课程的存在。教育的目的主要在于人格的养成。中外合作办学的课程目标也不应全然被功利和市场所遮蔽。国际人才培养的基本途径是通过跨文化去帮助人们认识世界、了解人性。学生的思想和文化皆源于课程目标的基本考量。在中外合作办学中一味地重技能、轻人文，是本末倒置的，只有在坚守人文之本的基础上，夯实技能训练，才能本固枝荣。

人文教育重视心智训练和情感陶冶。著名芝加哥大学前校长赫钦斯曾尖锐抨击三种教育目标论——偏重于职业训练的"适应环境论"、使专业过于狭窄的"直接需要论"、局限于社会当务之急的"社会改革论"，并针对性地提出"自由教育论"，培养通才。清华大学前校长梅贻琦先生也曾撰文指出："大学期内，通专虽应兼顾，而重心所倚，应在通而不在专。""大学应以精神为最上。有精神，则自成气象，自有人才。"① 这些都是在中外合作办学中要坚持的。

因此，中外合作办学课程目标的设定需要突破非此即彼、顾此失彼的传统二元对立思维，树立和合理念，以认知教育与情感教育的统一为目标。中外合作办学学生的认知能力培养绝不能以牺牲学生的人文素养为代价，否则学生可能失去更多更好的潜在发展机会。生态学认为，"任何一种生命的存在形式都取决于其他物种的存在。生态系统是一种相互和谐、相互依存的关系"。② 中外合作办学的课程目标也应该遵循生态系统原则，实现技能目标和情意目标的生态平衡、和谐共生。唯有如此，才能实现中外合作办学的可持续发展。

需求理论是人本主义的基石，自我实现是人本主义的终极关怀。马斯洛的自我实现说强调的是人性的圆满，将依从本心本性视作自我实现的依归。罗杰斯将人内心的生长看作实现生命意义的内生动力。在中外合作办学中，知识、技能等会因个体的不同而附着不同的价值判断，然而，学生自我实现之本心却是人人共有的。中外合作办学课程目标的基本内核即依从学生自我实现的本心，完成学生内心的圆满，也就是将人本关怀作为中外合作办学课程目标的基本观照之一，将情意的意义寻找作为自我实现的

① 曾健坤：《地方院校英语专业的危机症候反思及其转型发展》，《大学教育科学》2015年第4期，第49~54页。
② 王丹：《生态文化与国民生态意识塑造研究》，北京交通大学博士学位论文，2014，第18~26页。

中外合作办学课程目标的指南之一。

情感是把握世界的一种方式。生活中，我们除了可以认识事物外，还能爱它、怕它、恨它。中外合作办学的课程目标不仅是认知的目标，更是情意的过程。在中外合作办学中，无论引进的课程多么优质、多么先进，也无论外方的文化多么新奇，课程目标的达成并不是一厢情愿的，教学本身就是一种情意活动。没有情意在其中，课程目标是不完整的，也是难以实现的。马斯洛认为，人对于自我发挥和完成的欲望，也就是一种使其潜力得以实现的倾向。通俗地说，就是一个人能够成为什么，他就必须成为什么，他必须忠于自己的本性，这就是完全的人。

第三章

中外合作办学大学本科课程的现状

——基于案例的分析

第一节　人才培养目标的案例分析

"培养目标是大学根据社会人才需求状况在专业人才培养理念的指导下制定的人才培养方向和目的。培养目标决定了大学生知识结构的设计内容，而课程设置直接服从于知识结构的要求。"① 因此，培养目标是影响课程的最主要因素。

中外合作办学大学本科数量按区域划分，黑龙江排名第一，有 176 个；上海第二，有 109 个；江苏第三，有 97 个；北京第四，有 96 个。除宁夏、青海、西藏的数量为 0 外，新疆、甘肃并列倒数第一；云南、内蒙古、贵州、山西、海南都只有个位数，排名仅比新疆、甘肃靠前。河南、山东、浙江、湖北的中外合作办学项目数都在 50 个以上。② 因此，笔者借工作之便走访调研了多家国内拥有中外合作办学的高校，最后选取了拥有中外合作办学项目数最多和最少的省份——上海、北京和云南，并在三地之间选取了三所普通本科高校金融专业的中外合作办学项目，对其人才培养目标

---

① 曹珊：《全球化背景下美国高等教育人才培养与劳动力市场互动关系研究》，南京师范大学博士学位论文，2014，第 32～38 页。

② 厦门大学中外合作办学研究中心：《第六届全国中外合作办学年会资料》，2015 年 9 月。

进行了梳理，希望可以以点带面，展示我国中外合作办学大学本科人才培养目标的现状。金融专业本身是国际化色彩较浓的专业，易于与国际接轨，同时也是在国际化教育方面比较先行的专业。而金融专业是商科的主流专业之一，并且在中外合作办学的专业分布中，商科专业共有 358 个，占总数的 35.5%，基本与所有工科专业的总和持平，位居第一，所以选择金融专业也具有一定的代表性。

一 人才培养目标的比较与特色分析

云南某高校中外合作办学大学本科金融专业人才培养目标："本专业培养系统掌握金融学的基础理论和基本知识，掌握现代国际金融服务技能，了解国际金融服务的基本状况和发展趋势，熟悉国内外相关金融运营的政策和法规，具有较高的专业外语水平，能熟练运用计算机和信息系统，能在各类金融机构、涉外部门、企事业单位从事相关工作的专业金融服务人才。"[①]

北京某高校中外合作办学大学本科金融专业人才培养目标："引进国际先进的教育理念与教育资源，培养具有全球视野和较强创新实践能力，熟练掌握英语，具有较强的国际沟通能力和社会适应能力，系统掌握金融知识和金融理论，具备金融实务专业技能，熟悉金融管理和经济法律相关知识，适应现代市场经济与经济全球化发展需要，适于在银行、保险、证券等各类金融机构、金融监管部门、金融中介组织等从事金融管理、金融实务的高级专业人才。"[②]

上海某高校中外合作办学大学本科金融专业人才培养目标："培养具有坚实的金融学理论基础，能系统地掌握金融、国际金融、公司理财等理论知识，具备金融实务的基本操作技能和国际化视野，同时具有扎实的英语语言基础，能熟练地运用英语从事银行、证券、投资、保险等相关实务

[①] 参见云南某中外合作办学金融专业本科人才培养目标（应对方要求，内部资料不便具名）。

[②] 参见北京某中外合作办学金融专业本科人才培养目标（应对方要求，内部资料不便具名）。

工作的高素质复合型涉外金融人才。"①

（一）人才培养目标的比较

上述三所高校的中外合作办学在人才培养目标上都以专业理论和技能的掌握为龙头，突出了"英语"与"国际"两个关键词，强化了"创新""实践""应用"能力。由上可以看出，三校皆以专业知识与技能为基础和依托，以英语为通用工具，视国际为基本要素，将创新、实践、应用作为学生之基本素养。作为专业的人才培养目标，将专业的知识与技能作为核心内容实属应有之举，同时在专业知识和技能上也包含国际元素，彰显了中外合作办学的特色，也是其应有之优势。同属工具之英语在中外合作办学中也具备了在普通办学中无与伦比的地位，是国际化人才培养得以实现的重要保障。无论是国际的知识、视野还是胸襟，都关乎英语，也都需要借由英语达成，英语对于中外合作办学而言，其实已经超越了工具本身，成为集知识、技能、文化于一体的"专业内之专业"。创新、实践、应用乃当下人才培养目标最通用与流行之词语，亦是人才服务于社会最需具备之素质。就此而言，无论是国际还是本土，上述三词早已不再局限于疆域和种族，是人之成才的共识。

通过对以上案例的比较分析，中外合作办学的人才培养目标存在一定的共性和个性。具体而言，案例中中外合作办学的人才培养目标可以解构为以下几个基本维度（见表3-1）。

表3-1　人才培养目标分析

技能	目标
专业认知	①系统掌握基本理论和基础知识；②熟悉方针、政策和法规；③较强的英语运用能力；④商务基础知识
基础能力	①运用相关模型、概念和理论，解决实际问题；②分析具体问题，并找出解决方案；③学术写作
职业能力	①理论与工作实践相结合；②收集和分析数据，以提供金融服务解决方案；③人际沟通能力；④职业持续发展能力；⑤现代信息技术运用能力

① 参见上海某中外合作办学金融专业本科人才培养目标（应对方要求，内部资料不便具名）。

（二）人才培养目标的特色

中外合作办学人才培养目标对专业知识与技能尤为注重，描述篇幅较多，目标定位可概而论之为"复合型涉外人才"。

因所处的地域不同，学校的历史、文化等也不尽相同，尽管是同一个专业，各高校在人才培养目标上也存在一定的差异。

云南，地处中国西南边陲地区，是经济欠发达、地域文化特色明显、受外来影响较弱的区域。人才培养目标的一大特色是折射了身为中国经济欠发达地区地方院校之一的一种办学责任感，一种对自身、本地区社会经济发展求变谋强的急迫期待，一种扎根本土的家国情怀。

北京，是中国千百年来政治、经济、文化的核心区域，故而人才培养目标在浓厚的专业氛围中带有一种"四平八稳、不紧不慢"的气息。"国际"一词高频闪烁，表达的是不故步自封、开放和求变。

上海，地处中国东部沿海，是江海交汇之地，是中国最为悠久的经济中心城市，历史悠久，国际化程度历来在中国首屈一指。中外合作办学人才培养目标直接、干练、到位。"能从事实务工作的高素质复合型涉外金融人才"是其最为直接的典型表达。

中外合作办学与普通办学人才培养目标的重大区别在于不仅有显著的国际元素，而且紧密结合本国、本土、本校实情，强调应用型和外向型相结合，培养实用的国际人才是其与社会充分对接的期待和明证。英语能力在中外合作办学人才培养目标中都或多或少地涉及，显示出英语在中外合作办学中的重要地位和价值。中外合作办学的人才培养目标理应由合作双方联合制定，各高校的合作伙伴来自不同国家和地区，其历史、国情、校情也存在很大差别，但中外合作办学的人才培养目标在对国际化进行表述时较为趋同，客观反映了外方的参与度和诉求及其"以中为体、以西为用"的现象。从中外合作办学的人才培养目标中也可以看出，中外合作办学培养的人才主体是服务于中国本土社会的，尽管外向，但国际表述充分。

二 人才培养目标的共性问题

（一）人才培养同质化，特色不鲜明

中外合作办学人才培养的同质化是指，在人才培养过程中，无论哪种类型的高校，无论其有何特点，培养的学生放在市场的洪流中几乎没有自身痕迹，如同出自同一所高校。中外合作办学的人才培养目标受中方母体学校以及母体学校所在区域环境等的影响，自有其与众不同的特殊性；而外方合作学校也有其自身的历史沉淀和办学特色，同时深受所在国及所在区域社会经济文化的影响，其发展也有独树一帜之处。然而，通过对上述中外合作办学案例的人才培养目标进行对比分析，发现竟有颇多相似和雷同之处，如目标规格、技能要求、人才定位等。这是各院校的不谋而合吗？显然不是，是各院校在制定中外合作办学人才培养目标的过程中，一味地跟从所谓趋势，而自觉或不自觉地忽略了自身的办学特色，导致人才培养目标同质化现象迭起。绝大多数中外合作办学的母体学校提出了"立足地方、服务地方"的口号，然而在实际中却将上述口号束之高阁。殊不知，丢掉了自身的传统与底蕴，罔顾自身所处的特色环境，这样培养出来的学生怎么在激烈的竞争中立足？

（二）功利主义倾向明显，对"人"的关注不够

纵观中外合作办学案例的人才培养目标，其一大共同之处就是极度彰显工具理性，而遮蔽了人文诉求。云南案例的人才定位是"专业金融服务人才"；北京案例的人才定位是"从事实务的高级专业人才"；只有上海案例稍有不同，人才定位为"高素质复合型涉外金融人才"，将"高素质"和"复合型"提了出来，这是难能可贵的。无疑，这是中外合作办学人才培养的软肋。人文教育是办学的核心诉求之一，需要重视心智训练和情感陶冶的价值。很难想象，一个抛弃了人文教育的专业，与职业培训机构有何差异？一个没有"人文精神"的专业毕业生，能称作人才吗？质言之，如同工厂中的机器一般，技术含量或许还行，只是没有思想，终不免被大浪所淘。

第二节　课程设置的案例分析

一　课程设置的共性与个性

云南某高校中外合作办学案例的课程设置见附录一。[①]

北京某高校中外合作办学案例的课程设置见附录二。[②]

上海某高校中外合作办学案例的课程设置见附录三。[③]

（一）统计归类

1. 按照专业教育过程，中外合作办学课程设置可分为四类

（1）公共课程。包括公共必修课程和公共选修课程，旨在为学生奠定完成专业学习所需的知识和能力基础，并扩大学生的知识面。

（2）专业基础课程。是学生必须修读的课程，旨在使学生掌握金融学的基础理论和基本知识，掌握现代金融业的经营业务和操作技能，了解当代国际金融业的基本状况和发展趋势，熟悉国内外相关金融运营的政策和法规，为随后的专业课程学习奠定基础。本专业以厚基础、宽口径为原则，兼顾经济学和管理学的学科交叉。

（3）专业课程。包括专业必修课程和专业选修课程。专业必修课程旨在培养学生的专业知识和技能。专业选修课程是指学生可以在一定范围内选修的课程，旨在提高学生的综合素质及专业技能。

（4）实践教学环节。是学生在各种真实或模拟环境下运用所学知识的课程，旨在培养学生的动手能力和学以致用的能力。学生必须完成本专业教学计划规定的实践环节的全部课程。

学生必须按照教学计划完成公共必修课程、专业基础课程、专业必修课程和实践教学环节以获得相应的学分。同时，学生要按照教学计划的规定从选修课中选择修读足够数量的科目以累积学分从而达到教学计划规定

---

① 参见云南某中外合作办学金融专业本科课程设置表（应对方要求，内部资料不便具名）。

② 参见北京某中外合作办学金融专业本科课程设置表（应对方要求，内部资料不便具名）。

③ 参见上海某中外合作办学金融专业本科课程设置表（应对方要求，内部资料不便具名）。

的毕业总学分要求。

2. 按照课程资源的来源，中外合作办学课程设置可分为三类

根据中外合作办学的特殊性质，按照课程资源的来源划分，可将中外合作办学的课程分为中方开设课程、共同开发课程、引进外方课程三类。就课程数量而言，由于教育部对中外合作办学引入课程有明确要求，因此中外合作办学的课程总数普遍要高于普通办学形式。就课程种类而言，在所开设课程类型中，公共基础课几乎由中方包揽，引进外方课程在量上普遍能达到教育部关于"四个三分之一"的要求，共同开发课程为数最少，有些院校甚至没有。

（二）中外合作办学课程设置的共性与特色

云南案例的课程设置与传统办学差别不大，较明显的特征就是引入了8门外方课程，开设了4门双语课程。总体来看，在课程引进和双语课程建设上都稍显保守。北京案例引入课程达15门，其中8门要求全英文授课，7门为外方直接执教，国际化程度较高。而上海案例引进的外方课程占全部课程的35%，其中专业核心课程占52%，是三个案例中比例最高的。

从案例中可以看出，中外合作办学的课程安排主要有以下特点。大一阶段以英语课和公共基础课为主，英语课的数量大大超过普通办学形式，多的为16～20节，少的为8～12节，无论课时还是开课门类都不是普通大学英语课所能够比肩的，英语俨然成为中外合作办学学生的"第二专业"。另外，大一阶段还开设了诸如马克思主义、军事理论等国内传统的专业必修课。因此，总体而言，大一阶段，中外合作办学学生的课业任务重于普通办学学生。大二阶段，专业基础课排入课表，英语课依然存在，主要是学术英语、专业英语课程，同时还有少量外方课程。在此阶段，学生开始亲身感知外方课程和课堂，学习压力逐步增大。大三阶段，外方课程大量涌入，并伴随中方传统专业核心课程，学生的专业学习压力陡增。大四阶段，部分学生选择出国继续学业，部分学生留在国内进行最后阶段的学习和毕业论文的撰写。

中外合作办学的课程类型和课程安排相较于普通办学形式有较大差别，如英语课程在中外合作办学课程体系中所拥有的独特地位彰显了中外

合作办学的国际化特质；共同开发课程、引进外方课程等的存在是中外合作办学国际人才培养的本然诉求；等等。因此，中外合作办学的课程类型和课程安排是更加庞杂的工程，需要综合考虑的因素很多，在类型选择上需要满足各方要求，既要保证本土课程存在的必要性，也要兼顾共同开发课程存在的合理性，更要考量引入课程的"原装性"、优质性和可行性。而在进行课程安排时，更需考虑学生、教师和学校等综合因素。故而中外合作办学的课程类型和课程安排虽只是表象的、外显的课表式课程计划，但它们是中外合作办学课程体系的开篇和基础，其作用举足轻重，拥有"牵一发而动全身"的地位。

二 课程设置的主要不足

（一）跨文化类课程和学术英语类课程开设不足

教育部在《关于进一步加强和改进中外合作办学工作的若干意见（草稿）》中有"四个三分之一"的明确规定。[①] 这对中外合作办学的外语教学提出了极高的要求。因此，中外合作办学中学生的外语能力应该而且必须高于传统办学中的学生，同时中外合作办学的课程设置在此方面要有所体现，并应该而且必须是与传统办学有显著差异的。但是吊诡的是，部分中外合作办学的课程设置还是"以不变应万变"，将夯实外语技能作为唯一选项，认为只要技能过关了，外语就达标了。殊不知中外合作办学中学生接受的是多元文化的熏陶，跨文化交际能力尤为重要，因此跨文化类课程的开设是必不可少的。而上述案例普遍忽略了跨文化类课程的设置，其中只有云南高校明确开设了一门"跨文化组织管理"课程。另外，学生在学习过程中必须在学术英语方面有所精进，才能有效完成专业学习，而上述案例中几乎没有开设专门的学术英语课程。

（二）共同开发课程的欠缺

对于共同开发课程，中方尤为看重。因其在一定程度上是中外合作办学的特色课程，既有本土元素，又有国际特色，并且此类课程的有无或多

---

① 教育部：《关于进一步加强和改进中外合作办学工作的若干意见（草稿）》，2010。

少也直观地反映了中外合作办学双方的"亲密度"。此类课程的名称、目标、教材、内容等都是双方联合确定的。但是遗憾的是，共同开发课程是中外合作办学的普遍弱势。各高校在申办中外合作办学时都提出了此类目标，然而在具体课程开发和设置时却门庭冷落，无人问津。

（三）课程总数偏多，课时总量较大

由于合作办学的性质，中外合作办学案例的课程开设数量与传统办学比起来普遍较多。基本上采取的是将引入的外方课程（主要是专业核心课程）直接插入中方的课程体系，而不做任何删减。按照一般情况，也就是引入了多少门外方课程，中外合作办学的课程总数就比原来多出了几门，因而课时总量和学分修读总数也大大增加。

第三节　课程实施状况的案例分析

中外合作办学的课程实施总体上是一种复杂的、国际与本土交织的体系和过程，课程实施受中外双方课程制度、传统、教学文化、教师个性等诸多因素的影响。中外合作办学的课程实施是中外合作办学课程问题研究的中心工作之一，它关乎引入的优质课程资源能否"物尽其用"、引进的外籍教师能否"人尽其才"、引进的教材等文本能否"活力四射"。以下是案例学校的主要课程实施方式。

一　课程实施的现状分析

经过调查走访，结合笔者所在学校中外合作办学的课程实施状况，可以看出，中外合作办学的课程实施现状具有以下特点。

（一）传统的课堂教学模式是中外合作办学课程实施的主要方式

笔者调查走访了湖南省内几乎所有中外合作办学高校，从"985"高校到地方本科院校，对中外合作办学的课程实施进行了认真的观察分析，其基本状况是：湖南省内的中外合作办学时间普遍不长，尤其是大学本科的中外合作办学，历史最长者也就 5 年左右，都处于中外合作办学的初建期和早期发展阶段。中外合作办学的课程实施主要依赖学科专业所在的二

级学院，师资也是以二级学院为主，因此，中外合作办学的课程实施与普通二级学院几乎完全一致，以较为传统的课堂教学模式为主。即便是引入课程的实施，只要是由中方教师执教，也将之视作普通课程，采用传统课堂教学模式为主要的课程实施方式。

（二）课堂以外教学活动的形式和内容都不够丰富

个别中外合作办学高校也正在努力探索课堂以外的课程实施方式。如笔者所在的湖南文理学院，就在人才培养计划中明确规定了海外实践的学分要求，积极鼓励中外合作办学的学生在大学四年内要有出国游学、实习实践的经历。另外，作为教学任务，在每学期的教学计划安排中，以学生为主体，按月策划实施国际化特色活动，营造国际化氛围，增强学生的国际意识，从被动地国际化适应逐步转向主动地国际化探索。其他中外合作办学高校也或多或少地开辟了一些课堂以外的课程实施路径，但是比较零散，不成体系和规模，形式和内容也不够丰富。

（三）课程实施的国际化特色不明显

中外合作办学在课程实施中，未能尽显国际化特色。具体来说，中方课程的实施多半保持原貌，即便是应对引入课程也是"以不变应万变"，与传统办学的课程实施无异。外方执教引入课程从师资到教材，再到课程实施的各个环节，都是国际化特色明显的原版外方课程实施，唯有学生是中国本土的。此类课程本是中外合作办学国际化的最大优势和特色，但是由于外教对中国的校情、学情不甚了解，再加上学生对外方课程实施在短期内难以适应，课程实施效果不尽如人意。另外，双语课程的实施也是中外合作办学国际化特色的基本要求。但是，从调查走访结果来看，目前多数中外合作办学的双语课程开设数量不足，多则 3~5 门，少则 1~2 门，未能满足国际化特色的要求。就双语课程的具体实施过程来讲，主要采用教案、板书和 PPT 以英语为主，教学用语全程为中文的初级双语课程实施模式，很少采用较为高端的"沉浸式"双语教学模式，课堂的国际化氛围还有待进一步营造。

课程实施状况调查情况见表 3-2。

表 3 – 2 课程实施状况调查

单位：%

课程实施	案例 1	案例 2	案例 3
课堂教学	86	78	72
实践教学	14	20	24
海外锻炼	无	有	有
自主探究活动	无	有	有

资料来源：根据调查走访并结合三个案例的课程设置表计算得出。

二 课程实施的共性与个性

（一）以课堂教学为主要模式的课程实施

1. 与传统课堂教学的共性

经过调查走访，案例学校的课堂教学基本情况如下。中外合作办学的课堂教学模式与传统办学几无二样，同样的教学要求、同样的课程目标、同样的教学方法等，尤其是公共课程的课堂教学是中外合作办学中典型的"本土派"。无论引入得多么"欢腾"，无论合作得多么深入，无论改革得多么"热烈"，我自"岿然不动"。这是由我国的国情、历史、制度等多方面的因素决定的。公共基础课往往是中外合作办学中最为稳定的部分，其身份的特殊性决定了其存在的必要性，成就了其可以"无动于衷""无可撼动"。

但是可喜的是，笔者通过调查走访发现，近两年公共基础课的课堂教学也逐渐呈现动态调整的趋势。这种调整主要针对授课方式和教学计划安排等具体操作环节，与课程的性质和地位无关。以笔者所在的湖南文理学院为例，为切合中外合作办学实际，统筹各类课程的开课计划安排，湖南文理学院国际学院制订了《公共基础课课程实施改革方案》。该方案的主体思想是在不改变公共基础课的性质和地位的基础上，对课程实施方式进行优化重组。如"两课"以大班集中授课形式开展，减少课堂教学学时，增加实践考察环节，考核形式以提交考察调研报告为主。另外，针对所有国际学院公共基础课程，大力倡导课程与教学改革，设置专项经费，鼓励和资助公共基础课程实施改革。在课程改革上，指导思想是将教材经典与社会实践联动起来；在教学改革上，指导思想是变传统授课模式为以讨论式研究型教学为主。总方针是使国际学院的整个课程与教学体系尽量同步，接轨国际。

2. 中外合作办学课堂教学的个性

在中外合作办学中，外方课程的课堂教学是被关注的焦点和热点。中外合作办学的基本诉求之一是引进优质的教育资源，而外方课程无疑是优质教育资源最为直观同时又是最为核心的部分之一。外方课程的课堂教学呈现以下特点。

第一，外教授课的引入课程的国际性得以充分彰显，几乎是国外课程实施的翻版，唯一不同的是学生的主体身份。笔者通过调查走访了解到，中外合作办学高校普遍为此类课程配备了中方助教。所谓中方助教，是指中方高校为了充分学习外方课程的课堂教学模式，变"引入"为"消化"甚至"创生"，特意在外教授课过程中为其指定一名英语沟通能力良好的专业教师随堂听课，并在必要时帮助答疑解惑。更为关键的是，中方助教要虚心向外教学习，通盘掌握其课堂教学的每一个环节，以期有朝一日能够去其糟粕，取其精华，将之内化为"本土的国际化课程"。

第二，中方教师授课的引入课程则是国际课程本土化实施的缩影。中英文穿插的课堂教学用语、耐心的精讲精练的教学方法、记忆背诵的教学要求、原版的外方教材、外方制定的课程目标等中外元素交相杂糅，让人目不暇接甚至眼花缭乱，呈现典型的中西合璧的课堂教学模式。学期之初，往往会召集中外专家集体会商课堂教学的具体环节，并邀请外籍专家到堂听课、评课，或举办专题讲座，以最大限度地发挥中外双方的优势，取得最佳效果。

第三，从师生反馈情况来看，中外合作办学课堂教学还需要很长的"打磨期"，师生双方还存在诸多不适应。

（二）学生自主探究活动的开展情况

自主探究活动本是外方课程实施的一大特色。但是，在中外合作办学中，此类课程实施活动极为有限。自主探究活动可以充分发挥学生的主体作用，让学生全程参与，亲身体验。令人遗憾的是，自主探究活动依然是中外合作办学课程实施的一大短板。通过调查走访发现，很少有学校的中外合作办学建立起了自主探究活动的系统化课程实施体系。笔者所在的湖南文理学院在自主探究活动的开展上做了一些较为值得参考的尝试。如以学生为主体，制订了特色国际化活动的开展方案。每两周开展一次特色国际化活动，如参加国际美食节、国际服装节，模拟联合国辩论，等等。此类活动由学生全程策划，辐射到每一位学生，学生分工合作，将知识性、趣味性、探究性充分融入具体的活动环节中去。以国际美食节为例，国际学院各专业通力合作，制订具体实施方案。生物科学和食品专业学生负责食品制作；网络工程和电子信息科学与技术专业学生负责网上宣传平台的建立维护及网络舆论造势等；信息管理与信息系统专业学生负责营销策划，争取赞助。活动完成后，每个学生都要写出活动总结，再分组完成小组、大组、班级等不同层次的总结与感受。其中，需要学生思考在活动中运用了哪些所学知识、还有哪些不足，并针对不足之处思索解决的方案策略。

（三）实践教学的情况

实践教学是培养应用型人才的重要手段。中外合作办学的实践教学应该是与传统办学的实践教学有所区别的。但是通过观察案例学校的实践教学发现，大部分中外合作办学的实践教学未能体现中外合作办学的国际化特色。不过也有部分学校在国际化实践教学的开展方面做出了有益的探索。同样以笔者所在的湖南文理学院为例，为了培养学生拓展国际视野，了解所在专业的国际行业动态，提高跨文化交际能力，及时知晓国际市场的需要，湖南文理学院国际学院制定了学生海外实践管理办法，为学生的海外实践提供平台，并给予一定的经费支持。海外实践项目主要以学生的专业为依托，有针对性地为学生联系海外企业，接收学生前去实习实践。此类活动采取长期与短期相结合的方式进行。长期项目一般是 6 个月以上 1 年以内，短期项目则是 3 个月以内。实践的主要内容是在国际企业中进行顶岗实习，同时在海外合作学校进行专业、语言和文化的学习。海外实践开展以来，学生和家长反响强烈。经过海外实习，学生的国际意识明显增强，国际视野逐步形成，同时亲身前往国外，进入外方合作学校，设身处地地去感知异域文化，体验国际市场，了解行业的国际前沿动态，对于学生跨文化能力的提升效果明显。海外实习对于国际化人才的培养是一项重要举措。

第四章

中外合作办学大学本科课程存在的
问题及影响因素分析

第一节　中外合作办学大学本科课程存在的问题

课程是人才培养的最终落脚点，课程的建设与实施是人才培养目标实现的最重要环节。中外合作办学的办学目的与人才培养目标是中外合作办学课程研究与建设的总领，同时，对中外合作办学的课程进行研究，也关涉中外合作办学的根本，是中外合作办学质量建设的核心内容。通过对中外合作办学的课程现状进行仔细梳理、认真分析，不难看出，中外合作办学的课程是办学的重点，也是难点，从课程目标到课程设置再到课程实施以及师资结构都是中外合作办学课程研究所要关注的。厘清中外合作办学课程问题，是中外合作办学课程研究与建设的基础。

一　课程目标的依附和悬空

"课程目标又称课程目的，它是教育目的和培养目标的具体化，是课程设计、实施和开发过程的依据和出发点，也是课程活动的归宿。课程目标体现了学校对人才培养质量规格的基本要求，反映了学校办学的基本指导思想，其实现与否是衡量一个学校办学质量高低的重要标准。"①

---

① 张传燧主编《课程与教学论》，人民教育出版社，2008，第73页。

课程目标是课程设计和实施过程首先要考虑的要素，它影响着教师教学方法的选择、教学手段的应用、教材或教学内容的选定等各个环节。当然，"任何课程设计者在确定课程目标时都不可能是完全价值中立的，设计者有自己的一套理论体系和思考方式，并且任何课程目标的选择都要通过国家文化的筛子来过滤"。① 西方社会倡导自由、民主，强调个人价值，其课程目标在于培养多样性、个性化发展的个体；而中国教育在集体主义至上的传统理念下，更倾向于培养善于合作、以集体利益为重的公民。两种课程目标决定了截然不同的两种教学过程。因此，中外合作办学作为中外高等教育的"特殊合体"，其课程目标也必然是与众不同的。总体而言，中外合作办学的课程目标存在以下问题。

（一）目标依附问题

案例学校的课程目标多强调"涉外、国际"，却对国内市场和需要关注较少；英语课程也主要突出文化的输入，而忽略文化的比较与输出。由此可以看出，中外合作办学的课程目标与外方原有的课程目标相当接近，而本土元素相对欠缺，有些学校中外合作办学的课程目标就是外方课程目标的翻译版本。可见，在中外合作办学中，课程目标的依附性必须得到相应的重视。

1. 引入课程背后的文化缩影

中外合作办学的初衷是引进合作学校的优质教育资源。当然，课程是优质教育资源的核心。高等教育中外合作办学的课程目标是通过引进合作学校先进的理论与技术，培养国际化人才。从字面上看，这一初衷本是无可厚非的，因为理论与技术的引进无疑是优质教育资源的重要内容。但是，"理论与技术总是来自人特定的思维方式，而那些特定的思维方式又源于人在特定的时间和地域对特定事物的关怀。当代西方技术代表西方，而不仅仅是其副产品。因此，引进技术事实上就是引进文化。同样，学会掌握所引进技术的过程，事实上也可能是逐渐受该技术掌握的过程"。② 换

---

① 李东：《我国课程编制的文化性缺失——一种社会学视角的反思与建构》，《教育发展研究》2005 年第 14 期，第 52～56 页。

② 朱晓刚：《中国大学课程依附发展的现状省思》，《教育学术月刊》2008 年第 1 期，第 78～80 页。

言之，理论也好，技术也罢，其产生与发展，自有其背景与文化承载，绝无纯粹的技术，也无绝对中立的理论。因此，引进的理论与技术也绝非能受主观意志所决定，而能使"道器"全然分离，只取其器，而废其道，此无非是一厢情愿而已。即便能使之分离，"无道之器"又焉能长久？百年之前的"洋务运动"之败即为明证。因此，无论愿与不愿，文化之伴随理论与技术确非人力可更改。在引进合作院校优质教育资源的同时，其文化也是随之而来的。这种现象，在某种程度上可称为依附。这种依附现象，在中外合作办学中的引入课程上表现尤甚。

2. 依附以致失去"自我"

在中外合作办学中，外方的课程目标是自其诞生之日起就已设定好的，是符合其所在场域特性的。中外合作办学将课程目标定位为培养国际化人才，因而全然引入外方课程，以其课程目标作为中外合作办学之课程目标，视其为国际化之正途。殊不知，此种做法，在一定意义上使得中外合作办学的课程目标沦为外方课程的附庸，"人云亦云"，以致失去自我。这种国际化的人才培养目标，是外方课程目标的翻版，而非创新。这种国际化，自然而然地会在悄然中沦为我们通常所批判的全盘西化，只是身在其中而不自知而已，正所谓"当局者迷"。外方合作院校的课程目标是以该国学生需要和社会需求为基本依据，以外方社会经济发展为根本价值取向的。外方课程进入中国，可谓时移世易，若一味照搬，课程目标的依附则成必然。如此一来，培养的国际化人才究竟为谁服务，实在有待商榷。加之课程目标的文化承载如"润物细无声"般潜入中国高校的课堂，那么，对我国学生的价值取向、个人情怀难免会产生一定的影响，这也是课程目标依附问题的隐患之一。

再者，中外合作办学大多抱着以引进促发展的思维，希望通过直接引入外方教育资源的方式，实现本校的跨越式发展。但是事物的发展总有其规律和过程，正所谓"欲速则不达"。全盘引入外方课程的更深层次影响是，对外方课程目标的依附将波及中方原有课程，甚至影响中外合作办学的整个课程与教学体系，形成中外合作办学课程对外方课程的全面依附。届时，中外合作办学在某种意义上可能成为外方的附庸而完全丧失自我。

中外合作办学培养的人才不为中国所用，成为外方人才的摇篮，这与中外合作办学的初衷是截然背离的。

3. 依附导致"中枢"紊乱

对课程目标的依附问题，如果没有清醒的认识和高度的重视，国际化人才培养目标的实现可能误入歧途。所以，根据依附的目标而展开的课程实施，使培养的学生与我国社会经济发展的需要不相适应，中外合作办学的愿景自然成为空谈，这也是中外合作办学课程目标建构不得其法、课程引进不作为、课程实施无所为的首要问题。课程目标是课程的"中枢神经"，目标依附导致的直接后果是人身的依附。目标出了问题，行为自然紊乱。因此，中外合作办学的课程目标需要在中方原有课程和引入外方课程的课程目标之间找到微妙的平衡点，既能对外方的精华加以引入利用，又能将之植根于中国的社会文化背景之下，从而培养"土生土长"的但国际特色明显的能为中国社会经济发展服务的国际化人才。中外合作办学的课程目标应该是兼容国际与本土的，而非使二者对立起来，更不能在二者之间游离，最后发展成"四不像"。

（二）目标悬空问题

西方高校在发展过程中，经历了各种教育思潮的影响，无论如何"争鸣"与"齐放"，最后达成的重要共识是课程目标必须契合社会需求，为市场所接纳，只有这样，课程才有生命力，教育才是成功的。因此，西方高校的课程目标都将市场放在举足轻重的地位，无论对课程目标的论述如何精练简洁，市场或是需求二字都不可缺席。这既是西方高校引领世界教育潮流的法宝，也是其教育成功的必然。

1. 课程目标与市场脱节导致的悬空

将市场和社会需求作为人才培养的导向，为社会经济的发展提供了源源不断的动力，保障和促进了社会经济的高速增长，同时社会经济的发展也为政府对教育的持续投入奠定了基础，二者形成了良性互动。这是从社会和教育的互动层面来看人才培养的。从学生和学校层面来看市场或社会需求与教育的互动，也可以得出，学生所学成为其安身立命的基础，也是其为社会做贡献的基本技能，如果学生对学校的教育和课程是满意的，也会鼓励学生选择该课程，从而为该课程的存在和发展提供前提。学校的课程也随时与市场和社会互动，并随之而调整课程目标，这既是对社会经济发展的及时因应，也是教育为社会服务功能的外显。

但是，当外方课程被引入后，它面临着一个全新的境域和陌生的市场。其课程目标是否适应本土之社会需要尚且不论，教师、学生、学校能否厘清引入课程的目标尚需时日。因此，目标、市场、学生三者本是"三位一体"的，一旦有分离，必然背离初衷，有碍中外合作办学的发展。中外合作办学的课程目标既要有外方的身影，又难离本土本乡。在中外双方的交错杂糅中，课程目标忽而"偏中"，又忽而"向外"，让办学者头疼不已，很难取舍与协调。于是，中外合作办学的课程目标常常呈现一些乱象：师生不知其然，更不知其所以然；本土市场不够适切，国际市场难以融入。课程目标太过悬空，既与师生疏离，又与市场不睦。此种问题会导致课程实施的无效性。课程目标的悬空，使得课程最终不接地气，缺乏吸引力和活力，成为无源之泉，后继乏力。缺少了与社会和市场的良性互动，将直接影响中外合作办学的可持续发展。中外合作办学课程目标的悬空一方面是中外合作办学特殊的"合体"性质使然，另一方面也反映出中外合作办学的合作机制问题，说明中外合作办学课程的相关研究和实践还有待进一步加强。课程目标是中外合作办学课程的关键。目标悬空，课程建设就难以落地，课堂教学就成为没有灵魂的"机械化"运动，最终伤害的是中外合作办学学校本身。

2. 中外双方原有课程目标之间的冲突导致的悬空

迥异的办学传统与背景，以及迥异的人才定位与规格，导致中外合作办学课程目标之间的冲突在所难免。具体体现在以下几个方面。

第一，中外高校课程目标都对市场和社会需求十分看重，但是相比较而言，西方高校的市场意识更强。加之办学自主权更为灵活，西方高校在办学过程中更为贴近市场。在市场意识浓烈的人才培养目标引领下，西方高校的课程目标彰显出强烈的市场意味，并且与市场的互动非常及时。而中国高校尽管也大声疾呼市场的作用，但反应较慢。加之受体制所限，课程目标的调整，包括根据课程目标对课程内容的选择、教材的选用等，都比较迟缓，甚至有的课程目标数年都未有调整更新的情况出现。在此情况下，中外合作办学过程中受双方人才培养目标的影响，中外课程常有脱节的情况出现。西方的课程设置以其人才培养目标为基准，依据本国本区域的社会需求而定。中国高校也同样以本国市场为导向，但区域差别不是很明显。一则，由于经济发展处于不同形态，同一专业在不同区域对人才提出了不同要求，故而课程也存在较大差异；二则，办学者对双方的人才培养目标认同度有所不同，从而影响了双方课程间的磨合与对接。

第二，在人才的专业素质培养上，中国重视抽象思维能力，西方则重视自觉思维能力；中国强调理论的掌握，西方则注重实践能力的培养；中国偏爱学科专业基础扎实、专业能力较强的学生，西方则更喜欢基础宽厚、综合能力更强的学生。因此，在中外合作办学中，双方课程目标或重叠或打架或脱节等诸多问题在所难免。课程目标的冲突主要表现在以下两个方面。

一方面，中方课程维持原状，外方课程原版原汁原味地引入，双方课程目标受各自原有课程与教学体系的影响，成为没有交集的并行曲线，各自沿着自己的原有预设向前发展。这是目标冲突的第一种表现，此种冲突，表面看来是并行不悖的，实质上形成了中外课程目标"各说各话"，难以融合并形成合力，在对学生的培养上，两套课程目标体系不是同心同德的，越是平行无交集，越显得离心离德。

另一方面，中方课程与外方课程在课程目标的设定上是存在分歧的。如上所述，中外双方在学生能力的培养上因各自社会和学生所需而各有偏重等，是课程目标冲突的具体表现。这种分歧式课程目标冲突，给中外合作办学课程带来的直接影响是同一类型的课程在目标设置上此消彼长或缠斗不休，缺乏主导性思维和定位，从而导致课程目标凌乱，影响课程的具体实施。

第三，在人才的国际化素养培养上，双方在认识层面存有较大共识，但在操作层面存有明显分歧。国际化正如火如荼且将以不可更改之势持续深化并强化下去，这已成为中外各界的共识。这也是为什么中外高校都将国际化人才培养作为人才培养目标的重点要素之一。实质上，西方高校在国际化运动中一直处于中心地位，占据较强的心理和文化优势，辐射到具体操作层面，其课程国际化的主要目标在于将自身的价值理念在全球范围内推广，将其课程目标自视为主流，视他国他校的课程目标为从属。在中外合作办学中，外方必然极力推广其课程目标，从而影响中方的课程朝着外方的预期转向。而中国正处在高速发展和转型期，人才培养的国际化及其引领下的课程国际化主要在于吸收借鉴世界先进的科技文化技术，从而为我国的发展服务。同时，也可以进一步弘扬中华文化，增强文化软实力，实现文化的自尊、自信和自强。中方一直在坚守中开放，在包容中甄别，在合作中取舍。因此，在中外合作办学中，基于国际化人才培养的双方课程目标也不可避免地会产生摩擦。

二 课程设置的移植和拼盘

课程设置的优劣对中外合作办学目标的实现具有举足轻重的作用，是办学特色的直观反映和人才培养目标实现的重要保证。因此，中外合作办学的课程设置是否科学有效，是衡量教育质量和水平的重要前提，也是中外合作办学课程体系建构的关键一环。"课程设置如生态系统，可以从宏观和微观两个层面来理解和建构。宏观者重在课程之布局，微观者重在课程之结构。"① 宏观层面以课程之类别为首要关注对象，运筹课程内容及知识结构等的组织布局；微观层面则着重排列组合不同科目、学时、学分等的具体架构。因此，课程设置本身是一个自成体系的复杂生态系统，既环环紧扣，又相互依存。生态学认为，任何一种生命的存在形式都取决于其他物种的存在。生态系统是一种相互和谐、相互依存的关系。中外合作办学的课程设置也应该遵循生态系统原则，实现生态平衡、和谐共生。但是，在中外合作办学过程中，课程设置往往与生态观念不符，主要表现在以下几个方面。

(一)"移植"式课程设置

1. 移植后成附庸

"移植"即迁移后再种植，本意是指将植物连根移栽到另一地域环境。

---

① 阳利平：《厘清教学目标设计的三个基本问题》，《课程·教材·教法》2014年第5期，第26~30页。

"移植"的中外合作办学课程设置，顾名思义就是指在中外合作办学的课程设置中，将合作方的专业课程设置整体搬迁到中外合作办学的课程体系中。例如，许多大学在与国外高校合作举办国际教育过程中，将其专业课程模块组合直接纳入合作办学课程体系，替代所有专业核心课程，避免了重新考量课程设置的费时费力，以图"短、平、快"之效。然而，此举看似简单直接，却忽略了许多重要因素，因而其效用也令人生疑。因为"有迹象表明，西方大学的课程与第三世界的需要并不直接相关。社会问题、农业技术、教育革新与实践以及其他许多因素，在不同的社会之间是各不相同的。西方世界共有的科研策略和方法在第三世界也许没有实际价值，即使有了资金和设备，它们也可能是行不通的"。① 因此，如此这般的国际化，无异于直接西化。从一定程度上讲，中外合作办学的这种课程设置与外方先进的课程设置如出一辙，给人以"高大上"的国际观感，它利用了后发优势，是对先进的直接和高速追赶。可是，我们移植的毕竟是别国的体系，对于这些被移植的课程，我们只是传播者，而非生产创造者。传播的是他人的理念、他人的知识体系、他人的科学研究成果……可是我们自己的呢？长此以往，我们是否还会有自己的？我们还能否有自己的？拿来主义之害，此为最甚——拿来了，同时也丢了。移植式的中外合作办学课程设置将是一个无休无止的恶性循环。其直接后果是，名义上是中外合作办学，事实上已然沦为附庸，对外方的倚赖会日渐加重，与先进永远"相隔一线"，从而在边缘位置"乐此不疲"地游弋。

2. 移植伴随渗透

美国著名学者阿特巴赫曾直言，"发达国家通过生产知识而手握大权，单方面主宰着课程的理念、目标和课程设置，筛选组织着课程的具体内容，并以传播先进之名而行'变相殖民'之实"。② 不发达国家求变若渴，纷纷主动伸出橄榄枝，甘愿成为其知识的传播者和消费者，对发达国家的

---

① 〔美〕菲利普·G.阿特巴赫：《比较高等教育：知识、大学与发展》，人民教育出版社教育室译，人民教育出版社，2001，第 26~135 页。

② 〔美〕菲利普·G.阿特巴赫：《比较高等教育：知识、大学与发展》，人民教育出版社教育室译，人民教育出版社，2001，第 76~80 页。

课程设置纷纷顶礼膜拜，匆匆效仿，生怕有半分不像而影响效果。2009 年教育部发布的《关于当前中外合作办学若干问题的意见》明文强调，"中外合作办学中引进的外方课程不得少于全部课程的三分之一"。有此"尚方宝剑"，许多中外合作办学如获至宝，开始大刀阔斧地引入外方课程体系，有的甚至只保留了数门公共基础课。如非政治制度、国情所限，恨不能将中外合作办学变成外方的分校，这实在可叹，难道我们自己的课程设置已不堪至此，恨不能弃之而后快？如此之中外合作办学的课程设置，其求变之心或尚可谅，然其一味崇洋之行实不可恕，已然没有了中外的"合作"，而成了一味地"进口"。"移植"式中外合作办学的课程设置罔顾国情、社情、校情，不自重、不自爱，是全盘西化的做法，对于中外合作办学目标的实现是缘木求鱼，也是背离中外合作办学初衷的。诚然，西方的课程设置总体上优于我国，但是，我们必须清醒地认识到，第三世界的院校机构不仅要面对工业化国家基于历史和经济的强大力量的现实，而且必须应对工业化国家维持其支配地位的广泛愿望。这种愿望与用以维持其支配地位的政策被称作新殖民主义。面向第三世界的国外资助项目、技术援助以及其他方面的援助往往有复杂的动机和难以预料的各种结果。捐赠国在提供资助时往往有好几种目的，其中之一便是教育结构和政治结构的渗透，这种渗透能确保稳定和普遍地模仿西方的趋向。所以，在进行中外合作办学的课程设置时切莫"一刀切"，简单粗暴地"移植"了事，必须慎之又慎。

阿特巴赫认为，西方发达国家长期在知识生产领域处于世界领先地位。它们根据自己的价值观和思维方式构建着知识传递和传播的课程与教学体系。从理念到模式到内容再到具体的课程实施，它们对课程的主导作用无时无刻不在课程的各方面或明或暗地得到体现。在先进知识的传递和传播过程中，一是发达国家刻意借由知识传播而名正言顺地输出自己的价值观和思维方式，进行文化扩张；二是发展中国家对所谓"先进"如饥似渴，求变心切，甘愿成为先进知识的消费群体和传播使者，并对之深信不疑，主动模仿。这都是中外合作办学"移植"式课程产生和发展的直接动因。加之教育部对中外合作办学"四个三分之一"的要求，更使得移植课程现象变得"有恃无恐"且大有蓬勃发展之势。其中，对教材的引进如火如荼，范围也在逐步扩大，纷纷以能引进、会引进为傲，甚至将之美化为办学的亮点和特色。尽管部分学者和管理层已经对此有所警惕，教育部也明确表示要加大对引进教材的审核力度，但是总有部分人员以"知识无国界说"刻意阻挠，甚至对"审核"大肆挞伐，以"意识形态之说"进行攻讦。殊不知，教育本身就应该是带有国家民族意识的，而"教科书是西方一项重要的输出物，西方的课本在整个亚洲流行，有时候使用的是英文原版，有时候使用的是翻译本，有时候使用的是当地教师制作的改编本，但改编本中采用的概念、学术方向和对课程的态度都是西方的"。[1] 诚然，发达国家的先进课程值得我们虚心学习，但是课程之下暗潮涌动的价值观与思想的碰撞也不得不引起我们的重视。"西方在提供资助时往往有好几种目的，其中之一便是教育结构和政治结构的渗透，这种渗透能确保稳定和普遍地模仿西方的趋向。"[2] 综上所述，对先进的引入不可废止，但对伴随引入课程而来的防不胜防的价值观和思维的"入侵"也不能不保持长久的清明，要立足国情、社情，对引入课程进行必要的增删调整，杜绝全盘照搬，防患于未然。

（二）"拼盘"式课程设置

1. "拼盘"难得"两全"

"移植"式中外合作办学的课程设置被广为诟病，如果要兼顾双方，只有采用"拼盘"了。这是许多中外合作办学者的思维逻辑，也是中外合作办学的课程设置在现实中的真实写照。很多人固执地认为中外合作办学的课程设置无非就是把外方的课程和中方的课程凑合叠加在一起，形成一个丰满丰富的"拼盘"，如此，既全又盛，也不偏颇，岂不两全？既是实实在在的引进，又没有"全然移植"之嫌。然而仔细思来，将"拼盘"作为中外合作办学课程设置的主要模式将使学科知识显得杂乱无章，且很难

---

① 王卫平：《高等教育中外合作办学课程的依附现象研究》，《教育理论与实践》2013 年第 3 期，第 6～8 页。

② 〔美〕菲利普·G. 阿特巴赫：《比较高等教育：知识、大学与发展》，人民教育出版社教育室译，人民教育出版社，2001，第 27、29～31、67、226～227 页。

深入，会对学生的知识获取和能力培养形成一定的局限。同时，面对如此课程设置，教师也会滋生有心无力之感，从而对教学的有效有序开展形成一定阻力。"拼盘"的主要症结在于课程之间可能并不存在必然的联系，只是在形式上将其连接起来，形成一个相对固定存在的课程"结合"，而非精心安排与设计的课程组合。

2. "拼盘"呈现的仅是"视觉盛宴"

"拼盘"呈现的可能是"视觉盛宴"，而绝非经过精细加工与娴熟"烹饪"的"美味"。"拼盘"式的中外合作办学课程设置没有科学地设计体系内各类课程的组织安排，也没有认真分析课程、科目之间存在的必然联系与学科知识之间的客观规律。其核心问题是没有将课程、学科、科目、知识等综合起来当作一个综合体来考虑，尤其是它们之间综合的"度"的考量问题。所谓"度"，主要是指广度和深度，即这一综合体的展开区间与纵深范围。展开区间囊括了综合体所要包含的学科领域和课程门类；纵深范围主要涉及学科知识与课程内容的深浅火候。这主要取决于中外合作办学的人才培养目标、人才培养规格以及学生的现实状况和双方学校的校情与合作深度。

"拼盘"式中外合作办学课程设置的"拼盘"形式主要有以下两种：配合和联合。以配合方式组成的"拼盘"是将中外双方课程体系之一作为"拼盘"的"底料"与"主材"，辅之以另一方的课程，构成"拼盘"。这种"拼盘"带有很强的中方课程体系或外方课程体系的表征，给人一目了然的感觉，可以清晰地判断是以"中"为主还是以"外"为主。采取此类方式进行"拼盘"的设计者常自诩既是本土特色浓厚又是国际元素兼具的典范。而以联合方式组成的"拼盘"则是中外双方各取部分课程以构成"拼盘"。此种方式没有明显的中方痕迹，亦无显著的外方特征，深得"中庸之道"而竭尽可能"不偏不倚"。设计者也会为此而深以为傲，视其为最佳组合方式。

"拼盘"式的中外合作办学课程设置，无论其"拼盘"的方式是配合还是联合，其第一位考虑的是课程门类之间的"拼盘"，而未尝将知识内容间的紧密联系和内在规律进行详查，更不能使课程设置具有缜密的逻辑和紧凑的结构，不能一体化考量知识的融合性和课程门类的协调性。

三　课程实施的守旧和单一

"课程实施就是把课程计划、教学方案付诸实践的过程，也可以说是把书面的课程计划、教学方案转化为具体的教学实践的过程。"① 狭义的课程实施等同于一门具体课程的教学过程。本书中中外合作办学的课程实施主要是指，通过中外合作办学的具体教学活动来达成中外合作办学的课程目标和人才培养目标。

中外合作办学的课程实施问题可以从其课程的基本类型切入来进行梳理。如前文所述，中外合作办学的课程基本可以分为三类：一是中方课程；二是外方课程；三是联合开发课程（微乎其微，可以不予考虑）。中方课程主要分为公共基础课程（一般公共课程和英语课程）和专业课程，外方课程主要涉及专业课程。由于中外合作办学有其自身的特殊性和现实诉求，英语教育在中外合作办学中的重要性是业界的普遍共识，对中外合作办学既定目标的实现举足轻重，是中外合作办学不可回避也是无法回避的。中外合作办学下英语课程的实施情况事关中外合作办学的成败。因此，本书在梳理中外合作办学公共课程实施时，将主要论述英语课程的实施问题。还有就是中方专业课程和引进外方课程的实施问题。

（一）课程实施的守旧问题

1997 年，叶澜教授在《让课堂焕发出生命活力——论中小学教学改革的深化》一文中指出传统课堂教学的主要问题如下：一是完成认知性任务，成为课堂教学的中心或唯一目的；二是专研教材和设计教学过程，是教师备课的中心任务；三是上课是执行教案的过程，教师的教和学生的学在课堂上最理想的进程是完成教案。② 再看当下，在中外合作办学的课堂教学中，这些问题和弊端依然顽强地存在着、生长着。在教学目标上，只重知识、技能，忽略了人的因素；在教学过程中，认知能力的培养完全掩

---

① 张传燧主编《课程与教学论》，人民教育出版社，2008，第 241 页。
② 叶澜：《让课堂焕发出生命活力——论中小学教学改革的深化》，《教育研究》1997 年第 9 期，第 3~8 页。

盖了情意的作用；在教学方式方法上，过于依赖教材、教案等，单调乏味；在师生关系上，学生一味地处于被动接受状态，参与意识极度弱化；在教学内容上，以传授已知为主，注重记忆性知识，忽略了知识的生成性……针对以上问题，罗杰斯曾提出以人为中心的教学观；叶澜教授指出要"让课堂焕发出生命活力"。"生活好比是驾驶马车，有的人在打瞌睡，任马拉他，有的则驾驭着任意驰骋。只是后一种人才是存在着的人，前一种人并不存在。"① 生活如是，课堂不也如是吗？

1. 英语课堂教学的守旧

教育部于 2006 年发布的《关于当前中外合作办学若干问题的意见》规定，中国教育机构应当在实施此类项目中切实加大外国教育资源的引进力度，并对引进的外国教育机构的课程，特别是用以替代中国学历教育课程的课程认真进行评估。引进的外方课程和专业核心课程应当占中外合作办学全部课程和核心课程的三分之一以上，外国教育机构教师担负的专业核心课程的门数和教学时数应当占中外合作办学全部课程和全部教学时数的三分之一以上。中外合作办学的办学方式主要是与讲英语国家高校联合办学。所以，在中外合作办学中，英语的重要性可见一斑，其对学生掌握英语能力的要求可想而知，此亦为当下中外合作办学的突出矛盾。因此，中外合作办学应该有，而且必须有高于一般本科的英语人才培养目标和教学要求。

（1）难脱传统大学英语教学之桎梏

现行的大学英语课程可以追溯到 1998 年 12 月大学外语教学指导委员会制定的《大学英语教学大纲》。沿袭将近二十年前的"大纲"，来应对当下中外合作办学的英语课程实施显然是不合时宜的。传统的大学英语课程实施存在以下问题。

第一，重讲授、轻练习，腹中有万语、口中无片言。

多少年来，令中国英语教育界同人痛心疾首的是，我国的英语学习群体为世界最大，教育耗时最长，效果却最差。"哑巴英语"成为中国人学英语的代名词。痛定思痛，这无关学生的学习能力，也无关教师的教学水

---

① Kierkkegaard, *Works of Love*, Boston：Houghton Mifflin, 1961, p. 38.

平，关键在于本土大学英语课堂教学模式深入骨髓。这无疑是中国英语教育的一大硬伤和悲哀，更是中外合作办学英语课程实施必须克服的最大障碍。无论是从英语教育的工具属性还是人文属性来看，将讲授作为英语教学的主要方式都是不妥的。就工具而言，英语之用在于交际，讲授专注的是教师的输出和学生的输入。但是，无论是教师的输出还是学生的输入，都是单向的，而交际必然是双向的。只有教师的输出而无学生的输入，课堂反馈从何而来？教学岂是一厢情愿就能完成的？只有学生的输入而无教师的输出，运用从何谈起？交际又岂是"眉目传神"的？就英语教育的人文属性而言，在中外合作办学中，英语的人文属性更是不能忽略的。中外合作办学是两种文化的碰撞与融合，因此几乎所有中外合作办学都将培养学生的"跨文化交际能力""国际视野"等醒目地列入中外合作办学的人才培养目标。"跨文化"是通过运用语言的外在形式而理解其内在价值才能达成的。只有讲授的英语课堂，即便文化内容再丰盛，也无外乎是一场"听觉盛宴"而已。文化是需要感知和体悟的，跨文化更需要实现文化间的理解、对话和融合。因此，中外合作办学英语课程实施的基本目标是从语言而至文化，这是讲授课程难以企及的。

言语学习，无外乎识、记、用。藉书可识，箸心则记。然而，何以致用？熟能生巧。语言源于人类之生活，承载人类之文化。语言与生活本是一体的，就此而论，对于学习语言而言，"尽信书不如无书"，要坚信和践行实践的方法，在练习中寻找语言学习的正途。中外合作办学的语言学习更是不能少了练习这一环节，否则就会陷入"腹中万言与谁述、口中只言无人听"的尴尬境地。

第二，功利当道，人文缺失。

中外合作办学英语教育的意义并不全然在于英语的工具意义。若只为工具，中外的"合作"是难以体现的。停留在工具层面的英语教育与中外合作办学的培养目标是相去甚远的。中外合作办学英语教育的总目标是跨文化沟通、理解和交际。如果将这一目标分解，那么首先要回答的是在中外合作办学中，学习英语，除了语言的工具作用，还可以具体为哪些？换言之，就是学习英语还可以在哪些方面服务于中外合作办学的课程与教学？

首先，三分之一以上的课程是外方引入课程。外方引入课程都是专业课程。如果只遵循传统的语言教学模式，英语之用则仅限于日常交流而已。专业的深度、广度和术度非比日常，传统的英语教学模式是很难与专业的节奏相匹配的。

其次，三分之一以上的专业教师是外方合作学校的派出教师。学生若对外方的文化全然不知或者一知半解，那么在课程教学中，教的主体和学的主体往往存在理解上的偏差和思维方式上的鸿沟，故而很难达到共鸣，更难说教学相长了。

最后，三分之一以上的专业教材是原版外方教材。教材是文本的课程，中外合作办学中的专业核心课程至少有三分之一是外方的引入教材。教材的使用贯穿了中外合作办学课程与教学的全过程。如果不能把教材理解透彻，那么教学效果无疑是不令人满意的。尤其是教材在中国的教育现状中起到了无可替代的作用，师生对其都是相当倚重的。教材中除了专业术语、学术用语，还有外方文化渗透其中，这也是原版之为原版的必然。

因此，以上三点既对中外合作办学的英语教育提出了高要求和高标准，也是中外合作办学能够正常运转和可持续发展的基本保障。显然，中外合作办学英语课程实施的功利当道和人文缺失，是中外合作办学英语教学的主要问题之一。

（2）全然效仿雅思教学之殇

截至今日，许多中外合作办学者还在堂而皇之地追求学生出国率，还在大肆鼓吹每年输送了多少学生到国外。这是中外合作办学的首倡者和研究者始料未及的。我们不禁要省思：中外合作办学的原始目标是什么？中方的诉求和外方的希冀是不谋而合的吗？如果中外合作办学有可以值得宣传推介的地方，也一定不是学生的出国率。中外合作办学的目的是"师夷长技以自强"，是为了不出国门就能享受优质教育资源，而非其他。因此，中外合作办学的英语教学也绝非一门心思地提高雅思通过率，从而为学生出国扫清障碍，而是为中外合作办学总体目标的实现打下坚实的语言基础，因此必须全面审视和深刻反省将雅思体系作为当下中外合作办学英语课程与教学实施的主要路径是否适切的问题。全盘引入雅思课程与教学体系，主要会造成以下恶劣后果。

第一，中国文化失语。

雅思课程的语料主要反映的是英美的主流文化，少有将本土文化与之结合的诸如比较文化类课程，更加缺少介绍本土风土人情的材料，极有可能最终沦为完全教授英美国家历史人文风情的纯西方文化课，学生对自己国家的文化尚且一知半解，在跨文化交际中成为单向的输入者、被动的接受者，没有意识和能力主动有效、对等地向外输出，从而弘扬本民族的优秀文化传统。要知道语言不仅是一门工具，它所承载的是一个民族的文化观、价值观、行为方式和思维方式，是一个民族内在性格的外显。当一种语言以殖民者的身份涌向他民族时，碰撞不可避免。在强化英语教学所谓的"道地"时，在不断训练学生的接受与模仿能力时，我们需要冷静思考、沉着应对：我们的英语教学仅仅是在给学生输出英语语言技能吗？其实，这一过程是英语文化潜移默化的"入侵"过程。潜藏在语言中的是外族的文化观、价值观、行为方式和思维方式。所以，英语教学兹事体大——个人情怀、家国天下、民族文化都与之息息相关。如果在教学中，教师只是"原汁原味"地传授，学生一味地照单全收，那么学生可能就只知有莎翁，而不知有太白，只会在情人节花前月下，而淡忘了七夕的悠远缠绵。

第二，注重解题技巧，落入应试怪圈。

雅思设计者之初衷本在于提高准备出国学生的英语语言运用能力，帮助其快速适应国外的学习和生活，因此雅思作为出国留学最严格、最权威的语言测试体系，在国内外广受关注，"雅思过6分"也是广大国内准备出国留学的学子孜孜以求的奋斗目标。这本是无可厚非的事，因为只有通过了雅思考试，出国留学才成为可能。客观地讲，通过雅思考试也确实在一定程度上提高了学生的英语语言运用能力。因此，将雅思课程与教学体系引入中外合作办学的英语教育中似乎是名正言顺的。但是，有一点不能忽视：中国的雅思教学功利性太强，一切围绕应考转。如前文所述，中外合作办学英语教育的根本目标不是通过雅思，而是实实在在地提高学生的语言运用能力（包括学术英语能力）。因此，当雅思课程与教学体系被完整地引入中外合作办学时，在很大程度上已沾满了"应试的尘埃"，课程实施唯重考试技巧的解析，公然将雅思通过率完全等同于学生的英语水平。教师在课堂上滔滔不绝，讲的是如何"化腐朽为神奇"，巧妙应对考卷和考官，从而拿到高分；学生在课堂上洗耳恭听，听的是如何"百炼成钢"般"破题、承题、起讲、入手"，轻松斩获高分。当课程实施全然不顾其他而只为考试时，课程的价值便大打折扣。此时教师、学生的中心都偏离了，二者已不再是课程实施中的主体，而成为考试的机器和附庸。

这就是为什么学生考过了雅思、拿到了高分，但是在中外合作办学的课程学习中依然费时费力、千辛万苦的重要原因。有些学生通过雅思考试出了国，但是给我们的反馈是雅思不代表英语应用水平。他们在国外依然学习得晕头转向，不明就里。吊诡的是，没有考过雅思的同学，出国后先是学习了一段时间的语言，再进入专业学习，他们反而学得相对轻松。有鉴于此，我们不得不反思雅思课程与教学的实施问题。雅思本无过，错在我们的观念、态度和实施行为方式。

2. 专业课堂教学的守旧

中外合作办学的主体是中国的教育机构。无论是从办学理念、人才培养还是课程与教学上看，毫无疑问，都应该是中国办的，属于中国的，服务于中国的。这也是中外合作办学的根本底线。因此，中外合作办学的课程必须保留中国的课程，或是保留中国办学主体意识的课程，否则就谈不上合作，而只是引入了。中方课程的保留并不意味着原封不动，而是要与引入课程深度衔接整合，成为具有中外合作办学特色的课程体系。因此，对于中方课程的实施亦然，必须与国际深度接轨，才能适应中外合作办学的特性，才能显示出国际化的特色。但遗憾的是，目前的中外合作办学虽然大部分成立了"国际学院"，但从人才培养计划的制订到课程的实施，都主要依托各高校的二级专业教学学院，国际学院在现实意义上只承担了教学运行管理和学生管理工作，在课程实施上受到诸多掣肘。

如上所述，中外合作办学多数中方课程的实施有赖于专业所依托的各二级教学学院，中外合作办学的实际运行机构（国际学院）择优委托和聘请各学院对中外合作办学的中方课程进行课堂教学，因此在中外合作办学中中方课程实施过程中，有许多问题是目前机制下中外合作办学运行机构难以在短时期内有效处理的。换言之，中方课程实施的最大问题是，与其他办学形式的课程实施几无差异，没有与国际接轨。这些问题罗列如下。

第一，中外合作办学中，中方课程知识的高度复合性决定了课堂教学不能守旧不变。中外合作办学与传统办学模式中的课程知识存在较大差异，尤其是中方课程中又掺杂交融着不同的课程类型。如根据教学计划调整改革后的公共基础课程；经过增减重组后的专业基础或专业核心课程；引进的外方课程但由中方教师任教的双语课程；中方原有课程中以双语课程开展的专业课程；根据中外合作办学需要而开设的实习、实践类课程。不同的课程尽管都能在中外双方原有体系中找到其源头，但是在中外合作办学的现实场景中，它们都存在或多或少的变革，特别是课程内容变得更加丰富与多元，因而更具复合性。面对多元复合的中外合作办学中方课程内容，其课堂教学若还是与其他办学形式无异，而我行我素，其课程实施效果必然令人担忧。

第二，中外合作办学中，中方课程目标的多元性决定了课堂教学不能守旧不变。中方课程与其他类型的课程是统一在中外合作办学整体课程体系中的，并不是完全独立存在和自成体系的。只有中外合作办学课程体系中的各元素有机统一为一体，才能形成合力进而发挥最佳效力。中外合作办学的课程体系是以其人才培养目标为旨归的。所以，中外合作办学中，中方课程的课程目标以其为根本指向。中方课程的课程目标与传统办学模式的最大不同之处在于处处所体现的国际性与多元性。传统办学的主要观照在于本国本土的高度适切性，而中外合作办学所观照的是既要国际化又不能忽视本国本土的需要。此即中方课程目标的多元性所在。忽视了这种多元性，中外合作办学也就失去了其固有之特色，其存在的意义也会大打折扣。有鉴于此，中外合作办学的课堂教学也必然要与课程目标的多元性相符相称。

（二）课程实施的单一问题

课程实施的单一问题主要表现为把课堂教学视作知识传授的唯一途径，忽略了课堂以外的教与学的行为方式。中外合作办学的基本特征是多元，从课程目标到课程设置到课程文化再到课程内容和课程实施，多元的存在方式无时无刻不彰显着中外合作办学的基本特性。然而，从案例分析和进一步的调查研究中可以发现，中外合作办学的课程实施方式过于单一，课堂教学成为中外合作办学课程实施的绝对方式，其他形式的课程实施要么根本没有体现，要么只是流于形式、走走过场，这与中外合作办学本身的多元性严重不符，有碍于中外合作办学人才培养的最终实现。

中外合作办学课程实施的单一问题，究其缘由还是在于对教与学的主体关系的定位不明。将课堂教学视作课程实施的唯一方式，其根源是把教师看作知识的绝对传授者，学生永远是知识的被动接受者。因为课堂被认为是教师的权威性、课堂的纪律性、知识的传递性的最好表达方式，因而课堂教学才是课程实施的唯一正确方式。课程实施的单一问题是对教学活动主客体关系的一元化，是对知识习得方式的认知偏差。

实则，教师、学生、知识三者之间的关系可以总结如下：一是学生不知（知识），教师知（知识）；二是学生知，教师不知；三是学生和教师都不知；四是学生和教师都知。单一的课程实施往往漠视这种复杂多元的教师、学生和知识之间的关系，而以不变应万变，即以传统的课堂教学应对变化了的教师、学生与已知、未知之间的关系。中外合作办学中，课程知识的复合性和课程目标的多元性，使得横亘在课堂双主体之间即教师与学生对于课堂中的客体——知识（已知与未知）之间的关系更加错综复杂。只有对主客体之间的关系脉络有清醒的认识和详尽的分析，以多元应对多元，才能及时对中外合作办学的课程实施进行有效掌控，实现课程实施的高效性。

1. 单一的课程实施方式妨碍了文化反哺

"知之为知之，不知为不知，是知也。"（《论语》）人无完人，在中外合作办学中，课程知识的复杂与多元会导致教师有所不知，学生有所知，这在中外合作办学中实在是再正常不过的事。但是如果我们在中外合作办学的课程实施中忽视这种状况，一味地以课堂教学的方式强行灌输，教师必然教得吃力，学生学得也无劲。于是，无论何种前提，教师都只是一味地教授，学生只是接受的容器。这不正是我们长久以来大加挞伐的灌输式、填鸭式教学吗？大声疾呼并未唤来这类教学的回心转意，它们依旧深深扎根于某些教师的心底，顽强地生长着。同时，教师越是不知就越是倚重教科书，更有甚者，无书不成堂，岂不闻"尽信书不如无书"（《孟子·尽心下》)。在教师不知、学生知的情况下，学生就可能成为一本书，但是在单一的课程实施方式下，这本书的厚度和深度得不到拓展，而教师也失去了向学生学习、进一步挖掘学生潜能的可能性，妨碍了学生对教师的文化反哺。

2. 单一的课程实施方式禁锢了师生的探究热情

学生不知，教师亦不知。我们不禁要问：谁知？于是权威凸显。权威人物制定的规则是教学不可改变的政策。但是此处首先要甄别权威。倘若权威是伴其学术而生，则从之，或有可用之处；倘若权威是因其他而权威，则其害大矣。是故教育怪象频出，甚至有不懂教育的人在为教育诊脉，不懂教学的人在给教师评课，不做科研的人在当课题评审员，等等。这样一味盲从的课堂，能有活力吗？能有激情吗？民主及价值受到忽视，在实践中遭到破坏，学生不能参与选择教学目标、课程和教学方法，这些都是别人为学生决定的。学生想学的不能学，不想学的是必修；教学目标制定后，学生往往是最后一个知道的，而这些，是谁定的呢？是所谓的权威们，而恰恰没有真正的利益攸关者——教师和学生的参与。教与学都没有了对未知的探索和研究，只顾照本宣科，教师的授业不勤于探究，学生的学业疏于探究。[1]

四　课程师资的不适应

（一）中方教师的不适问题

对于中外合作办学，中方教师依然是课程师资的主体力量，中方教师的整体水平和质量对中外合作办学的质量有着决定性影响。那么，身处中外合作办学中心的教师，对中外合作办学这种全新的办学形式能否适应呢？还存在哪些问题需要引起我们的注意并加以解决呢？

1. 理念尚未跟进，技能有待提升

此处论及之理念是指国际化的理念，技能则主要关乎英语能力，或曰双语授课能力。教师是中外合作办学的一线执行者，是中外合作办学课程

---

[1] 曾健坤：《大学活力课堂的多维构建》，《湖南师范大学教育科学学报》2015 年第 1 期，第 124～127 页。

建设与发展，以及课堂教学改革的主体力量，不具备必要的国际视野和全球视野、良好的外语基础和跨文化素养是难以胜任中外合作办学教学工作的。中外合作办学的师资相较于普通办学，对于国际化的要求不可同日而语，但是现实状况是不容乐观的。双语授课是中外合作办学对中方教师的基本要求。因此，精深的专业知识和娴熟的英语技能是不可或缺的。尽管在办学过程中，多数学校对于中外合作办学的师资是毫不保留地倾其所有，但是，依然在质上和量上显得捉襟见肘。"博士"或"教授"是多数中外合作办学学校对授课教师的条件准入，平心而论，博士或教授的专业功底是无须质疑的，但是其英语能力几何？国际化观念可有？教学技能善否？这些并不是博士或教授与生俱来的特质。通过调查走访发现，中外合作办学中中方教师的整体职称、学历较高，但是英语能力普遍不高，双语授课经验不足，拥有出国留学、访学经历的比例较小，熟知西方课程与教学体系者寥寥无几。这些都是中外合作办学中中方教师存在的普遍问题。办学者也急迫地想要改变现状，但是往往不得其法。缺乏双语授课教师，就大量引进，可是新引进的教师不仅职称低，而且缺乏教学经验；而对于经验丰富、"高职称"的老教师，就尽量找机会派驻国外进修英语，可是回国后依然难改"三缄其口"的尴尬，双语教学的任务还是很重。

2. 国际教育经历和经验不足

中外合作办学中的中方教师普遍是在中国土生土长的教师，其主要求学生涯和职业生涯都未曾离开中国大地，因而无论从思想上还是行为上，早已对中国的课程与教学体系烂熟于胸，并且可以说是根深蒂固。但是，在中外合作办学的课程与体系中，有"四个三分之一"的硬指标，而这些硬指标的落实，有相当一部分有赖于中方教师的教学。中方教师缺少国际教育经历和经验，对外方的课程与教学体系比较陌生，尤其是办学初期，更是显得无从入手。这是中外合作办学中师资问题的一大硬伤，可能会直接导致以下问题的出现。第一，中外教师的课程与教学"泾渭分明"。在一个本是统一的中外合作办学课程体系有机体中，由于中方教师对外方课程不甚了解，加之自身在国际教育经历和经验方面的缺失，在课程实施中，往往出现按自己传统的理解来进行外方课程教学的现象。因此，中外合作办学的课程与教学体系被不自觉地"碎片化"了，中外教师各行其是，特色明显，使课程与教学体系显得"支离破碎"。第二，教学效果不尽如人意。也是由于国际教育经历和经验缺失的原因，要吸收和消化外方课程的精髓十分困难。尽管也可能是双语授课的模式，但是效果可能不尽如人意，反而增加了学生对课程与教学的理解难度，导致课程目标难以实现。

（二）外籍教师的不适问题

中外合作办学中的外籍师资问题应从两个层面分两类来探讨。两个层面是指外籍教师的聘用把关层面和教学过程层面。两类则是指将外教分成两种类型：一类是口语外教；另一类是专业外教。无论是口语外教还是专业外教，其共性的问题在于对中国的国情、校情、学情一知半解。

1. 对中国的教育体制及教学要求不了解

通过对外籍教师的调查走访和座谈，可以看出，由于语言和文化差异，他们对中国现行的教育体制和教学要求的理解不是很到位，甚至有相当一部分外籍教师对中国的教育体制没有足够的了解，对中国教学的具体要求更是感到茫然。外籍教师带着自身对课程的理解进入中国的课堂，但是又对中外合作办学的教学大纲知之甚少，因而在具体课程实施中，教学效果不尽如人意。因为尽管中外合作办学是外方痕迹显然、国际特色鲜明的办学形式，但是究其根本，"中"才是办学的基本主干，本乡本土是办学主场。因此，无论是教学的管理还是教学的各个具体环节抑或是教学的评估等，都是中西结合的。然而外籍教师却常常对此置若罔闻，而中外合作办学的教学管理部门也无人对此问题做出应有的解释，致使外籍教师的教学陷入一种混乱和盲目状态。

2. 对中国学生的外语水平缺乏了解

由于中外合作办学本身的特殊性，对中外合作办学中学生的英语语言要求要高于普通办学形式。又因为中外合作办学尚处于发展的初级阶段，国家和地方政府对中外合作办学给予了较大的政策支持，以鼓励学生积极报考中外合作办学学校，鼓励中国教育机构举办中外合作办学。其中最为典型的政策是中外合作办学的高考录取分数比同级同类普通办学形式的录取分数略有降低，以吸引学生报考。这对于招生确实大有助益，但是对学生的整体"质量"有所妨碍。尽管很多中外合作办学学校在招生过程中都曾尝试对英语单科做较高要求，但是在实际操作过程中，很难达到最初的预想，因为一旦限制过多，势必对招生造成影响。而大部分外教在来中国之前常常认为，既然是合作办学，那么学生的英语语言应是基本无碍的，于是其直接影响便是对中国学生的语言水平缺乏了解，来华进行教学后很长一段时间仍处于摸索、试探和调整阶段，浪费了宝贵的课堂教学时间。

3. 对中国的教学环境不能适应

相较于普通办学形式，大部分中外合作办学学校的班级人数基本控制在 30~40 人，就中国目前的现实状况而言，已然算是小班了。但是与合作学校相比，人数还是偏多。而外籍教师对此明显准备不足，对目前每个班级 30~40 人的所谓小班课教学提出了质疑，甚至对中国教室的课桌、凳子大部分不可移动而感到无法理解，认为某些客观环境制约了教学的互动性。

4. 与中国教师缺乏沟通

在中外合作办学中，中外教师之间的联系和互动相对而言是较多的，但是与中外合作办学的要求还相距甚远。无论是外籍教师还是中方教师，相互之间都有着深度配合和联动的强烈渴望，但是囿于语言、文化等多种因素，双方缺乏沟通，尤其是就教学方法、教学理念、课堂教学的规律等进行的共同探讨。在现实办学情景中，外籍教师与中国教师依然是截然分割的两部分，各行其是地进行着课程教学。

5. 外教聘期过短，师生双方均不适应

如前文所述，中国传统课堂教学中的讲授模式占据主流，教师中心主义倾向明显。经过多年浸润，学生已然习惯这种以输入为主的课堂。不可否认，我国传统的课堂教学模式有其主要优点，如教学秩序井然、教学内容严谨、教师讲解详尽等，这些都是这种模式得以存续的重要原因，加之这种模式对当下中国应试倾向比较严重的考试评价制度针对性强，易出成绩，因而也被师生们和社会尤其是家长广泛接受。但是，外教进入中国课堂后，往往不以为然，对此种课堂模式比较抵制，他们更为关注的是学生的自主意识。他们看重课程学习的过程，而非考卷分数。这种课堂模式也是我国改革传统课堂教学模式的方向之一。但是，由于外教在中外合作办学的外方机构中也有较重的教学任务，外教的课程通常采取集中授课的方式进行，所以其聘期往往很短，多则 3 个月，短则 1 个月左右，这样极不利于课程建设和课程实施。其结果是，师生双方刚找到"感觉"，又要道"离别"，课堂教学效果难免不令人满意。尔后，学生又回归到中方课程课堂，如此交叉反复，使得课程实施有种凌乱之感。

6. 外教自身的水平满足不了办学要求

在中外合作办学中，除了对方学校派出的教师外，往往还要在社会上聘请一部分外籍教师承担相关课程的教学工作。外籍教师的质量问题主要可以归为以下两类。第一类，派出教师问题。在外方派出教师问题上，尽管中外合作办学有明确的协议规定，且教育部有关中外合作办学条例亦有明确规定，"必须是外方教师或外方认可的教师"。这就给外方派出教师留下了一定的回旋空间。国外高校的师资质量总体应该是无虞的，但是其师资在数量上也是相对紧缺的。满足自身需求尚可，但还要满足中外合作办学的师资配备，使外方合作高校力不从心，因此常常"曲线救国"，以短期招聘的形式临时聘请教师派往中外合作办学学校任教，这类"短期"教师的质量是很难把控的。第二类，中方聘请的外籍教师问题。中方聘请的外籍教师主要是语言外教和部分专业外教。根据张奕、王健（2005）的调查："中国市场上大部分外教年龄为 20~30 岁，教学经验有限，而且一般仅具有本科学历。来中国前所从事的职业涉及历史、生物、计算机、数学等，但较少有人系统地学习过教育学、心理学等教师所应具备的专业知识。"[①] 由此可见，外籍教师本身的素质对教学会产生很大的影响。

第二节　中外合作办学课程问题形成的影响因素分析

任何事物有果必有因。中外合作办学课程问题是在不同因素综合作用

---

① 张奕、王健：《高等院校外籍教师教学现状分析》，《西北工业大学学报》（社会科学版）2005 年第 3 期，第 68~71 页。

下的必然结果，课程问题的存在是中外合作办学发展过程中的必然，必须直面。无论是课程目标、课程设置，还是课程实施以及师资问题，都是中外合作办学课程的征候，而针对征候开出药到病除的良方，并透过征候分析病理、查找病根，就是对中外合作办学课程问题形成的主要影响因素进行分析。

一　课程理念的偏离是课程问题产生的根本原因

课程理念，简言之就是课程之于人之培养的期许与坚持，是一种坚贞的追求和理性的认知，更是一种哲学的追求。课程理念是办学理念的体现，课程改革受人才培养目标的制约，并服务于人才培养目标。课程建设首先要有课程理念的指导，对于高等教育而言，课程理念是指对于所传授的高深知识的理性认识、理想追求，以及对待知识的思想观念和哲学追求。[1] 怀揣了理想，坚定了信念，端正了认识，才能树立正确的目标，目标的实现才成为可能。因此，课程理念是课程目标实现的保障，课程目标是课程理念的延续。课程理念与课程目标是课程内容的决定性因素。而课程理念又受制于不同的教育理念，是教育理念的直观反映。知识是课程的基本元素，是课程的逻辑起点，课程选择什么知识作为其主要内容，就是对知识的价值判断，这是知识成为课程内容之前首先需要思考的问题。课程要具有"适切性"，这在国内外许多学者眼中已是共识。然而对于"适切性"的理解却是千差万别的。"社会需求论"者有之，"职业本位论"者亦有之，"能力本位论"者还有之。因此，对于课程理念，尤其是中外合作办学的课程理念，它是在中外双方两种理念的相遇、碰撞、杂糅、磨合中渐次长成的，显得更为复杂而多变，充满了太多的不确定性，当这种不确定性遇上课程本身的生成性，必然引发中外合作办学课程理念出现各种错综复杂的问题。

中外合作办学课程体系的复杂之处在于，在中方专业原有的稳定的课程体系中硬生生地插入了外方的若干门专业核心课程，于是必然导致短期

---

[1]　王牧华：《课程研究的生态主义向度》，西南师范大学博士学位论文，2004，第 22 ~ 29 页。

内的紊乱与调试。中外合作办学的初衷是引进外方优质的教育资源，促进中国教育的革新。教育部对中外合作办学引进的优质教育资源，如引进的课程、教材、教师等，有较为明确的规定。这些都是实实在在可触可见的办学资源，这些显性资源的引进是相对较为容易的，但是对课程、教材等起决定作用的，隐性的，事关课程观念的课程理念的引进则是容易被忽视和难以被融入的。课程理念对中外合作办学课程的影响是最为根本的。

中外合作办学存在的合理性和必要性主要表现为它能够解决中外合作办学所处场域的社会问题。但是中外合作办学的消费主体依然是中国的学生，学生在中外合作办学中主要通过购买课程来获得服务。从现实意义上看，中外合作办学的课程能够满足学生的需要是其课程合理性和必要性的主要表征。然而学生的需要与社会的需求在某种程度上又是不谋而合的。中外合作办学所培养的人才能否为社会所接纳，在社会上找到自身的合理定位，实现自己的价值，是学生和社会对中外合作办学课程的首要关注。如果课程、学生、社会三者的关系失调，那么很显然，重构课程理念就是必然的了。

因为中外合作办学人才培养的模式不同，因此不宜采用传统标准来对其进行评判。多元化是中外合作办学的基本特质。全球化时代，社会需要各种各样的人才，以培养国际化人才为标准的中外合作办学应以培养适应社会、经济需要的人才为使命，但是中外合作办学的课程理念又受制于自身传统和地域等因素。中外合作办学的课程理念主要以下形式呈现，并在课程的价值和适切性上产生了诸多矛盾，直接导致中外合作办学课程诸多问题的产生。

（一）"中体西用"的课程理念对中外合作办学课程的影响

"中体西用"最早是在19世纪60年代的"洋务运动"中提出来的。简言之，"中体西用"就是学习西方技术层面的先进内容，摒弃其思想、制度和文化层面的影响。中外合作办学课程理念的"中体西用"是指，在中外合作办学过程中，部分决策者和办学者在与外方的合作中，只看重文本课程的引进，而全然抛弃了理念、制度层面的课程，将中国传统的课程理念强加在"引入课程"身上，用中国本土的课程理念统摄指导中西合璧的课程体系。所谓先进者，必有其存在的场域。外方课程之所以先进，是因为它是在各种因素综合作用下的最大合力。如果只是硬生生地将其课程引入并直接插进中方的课程与教学体系，则殊难断言其功过是非。百年之前的洋务运动可谓轰轰烈烈，30余年不遗余力地引进机器、火炮，举办工业、军事，而"甲午一役"，功亏一篑，遭万民唾弃。再看今日之中外合作办学，无论是政府还是学校都对其寄予厚望，希望借此振兴学校，提高高等教育质量。然而，课程是生成性的，在彼为先进者，在此则未必。"橘生淮南"的故事在中国家喻户晓，没有合适的水土、气候等综合环境，"甜橘为枳"不是没有可能的，此为典型的水土不服之征。中外合作办学的引入课程也会遇到同样的问题。我们乐此不疲地与外方谈判协商，鉴别其优质课程，然后雷厉风行、迫不及待地将其安插到我们的课程体系中，选用中方最优秀的教师来任教，期望用这些课程来改变我们的教育现状，来提升我们的教育水平，来追赶世界先进国家。但是事情的发展往往与我们的预设不尽一致。

"中体西用"，只引进文本的课程，不重视理念的重塑和革新。无理念指导的"引入课程"，必如无根之木，难以生长成材；必如无魂之体，只有一副皮囊；必如无源之泉，只是死水一汪。一厢情愿地将中方传统课程理念强加在"引入课程"身上，则是"张冠李戴"的典型做法，轻则是"白费力气，一无是处"，重则是"一着不慎，满盘皆输"。因为课程体系是一个整体，每个部分都要发挥应有之效才能称其为最佳组合，而得以在人才培养上生成最稳固的落脚点，若其中一点、一个环节出了纰漏，那么课程体系安能完好？人才培养目标何以正常实现？此为"中体西用"之害也。

在中外合作办学中，引入课程的课程理念本身是与合作方的学生需要和社会需求相符的。但是课程引入后，面临的是陌生的学生需要和全新的社会需求。中方的课程理念是本着为中国学生和社会服务的。两个学生群体，两种社会需求，或许有重叠之处，但是其差异也是显著的。用中方高校的课程理念来统摄指导双方课程，最为直接的影响是使外方课程偏离其本身的价值取向和社会适切性，于是引入课程的课程目标、课程内容、课程实施等都要与之发生相应的转换才能实现其与本土社会的适切和课程价值的回归。但是在中外合作办学实际运行中，情况则截然相反。多数办学者只注重课程数量的引入，而忽略了课程内涵即课程理念的适当调整与跟进，以至于以中为主的课程理念难以驾驭原版外方课程，中国大学的课程理念所蕴藏的价值导向和社会适切性与外方课程本身存在的偏差将导致引入后的课程在课程实施等一系列活动中出现难以预估的混沌与矛盾。

（二）"全盘引入"的课程理念对中外合作办学课程的影响

"全盘引入"，是指不仅引入文本的和制度的课程，而且引入课程的理念，用以指导中外合作办学的课程建设。外方课程理念的全盘引入对中方课程造成的直接冲击是，中方的传统公共必修课将何去何从？如马克思主义、毛泽东思想等。此类课程是由中国的政治制度和意识形态所决定的，是"教育为政治服务"的典型。在中国的课程与教学体系中，没有其他选项，唯有必修。若以外方课程理念指导这类课程，势必扭曲此类课程的价值与目标，改变课程内容和实施情况，使此类课程失去在中国境内教育的本源性，而异化成不同性质的课程，这是中方办学者所万万不能接受的，此为不可"全盘引入"的原因之一。因为无论怎样变革，教育的主权地位不可侵犯，课程理念的底线和原则必须坚守。而公共必修课是事关教育主权和课程理念底线的课程形式，具有中国特色社会主义的痕迹。如果失去了这一理念，中外合作办学的基础与基石便不复存在。这也是引入课程理念时中方必须严防死守和绝不妥协的，因此"全盘引入"的课程理念是存在根本方向性问题的。

"全盘引入"是对中方传统的彻底否定，这不是简单的"山寨"，而是"教育殖民"，此种思潮危害甚巨，不可不防。如前文所述，课程理念是关乎课程的上位概念，也是教育理念的下位概念，是居中而承上启下的。课程理念对教育者和被教育者的影响是最为直接和深远的。正确的课程理念对于国民"三观"的形成和发展具有决定性作用。如果课程理念全然舶来，犹如在国民脑海中播种上了西方文化、价值观的种子，然后生根发芽的便不再是本根本土的了。"全盘引入"论者不加甄别，盲目崇洋，粗暴自贬，引发的后果可能是做了西方想做而做不到的事情而不自知，还忝然以自强革新者自居。

合作学校课程理念的形成自有其"土壤"和"气候"，既然是合作，加之办学的主场又在中国，焉能反客为主。即便我们引入了课程，还引入了其理念，但是培育那个理念和课程的"那方水土"，又岂是能够全然复制的？引进的课程和理念如果没有了其生长的大环境，其是否还有正确的价值引导？还能否与社会需求相匹配？"橘枳定律"早已有之，且是不证自明的了。外方课程理念裹挟着其自身的价值导向和社会适切性席卷而来，不可避免地要与中方的课程与教学体系发生碰撞。如前文所述，中外合作办学人才培养的宗旨是为中国的社会需求而服务的。

第一，课程理念既然是课程价值和社会适切性的基本观念，那么外方的课程理念与中外合作办学的人才培养目标定然不是完全吻合的。第二，中外合作办学的基本定位是培养适合中国社会经济发展需要的国际化人才，那么中国的社会经济发展现状与需求和外方的也并不全然一致。所以，用外方的课程理念来指导中外合作办学的课程建设和课程实施也就不妥。第三，中方培养的人才其价值观、世界观、人生观与外方所期许的存在较大差别，因此，就课程价值而言，用外方的课程理念来指导中外合作办学的课程建设与课程实施也是不适合的。

综上所述，无论从中外合作办学课程本身而言，还是就课程价值和课程的社会适切性而论，全盘引入外方的课程理念用以指导中外合作办学的办学实践，是对课程理念的错位判断，将为中外合作办学的课程建设和课程实施带来重大隐患。

（三）"社会本位"的课程理念对中外合作办学课程的影响

中外合作办学的课程要切合社会需要本是无可厚非的，但是任何事物都有多面性，世界的存在与发展并非一元的，也不是二元对立的，多元并存才是正常的发展态势，中外合作办学课程的存在与发展也应如此。"社会本位"课程理念指引下的课程眼中只有社会需求，只重社会需求，而忽视了"人"的需要。人的需要既有生存的需要，也有生活的需要。不可否认，社会需求与人的生存需要在某种程度上是殊途同归的：社会需求为人的生存提供基本物质保障条件，人为了生存需要而进行的活动在客观上也推动着社会不断前行。但是人的生活需要也是不可忽视的。此处之"生活"主要是指人的内心和精神的追求，生活可以理解为生命的活力。完整的生命绝非只满足于物质状态的生存，更多的是精神和意志的活力。从案例中的人才培养目标和课程设置可以看出，中外合作办学"普遍张扬"着"社会本位"的课程理念。专业课程、人文课程及引入课程占比见表 4－1。

表 4－1　专业课程、人文课程及引入课程占比

单位：%

案例学校	目标定位	专业课程占比	人文课程占比	引入课程占比
案例一	专业金融服务人才	83	2.4	0
案例二	实务的高级专业人才	67	14	0
案例三	行业实务的高素质 复合型涉外金融人才	60	18	0

从表 4－1 可以看出，中外合作办学是在强势的"社会本位"的课程理念的统领下进行人才培养目标及课程设置的。三所案例学校中有两所直接将目标定位为专业人才，但对人才的品行、素质、精神等只字未提，只有案例三在目标中出现了"高素质、复合型"字样。而纵观其课程设置，专业课程占据绝大多数，人文课程只是象征性地出现，引入课程中无一例外的是专业课程。因此，总体上看，中外合作办学的课程总数普遍多于传统办学形式，但是主要是中外双方专业课程的累加。综上，"社会本位"的课程理念对中外合作办学课程的影响可见一斑。

二　课程机制不健全是课程问题产生的直接原因

"高校课程机制的建立与运行是学校教育的重要环节。事实表明，它对推动教学改革，实施素质教育，稳定教学秩序，建立良好的学风、教风，已显示出很高的效能，使教学思想得到巩固与加强，使教学管理步入

规范、系统、科学的轨道。"① 中外合作办学课程机制的特殊性在于这一机制关涉中外双方不同主体的不同关切，是中外合作办学课程系统正常运转的基本保证。于是，在论及中外合作办学课程机制时，首先要对其课程系统的基本构成了解透彻。"课程的主体，原先为教育主管当局，或为中央教育行政机构，或为地区教育行政机构。学校中实施课程的主体，为学校行政和教师。学生既是课程实施的对象，在不同程度上又是课程运作的参与者。这样，构成课程系统的诸环节就包括以下内容：教育行政机构；学校行政机构；教师；学生。"② 当然还有社会、家长等。由此可以看出，在中外合作办学中，课程机制关涉以下几个方面的关系：双方教育主管部门；双方办学主体；双方教师；中外合作办学学生；联合管理委员会；等等。

尽管中外合作办学的课程机制涉及双方的教育主管部门和双方的办学主体，但是中外合作办学毕竟是在中国境内的办学，在具体的课程机制上是以中方为主的，因为这事关教育主权问题，是绝对不能含糊和颠倒的。中外合作办学的课程机制可以从内外两方面加以理解。从中外合作办学的课程决定权限来说，主要由中国教育主管当局与学校以及中外合作办学管理委员会来决定课程的权利和责任分配的不同情况，可以把中外合作办学的课程机制分为外部机制和内部机制两部分。

课程机制构成见图 4－1。

（一）对外部课程机制认识不清对中外合作办学课程的影响

1. 政府的限定

中外合作办学课程外部机制的特殊之处在于双方政府对课程的规定。具体来说，政府对课程的限定之一是反映中国特色政治体制的意识形态类课程要永葆"红色"，这是中外合作办学中"中"之核心要义之所在。中外合作办学无论怎样与外方进行深度合作，也无论怎样进行课程和教学改革，在事关教育主权的问题上是绝不容有丝毫模糊的，否则也就不能称其

---

① 王伟廉：《对高校课程与社会发展需要之间关系的认识》，《高等教育研究》1995 年第 4 期，第 64～67 页。

② 郭德红、袁东：《美国大学本科课程管理运行机制分析》，《国家教育行政学院学报》2010 年第 2 期，第 86～91 页。

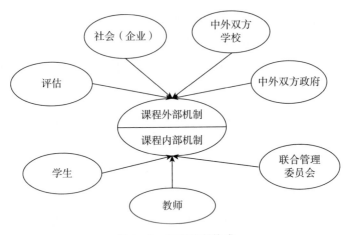

图 4 - 1　课程机制构成

为真正的中外合作办学。这是教育主权和政治制度的必然反映。教育，在某种程度上是与政治密不可分、相互促进的，这是无可厚非的问题。在中外合作办学中，此类课程也就是与传统办学无异的"两课"。传统办学对"两课"的基本保障机制也完全适用于中外合作办学，这是政府对中外合作办学课程机制的底线之一。在中外合作办学中，政府对课程的限定之二主要是指《教育部关于当前中外合作办学若干问题的意见》（教外综〔2006〕5 号）所规定的中外合作办学关于"四个三分之一"的表述，即"引进的外方课程和专业核心课程应当占中外合作办学项目全部课程和核心课程的三分之一以上，外国教育机构教师担负的专业核心课程的门数和教学时数应占中外合作办学项目全部课程和全部时数的三分之一以上"。[①]如果说"两课"类课程是中外合作办学中"中"的根本，那么关于"四个三分之一"的课程规定则是中外合作办学课程机制对中外合作办学中"外"的体现和要求。"四个三分之一"既是中外合作办学的硬性规定，也是中外合作办学双方合作的广度与深度的基本标准和起点。"四个三分之一"的初衷表明教育主管部门对教育对外开放的重视，也反映出对教育国际交流与合作的迫切需求，是中外合作办学课程机制的基本组成部分和特色所在，也是区别于传统办学形式的主要特点。

---

① 《教育部关于当前中外合作办学若干问题的意见》，2006 年 2 月 7 日。

2. 学校的规定

在中外合作办学课程机制中，学校对课程的限定主要体现在学校对中外合作办学人才培养目标顺利实现所规定的基本专业基础和文化素质课程。这类课程往往反映了中外合作办学所培养的人才的基本属性，是由中国国情、社情所决定的。它们的存在是立足中国本土社会发展的需要，是培养学生的国际视野、专业技能和家国情怀的保证。无论是中方学校还是外方学校，对于学生的毕业条件和学位授予条件都有明确的规定。中外合作办学双方深度合作的明证之一就是双方学分互认，学生达到双方规定的毕业条件和学位授予条件后可以获得双方学位，即双学位。而在毕业和学位授予的条件中，最为核心的就是要修读完成毕业和学位授予所要求修读的课程，并经考核合格，取得学分。这就是中外合作办学课程机制中双方学校对课程的基本限定。另外，体现中外合作办学双方共同意愿的关于英语课程的共识也是其中一项课程机制。中外合作办学的英语课程既是中外合作办学区别于其他办学形式的重要特点，也是中外双方合作的基本要求，更是双方课程合作机制的主要桥梁和共通之处。无论是外方学校还是中方学校，都对中外合作办学的英语课程有较为明确的过硬要求，如雅思分数等。这既是中外合作办学课程建设和课程实施的大前提，也是课程目标和人才培养目标顺利实现的保障。

3. 社会（企业）的影响

社会需求是中外合作办学人才培养目标的基本依据之一，而目标实现的基本保证则是中外合作办学的课程。因此，将社会需求纳入中外合作办学的课程机制中，是中外合作办学"接地气"的直接表现。对于中外合作办学的课程而言，社会需求既应涵盖中国本土社会，也应考虑国际社会（市场），这样的课程机制才是国际化的。社会（企业）对人才的具体要求，如知识、技能、素质等，都有较为明确的取向性，会直接影响中外合作办学的课程设置、课程内容和课程实施等。社会对中外合作办学课程机制的影响主要体现在，中外合作办学会常态化跟踪调查社会市场的动向，并随时准备根据市场的需要而调整人才培养目标和课程，并对课程的各方面进行评估，从而满足社会所需。

4. 评估对中外合作办学课程的影响

中外合作办学的评估以政府为主导，认证由民间倡导，各具特色。如果从 2000 年国务院学位办组织的全国中外合作办学教学评估算起，目前政府组织的中外合作办学评估已有 5 轮。上海市教育评估协会早在 10 年前就已进行中外合作办学认证的探索，中国教育国际交流协会对认证的探索也在进行之中，目前已有 10 余家中外合作办学机构或项目自愿申请参加认证。由于起步晚，理论准备不足，无论是评估还是认证，其基本制度尚未建立。对于"评什么""谁来评""怎么评"等问题还要进一步厘清。因此，按照"管办评分离"的基本要求，以提高中外合作办学质量为中心，创新评估认证基本理念，提高评估指标体系的科学性和可行性，建立规范高效的评估认证组织系统和运行机制，对中外合作办学的课程具有重要意义。《中外合作办学评估试点工作总结报告》表明，"引进的教育资源总体水平不高，国际关于外方教师、外方课程、授课时数等要达到三分之一的比例未能得到严格执行……自评报告中关于外方教师、授课时数、引进课程不足的统计，关于课程的安排，以及教学水平指标满意度调查结果中满意度不足 50% 等情况说明了这一点……中外合作办学可持续发展受经费、师资、管理等因素影响，同时也影响共同课程的开发"。[1] 反观之，评估机制对中外合作办学的课程建设同样起着约束和促进作用。因此，评估与认证是中外合作办学课程问题的指示灯和风向标。很多办学者走上了根据评估和认证来办学的道路，将评估和认证作为中外合作办学的中心工作，把课程建设分解成若干浅表化的指标，成为中外合作办学的"数量装裱"，而非"质量内涵"，这是评估机制运用的方向迷失。因此，中外合作办学课程问题的诸多显现，都与评估的运用失当有着千丝万缕的联系，使得评估机制成为中外合作办学课程问题的重要影响因素之一。

5. 对外部机制认识不清导致的课程问题

中外合作办学外部课程机制的作用在于，在中外合作的特定文化中，中外合作办学教育要保持起码的底线和标准，才能适应中国社会和市场的

---

[1]　中外合作办学研究中心：《中外合作办学评估试点工作总结报告》，厦门大学，2013。

要求，同时又要尽量满足引进优质教育资源的初衷，促进中国教育的发展。只有从国家层面，在国家范围内统一相关课程的设置，顾及国别差异、地域差异、文化差异，保持本源，吸收先进，建立一整套完善的课程外部机制，才能有助于中外合作办学的课程建设。但是外部课程机制的一大隐忧是稍有不慎就容易走向极端，认识不清也会使外部课程机制引发中外合作办学课程的各种问题。过于集中就会导致失去活力和特色，成为"千人一面"，这是无论外方还是中方办学者都不愿看到的，也是背离教育主管部门初衷的，毕竟不同地区、不同学校有着各自的特殊性，尤其是在地区发展不平衡、学校之间差距较大的社会环境中，过于集中更显得不合时宜。

第一，对政府的限定认识不清，会束缚办学的发展。政府对中外合作办学的各种限定，其本意是促进中外合作办学的健康持续发展。但若认识不清，就会陷入对各种限定的应付怪圈而不能自拔。例如，为应对"四个三分之一"的限定，就会把"引入课程的量"置于"引入课程的质"之上，变成"为引而引"，只重视"能引"，而忽略了"会引"。中外合作办学课程问题中课程设置的拼盘和移植等都与之相关。

第二，对学校规定认识不清，会对课程问题产生直接影响。双方学校本着不同的目的和动机走到一起进行合作办学，各自都对办学的诸多环节有着自己的规定。这些规定有些是相同的，有些是相似的，有些是截然不同的，但是无论其是否相同，都对中外合作办学的课程产生着或多或少的影响。以英语课程为例，双方对英语课程都有着相似的规定，都要求英语运用能力达到双方的规定，如雅思 6.0 或 6.5 等。这些规定本无问题，但是如对其理解有偏差，认识不清，就会对中外合作办学英语课程的实施产生极大影响，如本章论述的中外合作办学中课程实施的单一与守旧就是部分由这些规定而引发的，还有师资问题等，都与之不无关系。

第三，对社会因素和评估的影响认识不清，也会引发中外合作办学课程的相关问题。例如，社会的需要是中外合作办学人才培养目标的主要依据之一，但绝不是唯一依据，若认识不到这一点，就会在课程理念和课程目标上出现偏差。另外，评估的目的是"以评促改"，而非"为评而评"，若对这一点认识不清，就会从根本上使课程的研究与建设走上歧途。

因此，外部课程机制的应然作用是对中外合作办学课程的一种保障，但是如果对其认识不清，就会对中外合作办学的课程建设产生巨大影响，成为中外合作办学课程问题产生的直接原因。

（二）内部课程机制运行不良对中外合作办学课程的影响

教育体制、机制改革是中外合作办学的关键。中外合作办学的治理结构问题、治理体系的现代化问题，如内部监管、内部治理等，都是中外合作办学的具体运行机制，是中外合作办学质量建设的关键。

1. "国际学院模式"的内部机制对课程的影响

中外合作办学课程机制的内部机制主要是指学生、教师及联合管理委员会等在课程中的作用。其合理性在于能够更好地为学生服务。因此，中外合作办学的内部机制主要由双方办学主体、管理委员会及师生决定。一段时间以来，中外合作办学的课程体系建设和师资队伍建设日益受到教育行政部门的重视，相关政策逐步完善，但是当前还有一些中外合作办学的管理者和教师对此重视不够，偏离了人才培养本源，使中外合作办学质量建设失去了基本依托。质量建设的基本主体是中外合作办学的内部治理机构，即中外合作办学的理事会制度和党的工作制度等。目前，中外合作办学的主要运行机制是"国际学院模式"和"依托院系模式"。这些模式和机制能否真正发挥作用，是决定中外合作办学成败的关键。另外，在课程、教材、教学、师资等方面与外方的实质性合作机制，都对中外合作办学的课程有着重要影响。笔者调查走访了多个中外合作办学"国际学院"，其中有不少是"综合性"的，人文与经管、理科与工科等混合在一起。这在中外合作办学初期有其必要性。但随着中外合作办学质量建设工程的推进，这样的"综合性"学院显示出一些顽症，最明显的问题在于它不利于打造优势学科群，不利于外方优质教育资源和质量保障体系的整体引进，不利于课程与教学的规范管理，等等。

2. "三个相对独立"规定的内部机制对课程的影响

2015 年 10 月 24 日，国务院发布的《统筹推进世界一流大学和一流学科建设总体方案》（国发〔2015〕64 号）指出，"加强与世界一流大学和学术机构的实质性合作，将国外优质教育资源有效融合到教学科研全过程，开展高水平人才联合培养和学科联合攻关……营造良好的国际化教学科研环境，增强对外籍优秀教师和高水平留学生的吸引力"。[①] 该方案关于"推进国际交流合作"的文字约 200 字，其中与中外合作办学直接相关的文字就占了一半。其核心要义在于必须在管理、课程、教学等层面进行实质性合作，深度融会贯通，这也是中外合作办学运行机制的根本要求和优势。如果这一运行机制不能得到有效满足，则其对中外合作办学各方面的影响是非常大的。

教育部对不具备法人资格的中外合作办学机构（二级学院）提出了"三个相对独立"的要求。一是"财务相对独立"。不具备法人资格的中外合作办学机构的财务应由学校财务职能部门统一管理。但是各个母体学校管理模式不一，中外合作办学二级学院办得好的，其母体学校都没有对学费进行提成或截留，保持其财务的独立性。二是"人事相对独立"。母体学校下放权力，让"二级学院"根据中外合作办学的特点在聘用教师和管理人员方面有更大的自主权。三是"教学设施和办学条件相对独立"。母体学校应保证"二级学院"有更加独立的教学场所、教学设施和教育教学改革平台。这"三个相对独立"就是中外合作办学运行机制的具体化。"三个相对独立"能否落到实处，也是中外合作办学课程建设的重要影响因素，影响着中外合作办学课程问题的产生、走向和归宿。

3. 内部机制运行不良导致课程问题产生

中外合作办学课程机制中的内部机制良好运行的关键在于：一是双方合作的紧密度；二是合作管理委员会职责的充分发挥；三是双方教师对课程建设与教学改革的参与度；四是中国本土市场的需求、学生的要求以及国际化人才培养的趋势。双方合作的紧密度决定了外方课程引入的数和量，以及外方课程引入的深度和广度。合作管理委员会代表中外双方全权受理中外合作办学的课程建设及课程实施过程，是中外合作办学中外双方课程衔接和课程体系形成及课程实施的"操刀手"。中外合作办学课程的

---

① 国务院：《统筹推进世界一流大学和一流学科建设总体方案》，2015 年 10 月 24 日。

复杂性决定了双方教师在课程建设中的主体性作用。中外合作办学的课程实施情况在很大程度上取决于教师的水平和能力，因此教师是中外合作办学课程机制的关键一环。内部机制还应与市场紧密联系，同时要以学生要求为主旨，并顺应国际化人才培养的趋势。

外部机制和内部机制都是根据中外合作办学自身特点所形成的课程机制，也是可以随时随地根据客观情况进行局部动态调整的课程机制。因为双方在关于课程计划、课程标准与教材方面各自有不同的选择，因此就有调整的空间。这样，在中外合作办学中也就基本上不存在绝对"集中"或绝对"自由"的内外部课程机制。

三　办学环境的复杂多变是课程问题产生的外部原因

中外合作办学的课程系统并非处于一个绝对封闭的真空环境，因此，其产生与发展总是不可避免地与各种环境因素相互影响和制约。其中，中外合作办学所处的办学环境是诸多因素中的重要一方面。办学环境可以划分为外部环境和内部环境。外部环境主要是指中外合作办学课程所处的社会、政治、经济、文化大背景，而内部环境则主要是指中外合作办学的内部生态系统。

（一）外部环境的复杂性催生了中外合作办学的课程问题

社会性是教育事业的基本属性，也是教育本身作为一项社会性事业而开展的基本依据，因此，社会是教育存在和发展的基本大环境是毋庸置疑的。教育的发展进步与社会的前进是同步的，满足社会发展所需要的各方面的需求成为教育发展的必然旨归。中外合作办学作为中国高等教育的新兴力量和重要组成部分，其产生与发展也遵循此理。所以，中外合作办学发展的主要指向是满足社会发展的合理诉求，反之，社会发展的各方面需求也成为中外合作办学的外部驱动。具体而言，中外合作办学的人才培养目标与社会发展所需的人才是基本吻合的，故而围绕中外合作办学人才培养目标而开设的中外合作办学课程也是满足社会发展之所需的。"如果大学能够了解大门之外的社会正在发生什么变化，以及社会最大的需求是什么，或者近期将会有什么变化，那么它就能通过内部恰当的教学与研究服务于国家。"① 社会环境对中外合作办学的影响之大是无与伦比的。因为中外合作办学产生的直接背景就是社会发展的需求，且这种社会需求相比传统的社会需求更为多元，因此影响中外合作办学的社会环境也就更为复杂。

"机械生成模式正在被生物和谐模式所取代。"② 因此，对外部环境有清醒的认识是中外合作办学制定发展战略规划以及不断进行改革调整的基本依据，也就是要根据中外合作办学所处的社会的需求进行深入分析，并以其为中外合作办学课程目标制定的主要依据之一。外部环境是社会多方面的综合体，复杂且多元，并处在不断变化调整中，对中外合作办学课程有着较大影响的外部环境主要集中在社会经济发展水平、国家关于中外合作办学的法律政策、国家的政治环境对中外合作办学的态度，以及中外合作办学所处的地域等方面。外部环境给中外合作办学带来的除了机遇还有挑战，把握机遇、直面挑战是中外合作办学在发展过程中对环境的适应和利用，甚至是进一步改变的唯一选择。

在影响中外合作办学的诸多外部环境中，国家的法律政策、政治气候、经济发展以及地域特色等对中外合作办学的影响是最为显性和直接的。

1. 法律政策

中外合作办学要顺利运行，并确保中外合作办学中"中"的根本属性保持稳定，首先要有完善的中外合作办学课程的法律政策体系。目前，中外合作办学实行"审批制"和"证书制"。从法规政策体系来看，政策界限是十分明确的。自2003年教育部《中外合作办学条例》颁布施行至今，为引导、规范中外合作办学工作，教育部陆续出台了相关政策、法规等文件共15个，平均每年一个。由此不难看出，国家层面对中外合作办学的重视，也客观反映了中外合作办学存在的若干需要规范之处。10多年来，中外合作办学事业可以说进入了鼎盛时期，国内外各机构怀

---

① 〔美〕乔治·凯勒：《大学战略与规划：美国高等教育管理革命》，别敦荣译，中国海洋大学出版社，2005，第89页。
② 刘智英：《技术本科院校发展战略之比较研究》，华东师范大学博士学位论文，2012，第14页。

揣不同目的，各显神通，催生的项目数量巨大。中外合作办学的外方多以课程等资源为核心与中方进行合作，因此课程之地位在中外合作办学项目中再无出其右者。尤其是 2010 年印发的《中外合作办学试点评估实施方案（试行）》对从"管理体系"到"办学特色"的八项内容做了较为详细而具体的评估指标界定。相关政策法规还有：2013 年 12 月，出台了《关于进一步加强高等学校中外合作办学质量保障工作的意见》；2014 年 5 月，制定了《中外合作办学发展规划（2014～2017 年）》；2014 年 10 月，公示停办了 252 个本科以下层次的中外合作办学机构、项目；等等。① 2014 年 10 月 29 日，李克强总理主持国务院常务会议，提出"要重点提升教育问题消费""完善民办学校收费政策""扩大中外合作办学"。以上这些都为我国的中外合作办学发展构建了较为完善的外部政策保障机制，从宏观、中观到微观层面影响着中外合作办学的发展。关于中外合作办学的一系列政策、措施，释放了加强中外合作办学质量建设的强烈信号，对中外合作办学课程的影响是巨大的，引导着中外合作办学的课程建设朝着政策法规体系规定的方向发展。政策法规既是对办学的一种保障，也是对办学的一种制约。课程问题产生的部分原因，正是办学过于"文件化"，使课程建设失去了活力。

中外合作办学自产生之日起，便在上述政策文件的框架内开展活动。时至今日，中外合作办学的成就也好，教训也罢，都与政策法规密不可分。中外合作办学的课程目标、课程设置、课程实施以及师资建设等问题，都能在上述所论及的政策法规中找到其源头或影子。政策法规的日臻完善必然会引导中外合作办学的课程建设更趋理性和成熟。对于政策法规的理解和运用要格外审慎，如果恰到好处，上述机制将起到真正的保障作用，为中外合作办学的发展保驾护航；然而一旦有失偏颇，将限制中外合作办学的发展，成为其发展壮大和办出特色的掣肘和羁绊。

2. 政治环境

政治环境主要是指国家层面对中外合作办学的态度及价值判断。中央

---

① 厦门大学中外合作办学研究中心：《第六届全国中外合作办学年会资料》，2015 年 9 月。

集权和政府办学是我国高等教育面临的总体政治环境。中外合作办学既然是在中国境内的办学活动，就理所当然地应该理解和接受我国高等教育办学的政治大环境。无论中外合作办学的特色如何，都必须有办学的底线，那就是要在中国办学的大的政治气候环境中的体制和机制内活动。虽然在中外合作办学中，外方学校参与分权与合作，但是中方政府和学校依然享有办学的主导权，这就是在联合管理委员会中，中方代表要占据多数的原因。从中外合作办学的审批到办学评估，教育部都是主要决策者和管控者，而大学自身的办学自主权则较为有限。中外合作办学的各个环节和进程都是严格依据教育部的相关政策文件进行的。中央政府对中外合作办学的总体态度是给予鼓励和支持的。这从近年来高层的相关会议精神及出台的关于中外合作办学的相关法律政策中可见一斑。

《国家中长期教育改革和发展规划纲要（2010～2020年）》（以下简称《规划纲要》）第十六章以"扩大教育开放"为题对教育国际化给出了详细愿景规划，其中更是明言，"鼓励各级各类学校开展多种形式的国际交流与合作，办好若干所示范性中外合作学校和一批中外合作办学项目。探索多种方式利用国外优质教育资源。吸引境外知名学校、教育和科研机构以及企业，合作设立教育教学、实训、研究机构或项目"。[①] 另外，还有诸多对教育国际交流与合作的描述，其中心意思就是以教育的国际化促动中国教育不断向前发展，缩小与国外名校的差距，使中国发展成为教育强国，为国家社会经济的发展提供源源不断的智力支持，以教育强国支撑名副其实的世界大国地位。国际教育的宗旨是培养国际化人才，而未来世界各国之间的竞争就是人才的竞争，这是我国在《规划纲要》中对"教育国际化"和"教育对外开放"进行重点刻画的根本原因。通过教育对外开放，从师资、课程、教学、科研、技术等多方面，全方位、立体化地对我国的教育进行改造，实现真正的国际教育和教育国际化。

党的十八届五中全会也明确提出，"要加快建设人才强国，深入实施

[①] 国家中长期教育改革和发展规划纲要工作小组办公室：《国家中长期教育改革和发展规划纲要（2010～2020年）》，2010年7月29日。

人才优先发展战略，推进人才发展体制改革和政策创新，形成具有国际竞争力的人才制度优势。开创对外开放新局面，必须丰富对外开放内涵，提高对外开放水平，协同推进战略互信、经贸合作、人文交流，努力形成深度融合的互利合作格局"。[①]

截至 2015 年 7 月 30 日，全国各类高等教育在校学生总规模达到 3559 万人，高等教育毛入学率达到 37.5%。《规划纲要》规定，到 2020 年，高等教育毛入学率要达到 40%，其中 5% 左右将主要用于高教结构的调整，扩大高职和中外合作办学招生。另外，2014 年 10 月 29 日，国务院常务会议提出要"扩大中外合作办学"。这里的"扩大"，是指中外合作办学范围的扩大和类型的扩大。从推进消费扩大层面看，当前应鼓励尝试探索"营利性中外合作办学机构和项目"，尤其是在非学历项目层面。[②]

因此，国家对中外合作办学的态度对于中外合作办学的产生和发展具有决定性作用，指引着中外合作办学的课程建设朝着国家意志实现的方向迈进，是中外合作办学课程问题的重要影响因素。

3. 社会经济环境

当前，经济全球化进程日益加快，国际竞争日趋激烈，对于国际化人才的需求与日俱增。同时，高等教育国际化已成必然之势，为积极融入国际化，促进中国高等教育实现跨越式发展，中外合作办学应运而生。在中外合作办学中，课程设置与课程实施是对人才培养目的的具体落实。人才培养必须与社会经济的发展相适应，这是中外双方的基本共识。因此，社会经济环境对中外合作办学课程的影响主要表现在以下几个方面。一是外方课程与外方的社会经济发展相适应，这是毋庸置疑的，但是外方的社会经济发展环境与中国不尽相同。受此影响，中外合作办学的外方课程在中外双方的社会经济环境中该如何平衡和调整是中外合作办学课程的基本问题。二是中方课程是否根据中国本土社会发展环境的变化适时做出动态调整，也是社会发展环境对中外合作办学课程的一大影响因素。三是中外合

---

① 《中共中央关于制定国民经济和社会发展第十三个五年规划的建议》，2015 年 10 月 29 日。
② 厦门大学中外合作办学研究中心：《第六届全国中外合作办学年会资料》，2015 年 9 月。

118

作办学课程是否切实契合国际化人才培养目标的要求。换言之，中外合作办学课程是否考虑了国际社会经济发展环境因素的影响，也是中外合作办学国际特色的明显标志，是显著区别于其他办学形式的。

4. 地理环境

地理环境是中外合作办学无法选择却又必须直面的影响因素，就如个体可以选择自己的发展路径却无法选择和回避自己的出身一般。地理环境实际上是影响中外合作办学发展的一个存在于大的外部环境中的"子外部环境"，也就是地理环境本身就是一个"微缩版的外部环境"，因为中外合作办学所处的地理环境本身是一个包含地方经济社会发展现状、地方政策法规体系、地方政府主导意识偏向等的地方小型综合体。地方经济越发达，地方政府越开放，地方政策法规越健全，意味着中外合作办学在该地区的发展就越具有得天独厚的优势，能够得到地方的全力支持，发展起来也更有后劲。同时，中外合作办学的发展必须自觉地树立立足地方、服务地方的办学理念，将国际化的人才培养目标落脚于服务地方社会经济的发展，为地方的发展提供源源不断的国际化复合型高级人才支持。以地方的需要为中外合作办学发展的主要指向，而地方社会也会根据自身发展的需要决定对中外合作办学的投入，并对中外合作办学提出具体产业或行业方面的发展要求和人才标准。这些因素综合起来，最终在很大程度上影响着中外合作办学的发展，如办学理念、人才培养目标的制定、专业设置与课程体系，以及课程目标、课程内容、课程实施及课程评估等。

（二）内部环境的差异性诱发了中外合作办学的课程问题

内部环境主要是指中外合作办学在内部治理上所要考虑的各种因素。而中外合作办学的内部治理主要涉及办学自主权的问题。鉴于中外合作办学的特殊性，办学自主权是一个较为敏感却又不能不正视的问题。所谓"敏感"，是指中外合作办学的"中外合作"性质决定了办学过程中要有政治敏锐性，对事关教育主权的事项要保有底线和原则。而也是因为中外合作办学的特殊性，其内部治理结构与其他办学形式又应该有不同之处，如中外合作办学的评估应以单位自评为主，结合社会评价和同行评价等，尽量避免行政的过多参与，等等。就办学过程中的具体环节而言，中外合作办学的自主权日益扩大已是不争的事实。中国的高等教育正在进一步由精英化向大众化过渡，优质的高等教育资源短缺是高等教育进一步发展的瓶颈，这也是近年来国家鼓励教育开放、开展中外合作办学、引进优质教育资源的主要原因之一。与此同时，国际竞争日趋激烈，高等教育国际化的步伐日益加快，"关起门办学"的思想和行为已经不合时宜，被淘汰也成必然。面对中国庞大的高等教育市场需求，境内外高校纷纷放下身姿，积极主动地投身于中国高等教育生源市场，以求在激烈的竞争中分一杯羹。高等教育市场面向全球敞开怀抱已成不可更改之势，政府不愿阻挡，学校无法阻挡，学生乐在其中。于是，中国的高等教育在国际化浪潮中如"逆水行舟，不进则退"。在席卷而至的国际化浪潮中，只有自觉地从思想上、理念上打破封闭的教育壁垒，积极投身国际化，以国际视角定位学校发展，不思偏安，主动竞争，重视质量，谦虚学习，才能与时俱进，实现可持续发展，不被大浪所淘。"办好一批中外合作办学项目和机构"已成为高等教育发展的基本共识。在个性发展上，目前全国中外合作办学在校生规模已达 56 万人，其中高等教育阶段在校生有 46 万人，毕业生已超过 160 万人。本科阶段的中外合作办学项目有 872 个。在如此规模上，如果没有对自身清醒的定位，没有特色化办学的基本理念，要想在激烈的竞争中有立足之地，殊难实现。

1. 迥异的学校教育教学文化环境对课程的影响

中国学生十年寒窗苦读，从小学甚至幼儿园始，直至高考上大学，十几年已然形成了惯性的且自认为是行之有效的中国式学习方法和习惯，并且对中国传统的教师教学方法也能够轻松适应。陡然间全面接触外籍教师的课程实施，不免会有不适和茫然不知所措之感。尽管高等教育界的课程与教学改革已积累了一定的经验和丰厚的底蕴，正在逐步融入西方元素，但是"冰冻三尺非一日之寒"，长久以来形成的相对固定的教育理念、教学方法、评价体系和考核方式，都使中国高校的中外合作办学课程实施带有明显的"中国特色"。外教在进行课程实施时对此大都固执地不以为然或不知其然，更不知其所以然，故而全然将国外的那一套课程实施直接搬进中国的课堂，并且"怡然自乐"。例如，他们在想尽各种办法调动学生积极性的同时忽略了中国学生对知识点的"识记惯性"，否则中国学生就会明显感觉"课堂太空"；又如，当外教自以为课程实施很成功、学生学得很开心、教师教得也很快乐时，期末考试结果却让人"大跌眼镜"；再如，外教注重启发与平等，很少对学生的回答给予否定，而中国学生从小沐浴"师道尊严"，习惯了标准答案的判断思路，因此一堂课下来，学生没有了"是非感"。如此种种，一言以蔽之，课程实施出现了教与学的分离：教师自顾自地教，学生我行我素地学。教学分离源于中外双方不同的教学文化环境。

2. 不同的课程管理制度对课程的影响

外方的课程大纲与中国的教学大纲存在较大差异。外方课程多以课程模块的形式呈现，没有指定的标准教材，中方学校和学生都习惯于"教材在手，万事莫愁"。于是，无奈只能从外方课程大纲中选取重要参考书籍或推荐书籍中的一本作为教材分发给学生在课堂上使用。然而，在实际课程实施中，外教的教学内容不完全出自教材。根据外教的课堂教学计划和PPT（课件），其教学内容往往选自不同的书籍，是其根据自身对课程大纲的理解自主编选的。而学生在课堂上手拿教材却无从入手，感觉外教的教学内容犹如天马行空，跨越太大，无法跟进，无法消化。学生在课程实施中"疲于奔命"却依然难以应对，于是外教本以为内容丰富的原汁原味的课堂教学成为学生巨大的艰难挑战，课堂无形中充满了紧张气氛。教材虽有，却不再向中方课程那样成为知识的唯一有效载体，虽名曰教材，实则在外教的课程实施中只是教学参考书籍而已。这是外方课程实施中教学与教材分离的问题，是不同的课程管理制度使然。

以英国为例，英国大学的课程以模块化形式呈现，体现出较强的综合性和应用性。每个模块实则包含了多门相关联的课程内容，因此容量较大，要求较高，学分较多，修读时间也较长。中外合作办学中的引进课程也应该是课程模块。但是，由于我国的学制与英方不同，模块化课程引入后，在实际的课程实施中依旧套用我国的课程与教学体制。具体来说，本身在英国需要修一年，总计30学分的课程模块，在中外合作办学的课程实施中，成为一门只需修读一个学期或一学年，但是最多不超过 64 学时/学期、128 学时/学年，总计 3 学分或 6 学分的专业课程。也就是说，在中外合作办学的课程实施中，引入的课程大大"缩水"了：课程内容"精简裁撤"，课程目标"大打折扣"，课程学分由高而低……一言以蔽之，在中外合作办学的课程实施中，引入的课程与学制、学时、学分出现了分离，这也是不同的课程管理制度使然。

外方教师对中外合作办学的人才培养计划缺乏研究，甚至知之甚少，对中方的教学计划安排不以为然，课程实施的随意性较大而系统性不足。外教在课程实施中缺乏与中方的有效沟通，"率性而为"导致教学目标散乱的情况屡屡发生。学生往往感觉课上"飘忽"，不知所学为何，亦不知所学何为。同时，不同的外教对学生的要求也有较大差别，尤其是外教会主观臆断学生的语言能力，从而对专业课程的实施产生较大影响。有的外教要求过高，有的外教要求偏低，因而出现了教学与教学计划分离的现象。教学与教学计划分离，所教偏离办学之所要；教学与教学计划分离，所学偏离本人之所愿。以上问题也可以归咎为不同的课程管理制度。

四 文化多元是中外合作办学课程问题产生的内部原因

课程是"文以载道"的主要载体，也是"化成天下"的主要凭借。由此可以看出课程与文化的天然联系，课程承载着文化，文化影响着课程。对于课程而言，文化的引领无出其右；对于文化而言，课程的作用无可替代。就中外合作办学的课程而言，其文化的庞杂性是其与其他办学形式课程文化的主要区别，当然也是其办学多元化的主要特色体现。中外合作办学课程知识体系的多元性承载的是中外合作办学课程的多元文化，而多元文化下蕴含的则是多元的价值认同体系，不同的价值观通过课程文化体现在中外合作办学的课程与教学体系中，影响着主体对课程知识的价值判断，成为影响中外合作办学目标顺利实现的现实因素。关于课程的文化，有学者认为，课程的文化是社会发展对文化存在方式的一种必然的筛选行为，并由之而实现着文化的代代传承，这种传承最终以课程价值、课程观念、课程内容甚至课程实施的方式得以不断调整、改进、更新，从而实现课程文化的永续发展。[①] 还有学者将课程文化划分为两类：一类是课程所承载的特定的经筛选的社会文化精髓；另一类是将课程本身视作一种文化类别。[②] 由此可以看出，文化存在两面性：一是承载性；二是本源性。承载性体现的是其工具价值和意义，本源性则是其自身存在的逻辑起点。

（一）中外合作办学课程中不同文化传统的分析

一般来说，文化是教育思潮、社会需求等的综合体。受不同时代教育思潮的影响，西方高校课程的文化经历了从早期重人文的通才教育到后来影响广泛的实用主义的专才教育，再到实用主义与自由主义相结合的通才教育的回归。

1. 西方文化的源流

以英国为例，英国是欧洲国家中最有历史和文化积淀的国家之一。欧洲的文化传统对英国影响深远，尤其是英国一直引以为傲的"绅士文化"保留至今，且在英国社会的方方面面都可见其身影。"绅士文化"的灵魂是培养"有教养"的贵族。在"绅士文化"的影响下，英国教育一直坚守对学生"高贵人文素养"的培养。工业革命发生后，以斯宾塞为代表的一批英国哲学家、教育家开始批判"绅士文化"影响下的"虚无教育"，主张教育要与社会生产力的发展相适应，培养社会需要的专业人才。由此，功利主义文化开始引领英国教育思潮，并逐渐波及全世界。20 世纪后，随着世界经济全球化、全球经济一体化的逐步形成与发展，国际化浪潮席卷而来。全球化、多元化逐渐发展为文化主流。认同文化多元，开展不同文化之间的交流与对话，实现不同文化之间的理解与融合，是教育的基本路径，也是教育的旨归。

于是，世界公民、国际人才等在西方国家高校的人才培养目标中率先出现，并成为其人才培养目标的一大基质而保留至今，而且还将延续下去。这既是未来的发展需要，也彰显出一种文化自信。对于西方而言，国

---

① 裴娣娜：《多元文化与基础教育课程文化建设的几点思考》，《教育发展研究》2002 年第 4 期，第 5～8 页。
② 郑金州：《教育文化学》，人民教育出版社，2001，第 39 页。

际视野与跨文化交际既是对多元存在的正视，也是一种有效因应。只有承认多元、应对多元，才能在多元中吸收借鉴、去粗存精，保有主流地位而不动摇。同时，在多元中进行跨文化适应、跨文化交流、跨文化传播，输出己方的主流文化与价值，培养世界范围内各行业的世界领袖，在国际化、全球化浪潮中冲浪而非逐流。

2. 中华文化的基质

儒家文化是中国传统文化的核心。儒家的"君子文化"与英国的"绅士文化"有异曲同工之妙。"修身、齐家、治国、平天下"是历代先贤孜孜以求的目标。儒家文化影响下的教育把良心和德行视作人才培养的首要标准，德才兼备，以德为先。新中国成立后，面对国际国内异常严峻的政治形势，"又红又专的革命文化"成为历史发展的必然，在新中国成立后的数十年一直是中国文化生态系统中的主流文化。"革命文化"强调意识形态，"以阶级斗争为纲"是"革命文化"的集中体现。在"革命文化"的引领下，"培养社会主义的接班人"是教育的主要目的。党的十一届三中全会以后，中国共产党审时度势，制定了"以经济建设为中心"的伟大战略，从此，中国进入了经济对外开放的高速发展期。在这一时期，"以经济建设为中心"所承载的功利主义文化，以市场和商品的形式渗透于个体和社会生活的方方面面。因此，以市场为导向，培养社会需要的人才，促进社会经济的发展与繁荣，是教育的主要目的。

3. 文化多元——中外合作办学课程文化的特殊形态

中外合作办学的产生为中外多元文化的交汇提供了良好契机和发展平台。文化的多元以课程的形式在中外合作办学的课程体系中交织缠绕，形成了独特的中外合作办学课程文化形态——多元交互。然而，"文化是人作用于自然的产物，不同的民族在其各不相同的生存条件、生存方式基础上形成的文化有着不尽相同甚至是截然相反的特质，其中最根本的乃是不同的文化体现着不同的思维方式，蕴含着不同的价值观念——文化的差异由此产生"。[①] 如果说课程本身是中外合作办学中的主体性存在，那么课程

---

① 鲁洁：《文化变迁与教育》，《教育研究》1990 年第 8 期，第 37～41 页。

所承载的文化自然可以被称作中外合作办学中的隐性主体性存在。因此，文化在中外合作办学中的主体性作用则主要是对课程本身的逻辑省思，以考察其是否存在逻辑自洽问题以及是否具备创新的潜质。而课程在中外合作办学中的主体性作用则主要在于知识的传递传播和对文化的传承。无论是传递传播知识，还是传承文化，都需要对课程进行检视。一是在知识的传递传播过程中，需要检视其能否产生滚雪球般的知识累积效应和雪溶成水般的知识再生效应；二是在文化的传播过程中，需要检视其承载体是否具有与他文化不断融合再生的文化创生效应。

中外合作办学已经发展成为我国高等教育国际化的主要形式之一，成为继公办教育、民办教育之后我国高等教育的第三种形式。尽管中外合作办学是办学的一种全新模式，但其产生和发展的意义一直备受各方期许。中外合作办学的课程以中外结合的方式构成课程体系，并以外方课程为引进的优质教育资源的核心，成为中外合作办学课程体系中的精华部分。在办学过程中，中外课程如何才能形成最佳合力历来是中外合作办学课程研究的重点，即中外双方课程的衔接与融合问题。因为课程的衔接与融合实质上就是多元文化的衔接与融合问题。但是课程衔接易，文化衔接难；课程融合易，文化融合难。课程主要以文本的形式存在于中外合作办学中，而文化反映的则是价值观和思维方式，是深入课程骨髓的内核元素，故而文化的衔接和融合是对不同的思维方式和价值观的整合。引入课程的初衷是引入先进的理论与技术，然而先进的理论与技术必然有其自带的文化痕迹，以绝对的知识中立和科学普适的观念来看待课程的引进本是无可厚非的，但是从本质上和最终效果上看，又往往是不尽如人意的。因为在先进的理论与技术的附着之下是文化的底蕴。理论也好，技术也罢，应与"其应用环境的特定的社会意识形态、文化处境相联系"。[①] 因此，在中外合作办学过程中，在千方百计引进优质课程所带来的先进理论与技术的同时，也要十分谨慎地正确对待先进课程所承载的"文化与价值"。因为课程知识是可以轻易习得的，而隐藏在课程知识背后的文化则是知识再生实现的

---

① 丁钢：《价值取向：课程文化的观点》，《北京大学教育评论》2003年第1期，第18～20页。

主要影响因素，也就是为知识的建构提供了基础。[①]

　　培养国际化的人才是中外合作办学人才培养的基本定位，而国际化人才的培养则有赖于在课程多元文化环境下的反复浸淫。因此，从这个意义上来说，多元不仅不可怕，反而是中外合作办学独特的天然优势。认识到这种优势并将之利用好，是中外合作办学人才培养实现的极大助力。但是，在多元的环境中，并不能对多元只"作壁上观"，而对其不管不顾。对多元不仅要有清醒的认识，而且要有清晰的规划，不能放任自流。在中外合作办学中，多元的目的在于培养学生的跨文化交际能力，多元的存在方式应该是有主有次且不能主次颠倒的，在纷繁的多元中维持"真我"，在炫目的多元中保持清明，才能借助多元并走向中外合作办学的终极关怀。然而，多元的认识误区也为中外合作办学带来了诸多困扰。部分中外合作办学者打着多元的幌子，乐此不疲地一味强调原版，只顾原汁原味地引进，对引进以后如何消化不做任何规划和思考，甚至以此为噱头，号称国际先进，为办学贴金。这种对多元的认知和态度使得多元的存在只流于其表，而没有脚踏实地地与中外合作办学所处的办学场域的实际相结合，在多元中只看到了外来的"优质"，而忽略了本土的"特质"。如此，国际化的人才培养难免陷入纸上谈兵的尴尬，成为难接地气的虚设。从课程的文化本源来看，每所学校、每一种办学形式，都有其课程文化产生的特殊背景与因由，并在此基础上形成了独具特色的文化底蕴及其所蕴含的价值观与思维方式，而将多元文化嵌入人才培养目标中，就是多元文化对于中外合作办学的最终意义和功能之所在。也就是说，要把多元文化的先进面融会贯通于中外合作办学的人才培养上，并使这种融会贯通成为自然而然发生的行为。

（二）多元文化冲突导致的课程问题

　　课程的引入使得中外文化的冲突与碰撞直上台面，与此同时，主体对多元文化之间的态度与抉择是不能含糊其词的。此处之所谓抉择，并不是

---

　　① 李东：《我国课程编制的文化性缺失——一种社会学视角的反思与建构》，《教育发展研究》2005年第14期，第52~56页。

指对多元文化的存废选择，而是对多元文化冲突发生时文化策略建构的抉择。多元的并存是冲突发生的前提，若无多元，则无所谓冲突。如前文所述，多元本是中外合作办学课程文化的最大优势，因此，不惧冲突是中外合作办学课程的必然选择，在多元的冲突碰撞中，吸收先进中的精华，剔除"不适于我"之成分，形成去粗存精的中外合作办学的"优优"文化组合，进而形成"优优"文化融合，实现 1 + 1 > 2 的理想效果。

1. 文化冲突对课程目标的影响

课程目标是课程的纲领，课程文化是浸润和滋养课程的灵魂。课程目标是课程建设的主要指向，而课程文化蕴含的则是对课程的基本价值判断，是目标形成的文化底蕴。如果说课程目标统领课程的各个环节有条不紊地在中外合作办学中助力人才培养目标的实现，那么课程文化则是在课程目标统领下课程的各个环节有条不紊进行的基本信仰和思维方式。

然而在中外合作办学中，文化的冲突是在所难免的，文化的冲突过程是课程目标形成的多元价值观的博弈与判断形成过程。"任何课程设计者在确定课程目标时都不可能是完全价值中立的，设计者有自己的一套理论体系和思考方式，并且任何课程目标的选择都要通过国家文化的筛子来过滤。"[①] 中外合作办学的外方合作国多是西方发达资本主义国家，其教育在历经几次思潮的更迭影响下，课程的文化逐渐形成了当下讲求个性、追求自由、关注自我、提倡民主的基本价值诉求。其课程目标也在以上文化的浸润下，专注于培养个体的自我意识与自由价值。

而中国的教育历经新中国成立到"文化大革命"期间的革命主义传统教育思潮和改革开放后以经济建设为中心的功利主义思潮，再到当下越来越重视个体价值的人本主义思潮，中方的课程目标在传统人才培养目标的深远影响下，依然带有较浓的集体主义色彩，如"培养社会主义建设的接班人"；同时又有功利主义痕迹，如"从事实务的高级专门人才"；还要强调"高素质复合型人才"。由此可以看出，中外双方课程目标的差异是明

---

① 李东：《我国课程编制的文化性缺失——一种社会学视角的反思与建构》，《教育发展研究》2005 年第 14 期，第 52 ~ 56 页。

显的，而这种文化冲突导致的课程目标的碰撞，则以各种形式反映在课程的各个具体环节中。

课程目标的冲突是中外合作办学中两种课程文化交流碰撞的必然结果和直观反映。外方合作院校课程的文化深深植根于外方课程体系中。引入课程也是从外方课程体系中抽离出的，其课程目标是以外方文化为土壤而生成的。反之，中方课程目标也如此。中外合作办学课程体系的构成本质是同一专业性质的来自两种迥异文化的课程的组合。中外文化渗透于各自的课程中，以课程目标形式反映在人才培养上，文化的冲突是两类课程目标交织互抵的根本原因。中方课程目标是中外合作办学人才培养目标的源目标之一，尤其是经适当调整的中外合作办学中的中方课程目标是与中外合作办学课程目标高度契合的。然而外方课程目标却不尽然。中外合作办学课程目标的冲突起源在于文化，而抱着"原版引入"态度的中方办学者又为冲突的"名正言顺"进行着客观造势。面对冲突，中外合作办学者当何为，是值得深度思考的。

2. 文化冲突对课程内容的影响

"课程承载的是文化"的论断已经深入人心，确切地说，承载文化主体的是课程的内容，即课程知识。因此，在中外合作办学中，多元文化之间的冲突在课程中最为直观的反映即课程内容的冲突。通过引进外方课程，先进的理论和技术所承载的课程文化伴随课程内容大量涌进课堂，甚至占据课堂，与此同时，中方原有课程文化则面临两难选择：一是退出课堂，全然接受所谓"先进"；二是默默坚守，与"先进"不断纠缠。实则，课程文化的这种冲突，也为课程内容的调整改进提供了契机。不同的课程文化自有其产生的背景，有其根植的社会政治经济文化环境，不同的课程文化与其所在的社会政治经济文化大背景是相适应的，是体现着先进性的，但是一旦脱离了其原有场域，其先进性能否维持则是值得商榷的。因此，所谓内容冲突，主要是指引入课程的内容虽然总体上代表着先进，但是此种先进是与中国本土社会有所脱离的。也就是说，课程内容的先进与中国社会经济发展环境存在某种不适应。

如前文所述，课程是由人才培养目标决定的，而决定人才培养目标的主要因素之一是办学环境，其中社会经济发展环境是主体。社会经济发展的现状、社会的需求、市场的需要、学生成长成才的要求等都是课程内容的决定性因素。根据社会经济发展的现状调适课程内容，根据社会的需求和市场的需要动态调整课程内容，根据学生成长成才的要求变革课程内容，是中外合作办学课程建设的重要环节。但是外方原版课程的引入难免会在一定程度上形成内容与社会需求、市场需要的冲突。课程内容是文化的载体，是文化的直接反映。内容冲突实质上就是文化的冲突。中国的社会经济环境孕育着中国特有的社会文化，外方课程内容是外方社会文化的衍生品。当外方课程内容"原汁原味"地引入中国本土的办学环境中时，这种冲突是正常的，也是难以避免的，必须直面。引进优质教育资源，并为我所用，才是中外合作办学的"初心"和"本心"。"引"和"用"必须紧密结合，缺一不可。

内容冲突还有一个表现在于，同属一类专业课程，课程内容有脱节甚至在某一方面有偶尔冲突之处。具体而言，是指引入课程的内容与中方原有课程的内容相冲突，其根源也在于双方文化的差异。引入课程的内容是外方社会文化环境的产物，中方课程的内容源于中方社会文化环境。应然来讲，引入课程的内容代表了先进性，但正是这种先进性，与中方课程的内容产生了一定摩擦。而面对此种摩擦，却又不能贸然抛去中方课程。因为尽管中方课程与外方课程相比，在理论和技术上都存在一定差距，但是中方课程本身具有较强的不可替代性。中方课程内容与中国本土社会文化环境的适切性是外方课程无法比拟的。这也是外方课程内容与中方课程内容持续冲突的基本状态和根源。

3. 文化冲突对课程实施的影响

不同的文化影响着个体的思维和行为方式。在中外合作办学多元文化并存的态势下，中方教师与外方教师、中方课程与外方课程、学生与学生之间的矛盾都或多或少地缠绕在课程实施这一环节中，因此，中外合作办学的文化冲突反映在课程实施中至少有以下几层含义：一是引入课程在中方教师主导下的课程实施矛盾；二是外方教师进入中方课堂中的课程实施矛盾；三是引入课程在外方教师主导下能否融入中方课堂的矛盾。

也就是说，在不同的文化主导下，课程实施过程中的冲突也是显而易见的。例如，中国学生习惯于在课堂上"静如处子"，默默思考，先问再答，潜移默化；而外方教师则看重课堂活跃，"争先恐后"，自主交流。又如，学生对于引入课程教材难以适应。外方课程在引入之前，很难说有固定教材。教师授课以课程大纲为准绳，提供参考书籍及资料清单，而中国学生早已习惯于依靠教材的授课方式。不仅引入教材是原版外文，显得生涩难懂，而且外教在课堂上并不完全以教材为唯一主线，因此，无论从课程实施的哪个环节看，学生都显得被动而茫然。

另外，外方教师的施教过程与中国的校情、学情之间发生冲突。中外合作办学是在中国办学的大环境下进行的。从课程体制、机制到课程管理再到课程实施和课程评价，都有中国特殊的思路和途径。而外方教师对于课程的理解和建设思路却是与之有较大差异的。在此过程中，冲突主要表现在外方教师很难融入中外合作办学的课程与教学体系，一方面，外方教师固执地以先进自居，而少思改变；另一方面，中外合作办学的课程与教学体系虽然在国际化道路上不断前行，但囿于诸多羁绊和不可变甚至不能变，对于外方教师的诸多理念和具体做法常有难以磨合之处。总之，在中外合作办学中，无论是中方教师的课程实施过程，还是外方教师的课程实施过程，都带有明显的文化痕迹。多元文化和文化冲突是中外合作办学文化的基本态势，也是中外合作办学本身的特质所在，因文化冲突而带来的课程实施过程的冲突也是中外合作办学课程的基本问题之一。

第五章

中外合作办学大学本科课程设计

　　课程设计是对课程各个方面做出的规划和安排，对于确立教育目标，合理配置与开发资源，促进学生学习的系统性、顺序性、延续性都具有不可忽略的意义。广义的课程设计是指学校制订课程计划和教学安排的活动；狭义的课程设计是指对一门课程的设计及教材编写。在笔者看来，狭义的课程设计是广义的课程设计的一个单元。本章所涉及的中外合作办学课程设计主要是从广义层面来论述的。中外合作办学的课程设计是"预"的过程，"预则立"，因此课程设计是中外合作办学课程能否"立"的保障。中外合作办学的课程设计必须充分结合中外合作办学的现实特征，既要区别于传统办学的课程设计，又要有异于外方的课程设计。

　　教育部对中外合作办学引入课程的量与质都有明确的要求。但是课程引进容易，课程建设困难。如引入课程的本土化问题、本土课程的国际化问题、双方课程体系的衔接问题等，都是中外合作办学课程设计亟待解决的问题。课程设计是中外合作办学的"本土课程"建设与"国际化人才"培养目标实现的前提，是使课程"活"起来、使课堂"充满生命的活力"的依归，最终解决的是如何"从课程引入到课程建设"的问题，是"怎么做"的纲领。中外合作办学的课程设计需要根据中外合作办学特殊受众群体的需求来设计课程目标、课程体系和课程实施。

第一节　课程目标设计

"微观层次上的课程目标是指通过单门课程的教育教学活动，课程本身要实现的预期学习结果。"[①] 也就是对课程的学习效果进行预设，其指向是学习者所要达致的理想状态，如对知识的掌握、对能力的培养、对情感的陶冶等。知识的掌握主要是指对知识体系本身的逻辑结构的充分认识和把握，如对基本理论概念的透彻理解和运用的方式方法；能力的培养是对所掌握的知识的活学活用、举一反三、触类旁通，尤其是在社会生活实践中处理各种事务的能力或快速处理各种事务的潜能；情感的陶冶则事关价值观的形成、内心世界的满足等。知识、能力、情感是课程目标的三个重要维度，它们之间相互联系、相辅相成，构成立体多元且层次分明、结构严谨的课程目标体系。因此，设计好课程目标是课程建设的中心环节。泰勒认为，课程目标应有三个来源："一个是来自学科专家的建议，一个是来自学生的需要，一个是来自社会生活。"[②] 三种来源课程目标的侧重点是不同的。学科专家关注的是学科知识体系的内生逻辑，可以归属为"学院派"课程目标；以学生的需要为主要参照的课程目标是"以学生为中心"理论的直接体现，可以归属为"生本派"课程目标；而把社会生活视作主要关切点的课程目标则属于典型的"社会本位派"课程目标。三种类型的课程目标各有千秋，如"生本派"课程目标能够得到学生的认同和参与，满足学生对世界认知和对内心幸福追求的需要；"社会本位派"的课程目标指向明确，是学生安身立命的基础，也是社会发展前行的保证；而"学院派"课程目标是保持学科知识严谨与科学的主要途径，是学科知识传递的本然诉求。那么，在中外合作办学中，课程目标设计应该遵循哪种思路才能体现出中外合作办学的特质，并引领中外合作办学的可持续发展？

---

① 张传燧主编《课程与教学论》，人民教育出版社，2008，第72页。
② 〔美〕拉尔夫·泰勒：《课程与教学的基本原理》，生活·读书·新知三联书店，1982，第26页。

一　课程目标设计依据及原则

中外合作办学的人才培养目标定位是中外合作办学课程的总纲。中外合作办学的课程目标统属于中外合作办学的人才培养目标，是人才培养目标的子系统。课程目标既要兼顾统筹中外双方的人才培养目标定位，又要对其进行整合调整，生成全新的中外合作办学人才培养目标。

外方高校对人才的定位通常是专业技能型人才，而中国高校的定位惯用复合型和应用型。由此，双方课程设置围绕各自的人才培养定位，出现了较大差异。以中英合作办学为例，英国学制短，课程高度务实，对接市场紧密，目标直指行业的高技能型从业者。而我国的本科学制为 4 年，多将人才的培养锁定在一专多能、复合型规格上，因此课程体系也相对繁杂。具体来讲，二者的主要区别如下。

第一，从课程类型来看，英方的课程类型简单明了，专业性、职业性很强，主要集中于与行业相关的专业基础理论与实践课程，除此之外，还要必修一门外语，选修一门外语。中国高校则在"复合型"上下足了功夫，除了直接关涉行业的相关专业课程外，还开设了为数不少的宏观专业基础课程，以保障一专多能、复合型人才培养目标的实现。

第二，从专业课程的内核和外延来看，英方的方向明确，以行业技能为核心，兼顾相关行业动态；而中方是多基点培养，针对行业相关产业等全面开花，以期让学生多渠道了解和掌握行业相关专业知识。

第三，从课程的连续性来看，英方的课程具有纵深特性，连续性强，甚至可以将课程名称归统为若干门，只是课程的广度和深度及其侧重点在不同的培养阶段有所不同。课程内容环环相扣，一年级是二年级的基础，一、二年级共同构成三年级的基础。课程内容与课程实施呈现从实践操作到理论知识再回归实践进而到发展战略规划、领导能力，呈螺旋式上升态势，终极目标是让学生能够在所涉及行业的从业中具有某项"高精尖"的能力。而中国的专业课程以平面展开方式开设，其课程的纵深联系趋缓，横向联系较多。不同课程的内容存在一定的交叉性。目的在于让学生从不同的学科领域理解同一知识点存在的合理性及其在不同场域下的运用。这是典型的复合型人才培养使然。

（一）课程目标设计依据

1. 社会经济的发展需要是课程目标设计的基本依据

立足社会需求设计课程目标几乎是世界所有高校的共识，作为中国高等教育新兴办学形式的中外合作办学也不例外。中外合作办学的课程设计也应该站在社会需求角度，以为中国社会培养高素质、应用型人才为目标。只有这样，才能适应中国的社会经济发展现状，满足社会需求，同时还能够提升中外合作办学的竞争力，实现特色办学和服务社会。由于不同类型院校所处的区域不同，设定中外合作办学课程目标所根据的社会经济发展需要也有不同的界定。

首先，由于中外合作办学所处的大环境是中国，因此，课程目标的设定不能脱离中国社会经济发展的需要，这是中外合作办学课程目标设定所要考虑的首要因素。其次，就地域范围而言，中国幅员辽阔，不同高校的中外合作办学所处区域也是天南地北，有的处于"西部大开发"区域，有的处于"振兴东北老工业基地"区域，有的处于"经济特区"，有的处于"中部崛起"区域，有的处于"长江流域经济区"，有的处于"珠江流域经济区"，有的处于"沿海经济区"，等等，不同区域集结着中国各种产业、行业，分布着不同片区的产业经济带。因此，中外合作办学的课程目标设定还需瞄准区域经济发展的需要，为地区社会经济发展服务，立足地方，服务地方，与地方充分而紧密地结合，与区域经济发展实现联动和共生共长。课程目标依据区域经济发展而定，区域经济发展又为课程建设提供实践支持。再次，不同类型的高校，其发展定位也是不同的，所举办的中外合作办学的定位也因母体的不同而有明显的差异。因此，中外合作办学的不同定位导致了中外合作办学课程目标设定的不同。如"985"高校的中外合作办学往往将办学目标定位为研究型，其课程目标偏重于学科性；而地方高校的中外合作办学大多定位为教学型和应用型，其课程目标则偏重于技能与应用。最后，中外合作办学的国际特色是绝对不容忽视的，否则就失去了中外合作办学的基本属性，"合作"二字便无从谈起。随着社会经济的发展，各国之间的经济贸易往来日益紧密，国际商品流通越来越频繁，所需的国际性人才也越来越多。单靠培养区域范畴的人才已经不能完全适应社会发展的需要，应培养视野更开阔的国际性人才。

因此，中外合作办学的课程目标设定必须体现国际性，与国际经济发展接轨，适应国际市场的需要。此处之国际市场不仅仅限于国外市场，还应从以下几个方面理解：一是课程目标设定指向为培养学生的跨文化交际能力，能够赴海外就业，在国际市场与各类人才同台竞争；二是中国市场经济发展已进入较为成熟的阶段，在中国境内就有各种类型的"国际市场"，如外资企业、合资企业等；三是随着中国经济的高度发展，中国企业也开始进行海外扩张，建立自己的海外版图，从而为中国培养的人才提供了更加广阔的国际舞台。因此，在设定中外合作办学课程目标时，必须注重培养学生的全球化视野。

2. 学生成长成才的个体需求是课程目标设计的逻辑起点

无论是中外合作办学还是其他形式的办学，都是为了学生、服务于学生的。因此，学生的成长成才是中外合作办学的核心诉求。中外合作办学的课程目标也应围绕这个核心诉求，将学生的成长成才作为课程目标设计的逻辑起点。

就学生的成长成才而言，成长居首，成才次之。换言之，就是德为先，才次之。注重学生伦理道德的培养，是中外合作办学课程目标的首要关注。对学生伦理道德的培养在中外合作办学课程目标中是办学主体的基本使命和责任。中外合作办学的课程目标要注重教育学生树立远大的志向，为服务社区与发展地区经济，以及参与世界经济和推动人类进步做出贡献。关于成才，主要是指中外合作办学的课程目标要注重拓宽学生的基础知识面，侧重于对学生能力的培养。中外合作办学培养的学生应具有厚基础、强能力的特点。例如，武汉某大学国际学院就强调学生"除了具有商业方面的关键知识和技能外，还要能够了解商业学科和非商业学科之间的相关性"。[①] 再如，上海某大学国际学院强调"让学生把工商管理课程的

[①] 参见武汉某大学国际学院工商管理专业本科人才培养方案（应对方要求，内部资料不便具名）。

学习与人文学科和科学学科的学习结合起来，通过要求学生对通识课程的学习体现出其扎实宽厚的基础知识"。① 另外，创新能力也是中外合作办学课程目标设计尤为重视的，培养创新型人才是当下中外合作办学人才培养的一大共通之处。许多中外合作办学除了培养学生所需的管理技能外，还鼓励学生创新和创业。

3. 科学文化的发展要求是课程目标设计的主要依据之一

传播科学文化知识，实现学科的发展，是课程目标设计的主要依据之一。中外合作办学肩负着两重科学文化知识传播的使命：一是国际先进理论与技术的引进及其在中国境内的传播；二是中国本土科学文化知识的传播。两重使命并行不悖、殊途同归，传播两种科学文化知识的最终目的是实现该学科健康永续发展。引入外方课程原本就是对科学文化知识的一种传播，而引入后在中国境内的传播，则是科学文化知识的再传播。因此，在进行中外合作办学课程目标设计时，如何顺利引进外方先进的理论与技术，并保证其在中国得到传播和发展，是课程目标设计时需要考虑的一个重要问题。而对中国本土科学文化知识的传播也包含两个层面：一是科学文化知识的正常传播；二是科学文化知识的反向对外输出，即本土科学文化知识传播出境以及在境外的再传播。

综上所述，如何实现中外双方科学文化知识的双向传播，是中外合作办学课程目标设计的基本依据之一。通过双方原有课程文化知识的双向传播，可以实现科学文化知识之间的交流和互动，以先进带后进，以传播促发展。在传播过程中，不同科学文化知识实现了对话和融合，是科学文化发展的根本趋势，没有沟通交流和传播融合，科学文化的发展将后继乏力。同时，以科学文化知识的传播为依据设计中外合作办学的课程目标，也有利于促进国际化人才培养目标的实现。课程是科学文化知识的载体，但是传播必须通过人的教与学的行为进行。因此，科学文化知识的传播过程实际上就是教与学的主体跨文化交际能力逐步培养的过程。可以看出，以科学文

---

① 参见上海某大学国际学院工商管理专业本科人才培养方案（应对方要求，内部资料不便具名）。

化知识传播为依据的课程目标设计与以学生成长成才的个体需求和以社会经济的发展需要为依据的课程目标设计是殊途同归、有机统一的。

（二）课程目标设计原则

《国家中长期教育改革和发展规划纲要 2010～2020 年》（以下简称《规划纲要》）为中外合作办学的发展提出了具体远景规划，也为中外合作办学指明了方向。党的十八大及十八届五中全会都从国家意识的层面为教育国际化进行了战略规划。因此，落实国家的战略要求，深化教育国际化改革是中外合作办学所应担负的责任，也是其发展的重大机遇。中外合作办学的课程设计应从国家教育高水平对外开放的高度，加强顶层设计和理论引导，把开放、协调、共享、创新及跨文化作为中外合作办学课程目标设计的基本原则。

1. 开放性原则

中外合作办学培养的是国际化人才。到底什么是国际化人才？《规划纲要》将其明确为"具有国际视野、通晓国际规则、能够参与国际事务和国际竞争"[①] 的人才。中外合作办学培养出来的学生和普通办学形式培养出来的学生相比，这种国际化特点应更为突出，学生的国际化能力更强。这本身是中外合作办学的应然优势。国际化人才必须在开放的环境中以开放的模式进行开放的培养。因此，"开放"是中外合作办学课程目标设计的首要原则。"开放"既彰显了中外合作办学的本源特质——"中外"，也包含了中外合作办学的国际化基质，更是中外合作办学目的实现的大前提。"开放"是中外合作办学积极参与教育国际化的必然趋势。坚持中外合作办学课程目标设计的开放性原则，必须丰富中外合作办学课程对外开放的内涵，提高中外合作办学对外开放的水平。这种开放是双向的，既是中外合作办学对世界的开放，也是世界对中外合作办学的开放。将开放性作为中外合作办学课程目标设计的首要原则，是形成中外合作办学课程内容包容性、课程实施国际性、课程评价有效性的基本前提，是培育高水平

---

① 国家中长期教育改革和发展规划纲要工作小组办公室：《国家中长期教育改革和发展规划纲要（2010～2020 年)》，2010 年 7 月 29 日。

中外合作办学项目、提高中外双方合作层次和合作水平的有效途径。开放性的课程目标设计，能够使教学内容和教学方法上的变革有所依归。

2. 协调性原则

协调性原则是在中外合作办学课程目标设计过程中，正确处理"中外"关系，增强"合作"纽带关系，促进中外合作办学课程健康、持续发展的基本原则。中外合作办学的课程目标设计不能在中外双方之间失之偏颇，需要关注课程建设的整体性，增强双方课程融合的协调性。在协调中拓展中外双方的有效合作空间，实现真正意义上的"以强扶弱"或"强强联合"。要以课程目标设计的协调性原则，推动课程内容建设的整合与融合，强化课程实施过程的优势互补，实现课程设置的有效、有序对接，健全中外合作办学课程建设的长效机制。

课程目标设计的协调性原则包括以下几个方面的内容。①协调社会需求的多样性和个体成长的倾向性。社会的发展需要各方面的人才，社会本身就是一个多元的生态系统。中外合作办学在为社会发展提供强有力的智力支持的同时，也为学生的成长成才搭建了全新的平台，只有将社会需求和个体愿望有效兼顾，才是形成中外合作办学课程目标的最佳合力。②协调个人素养的跨文化性和家国情怀的本源性。中外合作办学要培养"国际人"，"世界公民"是其基本共识。但是中外合作办学的初衷和前提是"中"，是中国的，中国办的，服务于中国的，因此，培养出来的也是中国的"国际人"和中国的"世界公民"，家国情怀不能遮蔽于国际与跨文化。③协调外方文化的归属性和本土文化的兼容性。课程目标深受课程文化的影响和制约。中外合作办学的课程文化是多元共生的，是兼容并蓄的，外来文化在课程目标设计中要有，本土文化更是不可缺失。

3. 共享性原则

共享性原则是中外合作办学课程目标设计的制度安排的高度体现。只有中外双方在课程目标设计过程中开诚布公、无私相助，才能使中外双方在共建共享中实现双赢与共同发展。共享性原则要求中外双方共同参与、共同尽力、共同享有。从双方最关心、最直接、最现实的目标与利益问题入手，将成功经验和得失教训一起分享。具体来说，在中外合作办学课程目标设计过程中，中外双方要充分分享其原有课程目标的制定过程，同时充分结合中国本土实情，共同协商、共同制定、共同监管。只有坚持共享性原则，中外合作办学的课程内容才能体现双方目标追求的共同诉求，课程设置才能在共享目标的指引下科学有效，课程实施才能围绕共同目标得到贯彻落实。

4. 创新性原则

党的十八届五中全会指出，必须把创新摆在国家发展全局的核心位置，培育发展新动力，激发创新创业活力，推动大众创业、万众创新。中外合作办学培养的国际化人才是中国的国际化人才，因此，创新创业能力是中外合作办学人才培养的核心能力。对于中国高等教育而言，中外合作办学本身就是全新事物，是创新创业的结果。所以，创新创业应该而且必须是融入中外合作办学血液的。只有把创新性作为中外合作办学课程目标设计的重要原则，才能从源头上实现创新型人才培养的基本诉求。坚持创新，既是中外合作办学持续健康发展的根本趋势，更是中外合作办学课程建设的重要指针。将创新性作为中外合作办学课程目标设计的基本原则，是不断推进中外合作办学课程内容创新、课程设置创新、课程体系创新、课程实施创新等各方面创新的根本保障。要以创新驱动中外合作办学课程建设的健康稳定，培养中外合作办学发展的新动力，实现高等教育的强国战略。

5. 跨文化性原则

既要国际化，又要本土化的中外合作办学教育，是其人才培养走向跨文化的前提和基础。要以中外合作办学的国际化与本土化为基石，以市场为导向，与行业协同，注重跨文化意识，强化本土知识与文化的累积，提升人才培养质量。"国际化与本土化相融合的国际化人才培养，其目的是把语言基本功与多元文化素养有机结合，培养既具有国际视野又能与本土经济社会发展相融的复合型、实用型国际化人才，这是当前我国高等教育面对日益扩大的多元化社会需求的对策。"[①] 跨文化，顾名思义，"跨"字

---

① 李明秋：《国际化与本土化融合：创新型外语人才培养的研究与实践》，《东北农业大学学报》（社会科学版）2013年第5期，第110~113页。

为其关键之所在和其核心要义之所系。所"跨"之下必是两种文化或多种文化的并列与对峙，"跨"所需解决的是二者或多者之间的沟通协调乃至共生共长。国际化和本土化都是跨文化的必备元素，不可偏废。跨文化的形成与多元文化知识的建构密切相关，国际化与本土化本身也是多元的，将国际化同本土化"二化"归一，实则也是跨文化的多元整合。因此，把跨文化性作为课程目标设计的基本原则是中外合作办学基本特性的质的规定性。

二 课程目标设计及其规格分析

(一) 课程目标设计

要科学地生成中外合作办学课程目标，就要正确认识和深度思考其目标生成的基点在哪里。

1. 目标和需要相统一

《规划纲要》指出，要"树立科学的质量观，把促进人的全面发展、适应社会需要作为衡量教育质量的根本标准"。因此，人才培养的检验标准在于能否适应社会的需要和促进学生的全面发展。同时，《规划纲要》在"扩大教育对外开放"一章中，也清晰地表达了要培养国际化人才的内容："适应国家经济社会对外开放的要求，培养大批具有国际视野、通晓国际规则、能够参与国际事务和国际竞争的国际化人才"，"加强国际理解教育，推动跨文化交流，增进学生对不同国家、不同文化的认识和理解"。[①] 由此可以看出，中外合作办学的人才培养要将社会需求和学生需要有机结合起来，突出"国际"，放眼全球。

学生对自我成长和发展的期许，以及社会对学生能力和素养的评价，依然是检验中外合作办学以及其他办学形式课程目标是否适切的共性标准。在将社会需求和学生需要体现在中外合作办学的课程目标上时，"要明确区分培养目标能够满足的社会需求和培养目标只有通过社会上其他各

---

① 国家中长期教育改革和发展规划纲要工作小组办公室：《国家中长期教育改革和发展规划纲要（2010～2020年)》，2010年7月29日。

种机构的合力才能满足的社会需求"。① 培养目标并不是无所不能的，有了适宜的培养目标就万事大吉的想法也是不切实际的。从培养目标的建构到形成再到最终的落实与实现，还需要诸多外力及措施的协调与配合，尤其是在中外合作办学中，人才培养目标的影响因素是纷繁复杂的。如在国际视野和民族情怀的形成过程中，不可否认培养目标是一个重要的影响因素，但形成广阔的国际视野和朴素的民族情怀还需要社会、家庭等诸多因素的共同影响。中外合作办学的人才培养目标是办学的纲领性指南，但并非办学的"万灵丹"，不能无限夸大人才培养目标的作用而对办学的其他环节和资源进行有意或无意的忽视，这样往往导致对人才培养目标功能和价值的极端认识论，从而有碍于培养目标的最终实现。

同时，在制定和贯彻落实中外合作办学人才培养目标时，对当下社会的探讨是主要内容，但绝不是唯一。结合中外，立足当下，传承经典，预见未来，才是中外合作办学人才培养目标建构的基本思路。结合中外，就是要时刻牢记中外合作办学的定位，围绕国内国际两条线思索中外合作办学人才培养目标的功能和意义；立足当下，为中外合作办学人才培养目标更好地满足社会需求提供了现实依据和正确途径；传承经典，是中外合作办学人才培养过程中吸收、利用外方优质教育资源为我所用，并有效结合己方优势，形成人才培养合力的重要举措；预见未来，显示了中外合作办学人才培养目标对现时的正确把握和对趋势的准确预见，是人才培养目标科学性和前瞻性的重要标识。中外合作办学培养的学生要能够进行有效的跨文化交际，游刃于国内国际市场，掌握先进的专业知识和技能，能够快速适应现实生活需要和随时能够应对未来生活挑战。那么，怎样才能将社会需求和学生需要有效转换到培养目标中去呢？这里以博比特提出的课程开发方法——活动分析法为例进行说明，希望能起到参考与借鉴作用。活动分析法的步骤如下："第一，人类经验的分析，即将人类的广泛经验按若干主要领域划分，如语言、卫生保健、公民、社交、娱乐、宗教和职业

---

① 尹宁伟：《本科人才培养目标的生成机制研究》，《河北科技大学学报》（社会科学版）
2011 年第 4 期，第 86～90 页。

等；第二，活动分析，即将已经分类的领域进一步分成更为具体的活动；第三，派生目标，即把从事每一具体活动所需具备的能力具体、清晰而详尽地陈述出来；第四，选择目标，即从上述步骤得出的众多目标中选择与学校教育相关的且能达到的目标，作为教育计划的基础和行动纲领；第五，制订详细计划，即设计实现课程目标所需的活动、经验和机会。"①

2. 分解抽象目标生成具体要求

中外合作办学的人才培养目标是一个结构完整的系统，系统内的诸要素按照一定的逻辑顺序排列组合在一起形成最大合力，各要素之间是相互关联、同生共长的。具体而言，中外合作办学人才培养目标的主体要素也可归纳总结为知识、能力和素质。三者的有机统一是中外合作办学人才培养目标的功能和作用得以实现的根本保障。经过对多个中外合作办学人才培养目标案例的比较分析可以发现，我国大学本科中外合作办学人才培养目标总体上呈现较为粗放、笼统的特点，如"培养具有全球视野和较强创新实践能力，熟练掌握英语，具有较强的国际沟通能力和社会适应能力的高素质、应用型国际化人才"。② 由上述目标可以看出，无论是国际视野、创新能力，还是跨文化交际能力等，其表述与《规划纲要》中的文字几近相同，反映了中外合作办学人才培养目标的泛化，且是对国家教育目的的简单照搬，而未形成与学校办学实际紧密相依的对教育目的的解构性目标。如此，教育目标的实现与实效很难得到切实检测和评估，易陷入浮于表面而很难落地的尴尬境地。人才培养目标落地的关键是对其进行适当分解，并细化为若干项子目标，尽可能使其量化。而对人才培养目标的解构则必须依照人才培养的基本规律进行。中外合作办学的人才培养目标与其他办学形式的人才培养目标有无区别、区别在哪里、基本特色如何体现，是制定中外合作办学人才培养目标时首先要关注的问题，关涉中外合作办学人才培养目标的基本性质。此外，还要思考中外合作办学人才培养目标的基本构成，以及构成诸元素之间的逻辑关系和比例分配。只有将上述问

---

① 〔美〕博比特：《课程编制》，熊子容译，商务印书馆，1943，第 7～15 页。

② 武汉某高校中外合作办学人才培养目标。

题思考清楚了，在分解中外合作办学的人才培养目标时才能条清缕析、有据可循，而不是随心所欲地胡拆乱解。解构中外合作办学人才培养目标的基本内容是把目标分解到知识、能力和素质的三个维度中，以课程实施的方式将其逐一落到实处。

（二）课程目标规格分析

1. 具备家国情怀的"民族人"

我们每日大声疾呼要走向国际。于是为了国际化，我们义无反顾地抛却了本土。可是，抛却了本土就必然能实现国际化吗？本土与国际本不是二元对立的。岂不知越是民族的才越是世界的，民族的不正是本土的吗？在汹涌而来的国际化浪潮中，我们的教育将何去何从？

（1）国际化不是全盘西化

杨启亮教授在《守护家园：课程与教学变革的本土化》一文中详释了课程与教学本土化对人才培养的重要意义，颇有见地地勾勒出了本土化的路径。推而广之，中国教育的改革与发展，也必须走本土化之路。可是，在具体的改革实践中，"言必称希腊"之声总是不绝于耳，结果又时常食洋不化，把改革煮成"夹生饭"。"橘生淮南"的故事在中国家喻户晓，而在实践中却被我们有意或无意地忽视了，这正是盲目追风所致。"教育国际化不是西化、欧化，而是当前国际教育发展的潮流。真正的国际化，不是全盘照搬，而是一种理念、形式和方法上的借鉴，是用国际意识和视野来把握和发展教育，是培养心系祖国、胸怀天下、会通中西、学贯文理、个性自由、全面发展的人才。"①

（2）本根本土的情结

"民族人"最基本的特质是时刻不忘自己的身份，对本根本土有浓郁的民族情结。尤其是在中外合作办学中，如果忽略了对学生民族情结、家国情怀的培养，那么在本源上，中外合作办学就走入了歧途。民族情结也好，家国情怀也罢，其要点在"情"字。从字面看"情"，是一颗竖立的心相伴。"竖心"表明心是活的，是充满热血的，是一往无前的，承载着

---

① 杨启亮：《守护家园：课程与教学变革的本土化》，《教育研究》2007 年第 9 期，第 6 ~ 10 页。

转动社会的功能。"情"字的右部为"十二月"。十二月皆持"竖心",可见用心之深、用心之专、用心之恒。所以,中外合作办学必须秉持培养学生的民族情结、家国情怀须臾不可废。

(3) 熟知区域经济

中外合作办学培养的是国际化人才,但是国际化人才与为地方、为祖国服务并不矛盾。如前文所论述的,立足地方是中外合作办学的主要发展战略,脱离了地方实际,中外合作办学的发展难免陷入"高不成低不就"的尴尬境地,成为战略误判,后续发展乏力将成为必然。立足地方是指深度了解地方社会经济发展现状和市场需求,把握地方产业行业发展动态和趋势,立志为地方经济的发展服务。立足地方并不妨碍国际化人才的培养,因为国际化与本土化本是殊途同归的。熟知区域经济发展现状,有利于从国际化的视角看待区域经济的发展,找寻国际经济与区域经济的契合点,找到二者结合的切入口。以国际前沿的发展动态引领区域经济的发展趋势,以国际行业产业的高新技术带动区域经济的更新改造和升级换代,帮助区域经济抢抓后发优势,增强区域经济的发展后劲,将区域经济的发展纳入全球市场体系,拓展区域经济的生存和发展空间,是区域经济实现可持续发展的重要路径,也是中外合作办学培养熟知地方经济发展现状的国际化人才的主要动因。同时,中外合作办学培养的人才要积极踊跃地服务于地方的产业、行业和企业,以自身的国际视野和跨文化沟通交际能力为基础,助推地方产业、行业和企业实现外向型发展。因此,在地方经济的发展中,中外合作办学培养的人才大有可为。

2. 拥有广阔视野的"国际人"

综合第三章对中外合作办学人才培养目标的描述,分析归纳中外合作办学的人才培养目标可以从三个层面来理解,即中外合作办学的人才培养目标就是将学生培养成三个"人",其中之一就是"国际人"。"国际人"的重点在"国际"二字。"国际"的字面意思是国与国之间的交际。国与国之间交际的主体是什么?当然是人。于是,为了顺利完满达成国与国之间的交际,人需要具备哪些素质?这就是中外合作办学人才培养的目标和规格。

（1）国际视野、跨文化交际能力是基质

国际化、全球化已然。不可否认也不必否认西方国家在国际化、全球化浪潮中一直处于中心地位，引领着国际化与全球化的潮流。尽管在这一过程中，西方世界都或多或少地表现出"自以为是"的经济优势、民主优势、宗教优势、文化优势等，"但无论其怎么想，多元就在那儿"。任何国家和民族的发展都必须在与他人的交流交际中形成。于是，国际视野、跨文化交际能力成为世界公民的必备素质。若总是孤芳自赏，先进的未必能长久。为了自身的发展，我国必须培养自己的公民具备国际视野和跨文化交际能力，从而在全球化和国际化浪潮中争当弄潮儿，而非随波逐流者。而中外合作办学的产生与发展正是与之遥相呼应的。于是，在中外合作办学中，国际化人才是中外合作办学人才培养目标中的基本元素，并成为其人才培养目标的一大基质，而且还将延续下去。

（2）国际化人才的内涵

第一，国际视野。国际视野本是经济学术语，即国际眼光或国际视角，是指能够站在全球或更广阔的视角观察经济运行和市场营销，从而为企业发展服务。推而广之，所谓国际视野，从表意上简言之就是见多识广。见多识广，即通过各种传媒渠道对国际潮流和元素谙熟，且通晓其操作规则、流程和范式。从深层理解国际视野，就是看问题、做事情要有国际眼光，志存高远，目光远大。如若斐然，则难免陷入孤芳自赏而不自知。

第二，跨文化交际能力。文化的定义，关乎人文，以化成天下，所以文化即人化，亦是化人。人化与文化是互成因果的。而其中，教育就是沟通人化与文化的桥梁，是化的催化剂。跨文化用英语表示是 Cross-cultural，Cross 表示横跨。既然是横跨，就说明至少存在两种文化间的鸿沟，而通过"跨"字使之得以沟通。伴随跨文化的必然有两种以上文化的冲突、碰撞与调适。冲突是必然的，碰撞是可以有的，而调适是必需的。

3. 全面发展的"整全人"

全面发展的"整全人"是指在知识、能力、素质、情感、个性等方面都健康发展的人。以上几方面综合作用于人的机体和心理，构成了一个全面发展的人，因此，以上诸要素对于全面发展的人缺一不可。

（1）宽基础，重实践，拼能力

"宽基础"既指专业基础又指宽泛的人文或科学基础知识。中外合作办学的通才培养，宽基础是必需的。定位宽基础的人才培养模式，是指在课程设置和设计上，除了专业的课程，还包括较为宽泛的人文社科类和自然科学类课程以必修或选修的形式供学生修读，目的在于尽最大可能将学生培养成全面而和谐的人。"重实践"则是对以市场和社会需求为导向的积极响应。在中外合作办学中，人才培养重实践，将使其在与市场的互动中实现真正的高效快捷，而不是沦为口号。所谓重实践，是指在培养过程中全方位地逼真模拟或在实在的工作环境中边做边学，边学边做，毕业后可即刻投入真实的工作环境。这也是在教学中大范围开设模块化、项目化课程的指导性原则。"拼能力"既是一种传统，也是人才培养的重心。此处之能力主要是指思维能力和创新创造能力，而非狭隘的技能。围绕此目标，从课程设置到课堂教学，无不精心设计，以营造和创设学生独立思考、发明创造的环境和氛围，开发其潜能，鼓励其求知欲、问学欲和动手欲。

（2）重视思想政治素质的培养

中外合作办学是中国的中外合作办学，这是办学的基本底线。尽管中外合作办学以开放性、国际化为主要特色，但是其根本目的是为社会主义建设培养高素质的人才。社会主义政治制度在世界范围内存在和发展的过程中，西方"一家独大"的继续和"亡我之心"不死，那么意识形态的碰撞就绝无休止。苏联解体和东欧剧变后，我国成为为数不多的社会主义国家之一，也成为全球社会主义运动的主要阵地。尽管世界越来越多元，"冷战"思维已经过时，但对社会主义信仰的坚守需要一代又一代青年的接续，尤其是青年学生。"生于忧患，死于安乐"乃亘古不变之理。这也是作为中国高等教育重要组成部分的中外合作办学责无旁贷的，也不必否认是教育的政治属性使然。"少年强则国强，少年智则国智"，大学生坚定的政治信仰、优秀的思想品德是其成才的基础。因此，重视思想政治品德的培养，是社会主义中国高等教育的必然要求，关乎国体，关乎民生。

（3）尚德行，立良心，做好"人"

德行与良心是人之为人的根本，公民意识是国民的基础。通才教育之所以回归，在很大程度上是对科学主义的反思，是对"人"的培养的关注。人文科学之所以必不可少，主要是因为它能够浸润人的灵魂、陶冶人的情操、感召人的良知。这也是包括中外合作办学在内的所有教育的终极关怀。这一环是任何时代的教育都必不可少的，而无论教育思潮如何，只是重视度有所偏重而已，如果少了这一环，教育的发展难免出现畸形。

朱熹说："圣贤千言，无非教人做人。"全面发展的人是在认知心理方面，以及自我、个性等非认知方面和生理机能方面都同时尽可能发展的人，而尽可能发展，不一定是充分发展。充分发展只是理想的状态，是一种期待。人的发展潜能是无限的，我们所能做的就是创造条件让学生的这些方面都尽可能得到充分发展，使这个发展过程持续下去。某方面的发展不是全面发展。只有全面发展的人才是完全的人，而完全的人绝不是完人。完人只是一种理想状态（这种理想状态也是没有统一标准的）。所以，最为重要的是让学生成为完全的人。随心而生，随性而长，不因外力强加而扭曲，不为世俗嘲弄而媚俗，让"我"成长为"真我"，而非生活在"他"的阴影中的"虚我"。但是，正如前文所述，"自由和责任相连。人可以自由选择任何事情，但同时他也要为其选择承担全部责任"。所以在这种条件下的生长，个体才能依据真实的自我而行动，真正实现自我的潜能，成为自我实现者或功能完善者、心理健康者。完全的人意味着卸掉面具真实地表达自己的思想和感受——他们的激动、渴望、喜悦、不满、失望、悲伤及厌烦等感情。

如图5-1所示，中外合作办学培养的人才可以归纳为三个"人"——"民族人""国际人""整全人"。"民族人"是基本要求，"国际人"是重要特征，"整全人"是旨归期待。"民族人"的长成需要具备满腔的民族情怀，要有一颗为祖国、为地方服务的澎湃之心，同时还要具备为祖国和地方做出贡献的知识和能力。因此，在"民族人"的塑造过程中，家国情怀属于个体的情感、个性目标维度，而服务地方是情感使然。同时，还要有知识和技能的支撑，否则就会沦为空谈。"国际人"的主要特点是要有广阔的国际视野，还要具备跨文化交际能力，同时努力成为一个真正意义上的"世界公民"。国际视野是一种胸襟，是认同多元、尊重差异，具备

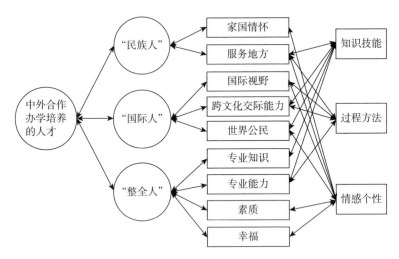

图 5 – 1　中外合作办学人才培养目标规格

"海纳百川"般的雅量和处事方法，这是个体的世界观、人生观、价值观的国际性表达方式，是个体对世界的多元性的情感表达。跨文化交际能力既是应对多元的世界，并能在多元的世界中安身立命的基本技能，又是处在不断地通过跨文化对话、理解与融合行为中的知行合一的过程。而世界公民，主要是个体对于世界的态度，以及能够为世界服务的知识和能力。世界公民的培养在经济全球化和全球一体化过程中越来越成为各国人才培养的共识。世界公民的内涵和意义在一定程度上超越了民族、国家族群和地理的概念，其中心主张是地球是全人类的，世界上所有人类都有权利和义务去为世界的和谐、健康发展做出努力。全面发展的"整全人"，既然是全民发展和整全，那么专业知识、专业能力、素质和幸福必是缺一不可的，是知识技能、过程方法和情感个性的综合。

第二节　课程体系设计

中外合作办学人才培养的基本依托是中外合作办学的课程。国际视野也好，家国情怀也罢，其最终实现都需要课程去具体落实。而在中外合作办学的课程建设中，一个完备、合理、科学、严谨的课程体系是中外合作办学课程系统发挥最佳效力的基本前提。怎样对中外合作办学的课程体系进行设计，才能从本质上反映出中外合作办学的根本特色，才能实现中外合作办学的人才培养目标，是本节讨论的重点。

一　课程体系设计原则

袁振国指出，一个完备的课程体系包含以下几个方面的内容：一是清晰务实的人才培养目标；二是科学合理的课程设置；三是精练充分的课程内容；四是严密高效的教学计划安排。以上几点紧密联系、相互依存，构成一个成功的课程体系。[①] 其中，人才培养目标是总领，是课程其他部分发生的基本依据；课程设置是在课程目标的指引下，依据学科知识的自身逻辑关系和学生成长成才的基本规律形成的课程年度计划安排；课程内容是基于目标实现的对知识的基本价值判断；教学计划安排是指通过严谨的组织与程序设计来保障目标的逐级实现。中外合作办学课程设计体系是围绕人才培养目标，在一定的原则下进行的。

（一）目标性原则

目标是课程体系设计的灵魂，没有精准和科学的目标指引，课程体系的设计就如"无头苍蝇"，极有可能四处碰壁，最后导致培养的人才沦为"四不像"。目标性原则是把中外合作办学人才培养的各种相关因素汇集在一起，发挥中外合作办学本身特色和优势的基本指导性原则。结合国内国际社会政治经济文化发展的实际，确立清晰的人才培养内涵、定位、指标、规格，并将之细化分解到中外合作办学课程的具体环节中，是目标性原则的具体环节和过程。目标性原则既是人才培养目标的总体反映，又是课程目标的具体体现。在中外合作办学课程体系设计目标性原则的指导下，可以将中外合作办学的人才总目标进行分层次、分类别解构，并根据具体类型目标和层次目标设置相应的课程模块，以模块化的课程组合合力实现目标。例如，将中外合作办学的人才培养目标按照目标规格分为三类，即"民族人""国际人""整全人"，那么课程体系的设计则需要根据这三种目标规格来设置相应的课程模块。同时，分别将"民族人""国际

---

① 袁振国主编《当代教育学》（修订版），教育科学出版社，2004，第25页。

人""整全人"三种目标细化为具体子目标，如"民族人"的家国情怀、服务地方的赤诚和知识技能；"国际人"的全球视野、跨文化交际能力、世界公民意识和所需具备的知识技能；"整全人"的专业知识、专业能力、素质、幸福等。针对每个层次的目标，中外合作办学的课程体系都有与之相对应的课程或课程模块组合来保证目标的实现。这就是课程体系设计的目标性原则，目标是课程体系设计的原点，也是课程体系设计的基本规则。

（二）系统性原则

系统是由相互关联的诸元素按照一定的逻辑顺序，以排列组合的方式组成的一个严密、科学、合理的体系。中外合作办学课程体系设计的系统性原则既是设计行为的基本指南，也是设计行为本身的要求。课程体系本身就是一个系统工程，因此以系统性为基本原则是顺理成章的事。在系统性原则的明确指导下，中外合作办学各课程之间呈现秩序井然的紧密联系。课程内容也将人的发展规律性和知识的逻辑性完美地统一起来，与课程设置相互配合构成系统而科学的课程设计体系。系统性原则的基本依据是人才的成长规律和知识能力的学科逻辑性。

简言之，系统性原则回答了以下三个问题：第一，学生在某阶段应该学习的课程（课程模块）；第二，在该阶段所要学习的课程内容体系的具体递进关系，即课程内容学习的先后顺序；第三，课程与课程之间的关系搭配，即什么课程是主修、什么课程是辅修、什么课程是先修、什么课程是后期自选补充等。这三个问题的答案归纳起来即什么样的课程系统组合才能有效促成人才培养目标的实现。例如，在学生的成长过程中，家国情怀、国际视野都是逐渐累积和沉淀的过程，学生在某一阶段应该修读哪类课程才能逐渐培养上述两种人格。再如，知识和技能习得方面的问题。知识和技能有其自身的内生逻辑性，而人才的成长也有其自身的规律性。如果不按照知识和技能的内生逻辑进行课程学习，则会导致知识体系的不系统和不完整，正如人之上梯，如果不一步一阶地依序而来，那么登顶徒是臆想而已。人的成长也如此，"合抱之木，生于毫末"，成长如若无视规律性，难免发生拔苗助长的悲剧。因此，只有把知识的逻辑性与人才成长的规律性有机结合起来，并根据二者的统一性形成课程体系设计的系统性，才是课程体系有效性的有力保障。

（三）实践性原则

实践性原则是应用型人才培养的基本路径。中外合作办学课程体系设计的实践性原则主要是指，在实践性原则的指导下，课程目标的实践性通过将强化课程体系设计中课程设置的实践性和重视课程内容的实践性结合起来得以体现和贯彻落实。实践性原则有两个层面的指向：一是所设置的课程有利于提升学生的跨文化交际能力，发展学生的个性，培养学生的创新实践能力、质疑精神和批判思维能力等；二是学生专业实践能力的培养，把实践作为学生理论知识运用情况的检验标准，将实践作为课堂教学的延伸和扩展，是将理论知识和语言知识转化运用于实际的桥梁。

（四）国际化原则

国际化原则的重要性源于中外合作办学本身的国际性、开放性和合作性，因此国际化原则在课程体系设计中的作用是无可替代的。如果说在课程体系设计过程中，其他原则的运用与其他办学模式的课程体系设计有一定的共通之处，即在某种程度上是课程体系设计的共性原则，那么国际化原则则是中外合作办学课程体系设计的主要个性原则。在这一原则的指导下，中外合作办学的课程体系才能彰显国际性，才能有效促成国际人才的最终长成。国际化原则是指，所设置课程与国际事务、国际规则等密切相关，突出外语特色、专业特色，开展国际合作办学，丰富课程体系。国际化原则是将课程的国际性、开放性和合作性进行有效结合。具体来说，就是在进行中外合作办学课程体系设计时，国际性、开放性和合作性要体现在课程体系设计的全过程和全内容中，实现全方位的国际化，包括课程目标的国际化、课程设置的国际化、课程内容的国际化、课程实施的国际化、课程评价的国际化以及师资结构的国际化等。"国际化是一个将国际与跨文化元素融入学校的教学、研究与服务过程。"[①]

综上所述，中外合作办学课程体系设计的四个原则是相辅相成、缺一

---

① Knight, J., "Internationalization Remodeled: Definition, Approaches, and Rationales", *Journal of Studies in International Education*, No. 8, 2004, pp. 5 – 13.

不可的。在四个原则的共同指导下，才能设计出科学、合理的中外合作办学课程体系，培养出集国际化、民族性于一体的全面发展的"整全人"。在上述四个原则的作用下，中外合作办学的课程体系呈现以下特点。

1. 中外合作办学课程体系中的外语特色

其他办学形式中的外语教育与中外合作办学中外语课程的地位和功能是不可同日而语的。这既是中外合作办学的本质属性使然，也是中外合作办学人才培养的基本要求。外语课程在中外合作办学中是非专业课程，但其地位和作用丝毫不逊于专业课程，这关乎中外合作办学课程本体的基本性质。外语是学生学习专业课程，尤其是引入的外方专业课程的基础和前提，学生的外语能力是国际化人才培养最基础的环节，也是跨文化交际能力培养的先决条件。因此，在中外合作办学中，对外语课程与教学的重视是办学的必然选择。但同时对外语课程与学生外语能力的培养要有科学而适当的规划，不能过于极端，也不能趋于保守。一味地抬高，会模糊办学的专业性质定位，令师生陷于迷茫，迷失在外语的海洋中找不到专业的彼岸；趋于保守，也不能很好地解决专业学习的后续问题，使国际人才培养的愿景落空。那么，中外合作办学课程体系中外语课程应当如何体现呢？首先，要清晰地将外语学习的基本功能定位如下：一是语言能力的培养；二是跨文化交际能力的提升；三是专业学习的工具与学术基础。其次，在此定位下，中外合作办学中的外语课程应该开设以下几类：一是听说读写技能课程；二是国际文化类课程；三是学术英语课程。

2. 中外合作办学课程体系中的跨文化特色

中外合作办学培养的国际化人才的主要素质之一是跨文化交际能力。既然是跨文化交际能力，那么文化素养的培养就是基本要求了，且是对多元文化素养的培养。鉴于此。在中外合作办学中广泛开设文化类选修课程或专题讲座是对中外合作办学课程体系的必要补充和完善。文化素养的养成不同于语言技能的习得，文化是语言的承载，但绝不等同于语言。娴熟地运用一门外语不见得就深谙其文化，这就是在中外合作办学的课程体系内除了开设语言技能课程外，还要开设广泛的文化类选修课程或专题讲座的基本原因。只有沐浴在多元的文化氛围中，正视多元、感触多元，才能形成自觉的多元文化比较意识，主动探寻文化差异，追寻文化多元的意义，从而更加坚定民族文化存在的合理性自信，形成高度的文化敏感性，增强自身对本民族文化的自觉、自信与自强意识。同时，理性而宽容地看待他民族文化，欣赏异域文化的特色与优点，借鉴外来文化的精华，与本民族的优秀文化传统相结合，形成文化融合与文化创生的氛围与载体。

3. 重视实践课程的开设和实践环节的教学

中外合作办学大学本科的人才培养目标一般定位于应用型国际人才的培养，而应用型国际人才的基本特征就是学生的动手能力，而动手能力的培养绝非仅靠书本中的理论知识就可以成就的。实践课程的普遍开设和强调动手能力的培养是国外高校的普遍做法，也是其高等教育的先进性代表之一。中外合作办学的实践之所以重要的另一大原因是，在合作办学过程中，中方引入了部分国外的优质教育资源，而这些优质教育资源绝大部分是外方的具体课程。中国学生和中方教师对引入课程相对较为陌生，无论是课程目标、课程内容还是具体的课程实施等都存在问题。因此，对一门全新的或较为陌生的课程的教与学，如果只停留在课本和理论的层面，难免会有"纸上得来终觉浅"的遗憾，故而，实践教学的必要性更是确定无疑的。通过实践，能够更好地理解和消化理论知识，理论可以反过来指导实践，使其与实践的结合更具现实需要性。

二 模块化课程体系设计方案

关于模块理论，日本学者青木昌彦将模块定义为"可以组成系统、具有某种确定的独立功能的半自律性子系统；可以通过标准化的界面结构，与其他功能的半自律性子系统按照一定的规则相互联系，从而构成更加复杂的系统"。[①] 模块化的核心理念在于把较为复杂的系统解构为若干子系统，再通过子系统之间千丝万缕的联系，对子系统进行再排列组合，从而形成更为复杂的系统的过程。无论是对原系统的解构，还是经过重新整合而

---

① 〔日〕青木昌彦、安藤晴彦编著《模块时代：新产业结构的本质》，周国荣译，上海远东出版社，2003，第10~22页。

形成的新系统，其目的都是在保持甚至进一步强化各子系统的专业性和创新性。因为在解构和整合的过程中，解构和整合行为都不是无据可依的，而是对外界环境变化的适度因应。所以，通过模块化，可以使系统在不断解构和整合的过程中与时俱进，实现高效性和可操作性的先进性。将模块化理论运用到中外合作办学课程体系设计中，可以使中外合作办学课程体系的组成更加具体化和清晰化，使中外合作办学人才培养目标的实现有明确的依归。

根据本章第一节对中外合作办学人才培养目标的分析，从三个"人"，即"民族人""国际人""整全人"的维度来对中外合作办学进行解构，为中外合作办学课程体系的解构指明了方向，即对中外合作办学的课程体系进行模块化设计。根据前述对中外合作办学人才培养目标的分析，中外合作办学的课程体系可以解构为八大子系统，分别是公共基础课程模块、学科基础课程模块、专业核心课程模块、专业方向课程模块、专业任选课程模块、实践课程模块、国际课程模块和公共任选课程模块（见图 5 - 2）。其中，公共基础课程模块的主要作用是提供必修的通识教育，包括学生对有关学科和专业的基础认知，目的是为专业的学习打下基础，是通才教育实现的基本路径。学科基础课程模块是未来专业学习的学科基础知识，在大方向上框定着专业的基本走向。专业核心课程模块是专业人才培养的"规定动作"，是该专业之所以成为某专业的核心原件，标示着该专业的基本属性和特质。专业方向课程模块是对学科的专业化，让学生在有限的时间内选择一个较为明确的专业主攻方向，是实现一专多能的保证。专业任选课程模块是"一专"下对"多能"的进一步拓展，能够为学生未来的职业转换和终身教育打下基础。实践课程模块的主要目的是培养学生的动手能力，以实践检验所学，以所学指导实践。国际课程模块是中外合作办学的特色课程模块，目的是培养学生的国际视野和跨文化交际能力。公共任选课程模块则主要针对学生的兴趣、爱好和情感态度，是培养"完整的人"的保障。八大课程模块与不同的专业方向课程分别组合，形成全新而系统的项目课程组合，保障了人才培养目标的顺利实现（见表 5 - 1）。

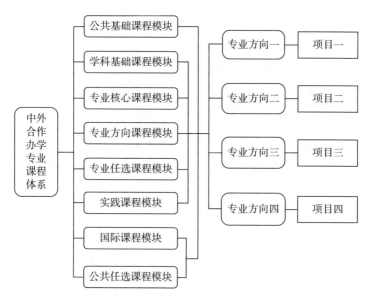

图 5 - 2　课程体系设计

表 5 - 1　目标模块与课程模块对应

课程模块 / 目标模块	公共基础课程模块	学科基础课程模块	专业核心课程模块	专业方向课程模块	专业任选课程模块	实践课程模块	国际课程模块	公共任选课程模块
家国情怀	思想政治、中国历史、专题讲座等	—	—	—	—	调研走访等活动	中外文化交流史等课程	爱国类教育课程
服务地方	专题讲座	区域行业、企业动态等	—	—	—	"三下乡"等活动	—	地方发展史等课程
国际视野	国际问题等相关的知识课程、讲座	国际行业、企业动态等专题	—	—	—	海外实践、国际特色活动课程	国际事务、问题等相关的知识课程、讲座	世界文化史等课程
跨文化交际能力	国别文化、中外文化交流等专题	语言文化类课程	—	—	—	海外实践、国际特色活动课程	国别文化、中外文化交流等专题	比较文化研究等课程
世界公民	国际组织、世界通史等课程或专题	语言文化类课程	—	—	—	海外实践、国际特色活动课程	国际组织、世界通史等课程或专题	世界公民意识等课程

155

目标模块 \ 课程模块	公共基础课程模块	学科基础课程模块	专业核心课程模块	专业方向课程模块	专业任选课程模块	实践课程模块	国际课程模块	公共任选课程模块
专业知识	通识类课程	学科基础课程	专业核心课程	专业方向课程	专业任选课程	专业实践课程	国际相关专业课程	—
专业能力	通识类课程	学科基础课程	专业核心课程	专业方向课程	专业任选课程	专业实践课程	国际相关专业课程	—
素质	计算机、高等数学、大学语文等课程	语言文化类课程	—	—	—	英语口语实践课程等	—	礼仪、演讲与口才等课程
幸福	人文社科类选修课程	—	—	—	—	选修实践课程	—	相关兴趣爱好课程

第三节　课程实施设计

知识中心课程理念指导下的课程实施将知识的传授作为课堂教学的第一要务，以关注教师"教"的行为为主，对教师的主体地位强调较多，把知识的传播理所当然地看作从教师到学生的单向流动。而人本主义课程理念指导下的课程实施则同时关注到了学生"学"的行为，认为学生也必然是课堂教学的主体之一，若忽略了学生的"学"，"教"的完成是会大打折扣的。在人本主义的观照下，知识的传播也不再是单向的，而是双向流动，即可以"教学相长"。

由本章第二节的研究得出，中外合作办学的课程体系主要是模块化的组合，而不同的组合又以项目为依托。项目化课程以工作项目为载体，通过创设类似于职业工作中特定的"情境"，在教师的引导下，学生在职业学习环境中学习。通过项目的完成，学生在实践中切实了解到具体的工作环境，体验到具体的工作过程和氛围，提高了分析、判断、解决实际问题以及与人沟通合作等多种职业能力，能够在学习的过程中实现从专业学习到职业的"无缝"对接。[①] 目前美、德、法等国在人才的培养方面尤其注重学科教育与岗位需求的相关性，切实体现"做中学"，注重学生实践能力的提高。这无疑给中外合作办学应用型专业人才的培养提供了启示和借鉴。

一　课堂教学设计

项目化课程能否取得成功，关键在于学生，学生学习方式的转变是实现这一目标的关键所在。

（一）由"他主学习"转变为"自主学习"

在项目化课程中，呈现在学生面前的是一个有职业环境特点的教学氛围，此刻，教师仅仅是一个设计者和辅助者，要完成工作任务，课程教学的整个环节以学生的亲自参与为主，目的是训练学生的动手能力。学生通过主体存在的方式将所学理论知识与实践相结合，从被动的接受者逐步转变为实践者，亲身去体验和验证所学能否所用，去感知学以致用的成就与乐趣，在学习环境中体验工作环境，在书桌前做岗位事，学习和工作得到最大限度的完美结合。在自主学习中，学生是全然的课堂主体、课程主体、学习主体，其主体性得到极大发挥。在课堂上，学生参与课堂教学规划全过程，积极主动地以知识实践者和岗位工作者的身份独立完成课程模块下设定的项目工作，体验工作情景，并根据情景模式下的项目完成进程安排并调整课程学习进度，针对学习和项目完成过程中出现的各种问题，思考和制定解决办法，逐步完成课程目标的具体环节，将课堂建设成为自我参与、自我选择和自我实现的课堂。

（二）由个体学习转变为合作学习

在一般的职业活动中，与人分工协作是一项重要的学问，而在传统的人才培养中，学生尝试与他人合作的机会少之又少，合作意识的培养基本上停留在职业技能课程苍白的说教之中。而在项目化课程中，学生的学习

[①]　曾爱民等：《采用项目教学法培养学生职业能力的研究与实践》，《职业技术》2009 年第 9 期，第 92 页。

方式则切实需要将合作能力这一重要诉求实现从理论向实践的转换，由个体学习切实转变为合作学习。为保证任务的顺利完成和切实体现"量力性原则"，行动化教学本身不是按照传统的知识逻辑来进行的，所以，首先，要求学生在教师的指导下自主确定工作任务、工作计划和工作程序；其次，要求学生根据任务的不同自动组成工作小组，明确每个人在工作小组中的角色及分工；最后，要求工作小组订立一定的工作制度，并由学生相互之间及自我对工作进行评估。

（三）由接受学习转变为探究学习

在传统的课堂教学中，接受学习是学生学习的主要方式。在接受学习的过程中，教师当之无愧是教授的主体，学生只是被动地默然，学习的进度、广度、深度都掌握在教师手中，教师对于课堂有绝对的主导权。然而，在中外合作办学中，此种教学模式却与中外合作办学的课程与教学体系格格不入。且不说外方课程，就连中方课程也不能仅停留在传统教学的模式上而不做改变。因为中外合作办学课程体系的设置是以项目化、模块化为基本单元的，传统的课程教学模式主要针对的是课程知识，尤其是书本知识的传授，而在很大程度上不能很好地实现教学的实践性，也就是模块化和项目化课程设计的初衷。知识的单纯被动授受模式无法顾及学生的个体特征和个性，是典型的"一刀切"和"切一刀"的做法。而在中外合作办学的项目化课程教学中，学生是课堂的主体，是行为的主体。项目化工作情景的预设基于学生对所学知识和技能的累积，经过对自身基础的清醒认知，在项目化课程学习过程中设定下一步行动指南和情景预判，主动根据已知去探求未知、实践未知，真正实现从提出问题、分析问题、解决问题再到提出问题的求知生态循环。

项目化课程与传统课程模式的最大不同在于其采取的是大课程观，亦即它不是根据传统所奉行的分门别类的知识逻辑而展开的，而是以具体工作内容和体系为课程核心的工作模式，具有动态性、交互性、开放性的特点，这是和传统教学最大的不同，也是对教师最大的挑战。

首先，教学过程是直接面向岗位需要的，教学的开展对应的是具体的任务而非知识点，或者说是针对知识点的运用而非知识点本身。其次，教学是直面学生的。"教"的落脚点在于"学"，教师关注的不应是如何教会学生，而是侧重于让学生如何学会。如果过于专注"教"的过程，则常常忽略学生的参与；相反，如果重心落在"学"上，则学生的积极参与当是必然的，否则谁学、如何学、学什么都将无从谈起。再次，评价方式是开放的。考试和测验是知识浅表化、量化的指标，要对考试和测验进行充分甄别，切忌"一考定终身"模式的无限扩大。真正需要关切的是如何让考核和评价给学生以充分的鞭策和鼓励，而非运用其作为判定学生优秀与否的唯一标准。这种评价模式的核心就在于注重过程性评价，关注学生的学习过程胜于对最终考核结果的在意。考核不是考试的代名词，而是多样化的考验、考察、考校等的结合。最后，在模块化、项目化的课程中，课程与课程之间、知识体系与知识体系之间已无明确界限，它是相通相融的，以一定逻辑顺序排列组合在一起，构成项目或模块系统。师生共同参与，文本与实践相互融合，形成人才培养的复合机制，如不同学科之间的复合、学科内不同知识板块的复合、理论与实践的复合等，从而使学生成长为真正的复合型人才。

二　实践教学设计

实践教学是中外合作办学课程实施的重要环节，关系到中外合作办学学生培养目标中能力素质的养成。传统意义上的实践教学是对专业课程理论教学部分的重要补充，是将所学的理论知识在实践中运用和检验的主要途径。"做中学"和"学中做"指的就是理论与实践的有机结合。课程实施的实践教学在中外合作办学中具有重要的现实意义。

（一）实践教学的必要性

1. 多维性课程目标实现的要求

能力素质是中外合作办学课程目标的基本内容。如前文所述，中外合作办学的课程目标中明显具有实践特色的子目标有服务地方、跨文化交际能力、世界公民和专业能力。其中，服务地方是课程目标对社会发展需求的关切，实践教学对服务社会、服务地方目标的实现举足轻重；跨文化交际能力是多元课程文化对中外合作办学课程目标的渗透，跨文化的实践教学是培养学生跨文化交际能力的主要途径；世界公民是中外合作办学课程国际化的重要指向，把实践教学有效地融入国际化人才培养体系中是国际化人才培养的基本理念；专业能力是学生动手能力的主要表现，而实践教学则是专业能力实现的重要方式。由此可以看出，中外合作办学课程目标中"实践"的身影无处不在，是中外合作办学实践教学设计的根本依据。

2. 实践性课程体系设计原则的体现

本章第二节的论述表明，实践性原则是中外合作办学课程体系设计的基本原则之一，可见"实践"在中外合作办学课程体系中的重要分量和价值。由表 5 - 1 可以看出，实践课程模块贯穿于中外合作办学的所有目标模块中，包含调研走访等活动，"三下乡"等活动，海外实践、国际特色活动课程，专业实践课程，英语口语实践课程等，选修实践课程，每一类实践课程模块都有具体的目标模块与之相对应。实践课程模块在中外合作办学的课程体系中占据重要地位，对人才培养目标的实现发挥着不可替代的作用，是中外合作办学课程实施的基本途径。

（二）实践教学的设计路径

中外合作办学课程的复杂性和特殊性决定了中外合作办学实践教学形式的多样化。中外合作办学的实践教学也要体现出国际化，才能与办学的特色相符合。

1. 基本方针：国内实践与海外实践并举，口语实习与专业实践复合

国内实践与海外实践并举是中外合作办学实践教学区别于传统办学实践教学的主要特点。国内实践立足中国本土本地区社会发展的需要，而海外实践是外向型人才培养的需求。参加国内实践是学生了解国内社会行业、企业发展现状和需求的主要途径，也是学生体验职业和岗位的基本方式，能够为未来服务祖国、服务地方奠定坚实的基础；参加海外实践是学生知晓国际社会行业、企业发展动态和现状，接触和了解专业国际前沿知识与理论，掌握国际社会市场需求情况，提升跨文化交际能力，体验职业和岗位的全新方式，能够为未来走向国际市场提供必要准备。

同时，将口语实习与专业实践复合起来作为中外合作办学专业教学计

划中重要的环节，对实现专业培养目标起着不可替代的作用。通过口语实习，能够提高英语运用能力和拓宽国际视野，及时掌握国际前沿发展趋势，提高实践能力，加深对所学专业的感性认识，巩固和增强跨文化交际意识，同时检验和提高学生所学英语与专业课程的综合应用能力和分析解决问题能力，为走入社会、服务社会奠定基础。

2. 海外实践设计基本方案

目的。旨在使学生具备在国外成功承担工作任务的技巧和语言能力，为其提供独特的学习和职业生涯发展技巧。

实习准备。联系海外企业、团体；开设行前课程，如专业类和跨文化交际类课程。

实习时间。3 个月或 6 个月。

工作岗位。与专业相关的基础工作岗位。

特色要求。①实现学生与国际就业无缝对接。培养学生的社会实践能力，学以致用，转换思维；获取海外工作经验，提高就业竞争力；体验海外风土人情，丰富人生阅历。利用有效时间体验海外生活、工作，培养独立生活能力；结交世界各地各类人士，接触各国不同文化，提高跨文化交际能力。②打造纯正口语。步入海外，所有的交流都用外语进行，学生的听说能力将得到飞速提升，语音、语调、语速等方面都会趋近于纯正口语；所有实习岗位均为专业的基础性工作岗位，有利于学生深层次地认识海外、了解海外文化。

项目实施步骤。第一步，进行广泛宣传发动；第二步，对学生的在校表现及学习成绩进行评估（包含综合评估、语言测试等）；第三步，根据评估结果，推荐品学兼优、英语沟通能力强、具有较强独立生活能力的学生参加项目；第四步，对学生进行语言培训，确保申请人的语言能力基本可以达到在国外实习工作和生活的要求；第五步，海外企业对申请学生进行语言能力测试；第六步，派出学生；第七步，实时跟踪调查学生在海外实习期间的工作与生活情况；第八步，督促学生实习后按期返校，收集学生的实习材料，撰写实习总结，组织实习学分认定工作。实践流程见图 5 - 3。

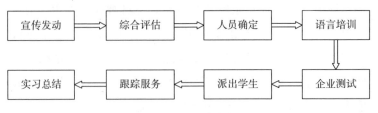

图 5 – 3 实践流程

第六章

中外合作办学大学本科课程实施策略

在党的十八届五中全会上，党中央提出了贯彻落实"五大发展理念"，分别是创新、协调、绿色、开放、共享，同时指出了"四大创新"的基本内涵，即理论创新、制度创新、科技创新、文化创新，还有"三大战略"，即创新驱动战略、科教兴国战略、人才强国战略，目的是实现"两个中高"，即发展中高速、产业中高端。党的十八届五中全会后，2015年12月9日召开的中央深改组第十九次会议通过了《关于做好新时期教育对外开放工作的若干意见》，指出"教育对外开放是我国改革开放事业的重要组成部分，要服务党和国家工作大局，统筹国内国外两个大局，提升教育对外开放质量和水平。要增强服务中心工作能力，自觉服务'一带一路'建设，推动实施创新驱动发展战略、科教兴国战略、人才强国战略"。① 由此可以看出，国家层面对于创新的重视是史无前例的。

第一节　理念创新策略

就中外合作办学的课程实施而言，理念是灵魂，是一切活动开展的内生动力。创新中外合作办学课程实施的理念，是中外合作办学课程建设的首要环节；理念先行，是中外合作办学课程实施的根本保障。

---

① 《关于做好新时期教育对外开放工作的若干意见》，2015年12月9日。

一　创新理念

中外合作办学在近 30 年的发展中，其规模已经发展到堪与除公办大学之外的其他办学形式比肩的地步，成为中国高等教育的一支新兴力量。随着中外合作办学规模的不断扩大，办学的规范化和特色化逐渐被提上日程，重视质量建设成为达到一定规模后中外合作办学发展的主旋律。中外合作办学的教育教学质量是其实现可持续发展的基本保障，而课程则是影响教育教学质量的核心因素。中外合作办学的教育教学理念和行为都是通过课程这一载体，在师生这两个主体的紧密互动和共同作用下不断朝前发展的，最终朝着实现质量办学、特色办学的道路前进。由此可见，课程在中外合作办学的质量建设中具有无可比拟的地位和作用。

在中外合作办学中，多元文化的碰撞与冲突、理解与融合不曾停歇，中外教师的交流互动在办学过程中得以充分开展，各种理念的相互缠绕和摩擦也在持续进行，但是这一切都由一个主场域和平台担负、承载，而这个主场域和平台就是中外合作办学的课程。中外合作办学的课程是在两种理念的交织下组成的，中方试图通过学习外方先进的教育理念和利用外方的教育资源来促进本国教育的发展，而在优质的教育资源中，理念便是其中被中方看重的资源之一。课程理念是课程的基本，在引入课程时，理念是不容回避的，否则引进的课程便是"死的"，不利于对引入课程的深度理解和消化吸收。于是，重视课程理念、引入课程理念是课程引入的必然选择。但是引入不等于照搬和全盘接受，引入的目的是创新和创生，即通过对引入理念的深入研究，在引入与本土之间权衡利弊、分析优劣，最终取其精华、去其糟粕，与本土传统的优秀理念相结合和融合，进而生成新的既能适应本土社会又具有国际特色的中外合作办学课程理念。

因为没有合宜的先进的理念做支撑，优质课程引进后所发挥的功用必然令人担忧。课程理念是课程设置、课程目标、课程内容、课程实施等一系列具体环节的根本。在中外合作办学中，只注重课程的引进而忽视理念的认知与融合，本身就是本末倒置的做法。课程是一个庞大而复杂的体系，是环环紧扣的，是牵一发而动全身的。引进了课程，却无相应的理念指导课程的实践，那么课程是很难落地并进入课堂教学的。没有理念，引入课程在中外合作办学课程体系中就显得无所适从，教师的课堂教学就显得无从着手。因此，中外合作办学的课程理念也应该是"混血"的、创新的，是选择双方的精华、去除双方的糟粕，进而相互磨合、融合，确定理念后，再建设课程。"中体西用"的做法显然是对教育规律的悖逆，是妄图采取"走捷径"的方式或用最"容易"的办法达到最佳的效果，这无异于痴人说梦。课程引进再多、再热闹，都如同"买进了新时代的家具而安置在古老的庭院中"，难免会显得格格不入。

中外合作办学课程实施的创新理念可以从以下三个方面来理解：一是保留中外双方优秀的课程实施理念，相互叠加，进行优优组合，生成复合型的中外合作办学课程实施理念，这是创新理念的初级形式；二是对双方优秀课程理念进行整合，去繁复、留精练，去重复、留特色，从整体和系统的角度对课程理念进行整合，在原有课程理念的基础上，形成较新形式的课程理念，这是创新理念的中级形式；三是融合双方优秀的课程实施理念，以其为基础和原料，经过融合，使其发生化学变化，生成适合中外合作办学这一特殊办学形式的课程实施理念，这是创新理念的最高形式。

二　开放理念

中外合作办学既然是引进外方的先进之处，就应该谦虚而开放，敞开怀抱，引入外方先进的课程理念来指引中外合作办学的课程建设，并将中外双方课程理念贯穿于中外合作办学的课程实施中。中外合作办学课程理念应该是开放的，是兼容并蓄的。兼容并蓄是指，办学者或决策者已经意识到中方的课程理念与外方的课程理念存在较大差距，且相应的课程理念必有与之相适应的课程体系，既然引进了课程，势必也要引入其理念，两种理念、两类课程互相包容，你中有我、我中有你。中方的课程理念与外方的课程理念以整合形式呈现在中外合作办学中。二者是互补的，呈"珠联璧合"之势。中外合作办学的决策者和执行者本着引进优质课程资源为我所用的初衷，将外方的课程理念引入，糅进中外合作办学课程体系中，为广大师生呈现一幅开放的中外合作办学课程图。理念指引着课程建设和课程实施。理念是形而上的，是课程的指导思想。中外合作办学课程理念只有在开放的环境中，才能既有国际范，又有本土风，成为中西合璧之"典范"、国际与本土结合之"楷模"，而且这种结合不应只流于形式，而要真正融合、水乳交融。唯有如此，中外合作办学课程理念指导下的课程才能以一种完美的组合呈现在师生面前。专业与人本、素质与通识"纷至沓来"，在不同课程中"崭露头角"。

树立开放的课程实施理念，首先要求中外双方互相开放。在合作的权限范围内，坦诚交流，真诚合作，互相开放，共享资源。只有双方互相开放，才能紧密合作、长久合作，合作办学才能办出实效，实现互利共赢。其次要求中外合作办学对世界开放。中外合作办学本身是一种开放办学形式，对世界开放是其存在与发展的基本要求和必然选择。只有站在国际和全球的高度，实现中外合作办学与世界的互动，中外合作办学的优势和特色才能充分得以体现，从而实现办学的价值和意义。最后要求中外合作办学对地方开放。对地方开放是指，中外合作办学要有立足地方的清晰定位，不能"双眼只长在头顶"，失去了本土的支持和底蕴，就失去了根基，"高不成低不就"。因此，对地方开放也是中外合作办学课程实施开放理念的重要内容。

三 人本理念

人本理念主张关注人的"自我意识和自我实现"，兼顾发展学术能力和非学术能力。[①] "这种新的教育理念更加强调人的潜能的发展；强调理解自己与他人，并与他人和睦相处；强调满足人的基本需要；强调实现自我发展。这种教育将帮助人尽其所能成为最优秀的人。"[②] 理解、尊重、关心学生，和睦的师生关系，以及和谐的课堂氛围是人本理念的价值追求。基于此，美国曾制定著名的提高高等学校本科教学质量的"七条对策"，其

---

① 钟启泉编著《现代课程论》，上海教育出版社，1989，第 145 页。

② 李云梅：《中美大学工商管理本科课程比较研究》，华中科技大学博士学位论文，2010，第 101 页。

中有"师生相互尊重、师生互动、合作学习、主动学习、尊重差异"等关键词。人本主义是对华生的行为主义和弗洛伊德的精神分析学说的超越，批判只注重智力而忽视情意的教育观点。其代表人物马斯洛就曾明确将课程与学生自我实现直接联系起来，学生通过课程的学习来发现自我、追求自我、实现自我。人本主义课程应该重视既能促进认知发展又能促进审美和道德培养等方面发展的个人成长的经验。① 无论从国际还是国内来看，人本理念已成为业界的共识。只有在人本理念的直接作用下，中外合作办学的课程才能从设置上、内容上、目标上，以及课程实施过程中更加重视心智的训练和自我的实现，从"要我学"变成"我要学"。在人本理念的指导下，中外合作办学课程的目的论、知识论等找到了合理的存在依据。正如叶澜教授所言："有关教育目的、意义、功能，一直是不同时代、不同教育家讨论教育问题时必须做出的第一判断。当某种判断已为众人所接受或无重大分歧时，它往往被作为无须论证的前提存在；而当时代和人们对需要的认识有重大变化或重大分歧时，它就会成为第一问题域关注的热点问题。古希腊哲人的探讨使我们看到了教育研究在这一问题上的历史与逻辑的统一。"②

中外合作办学课程实施的人本理念主要包括以下内容。一是指课程实施以学生为本，一切为了学生，为了学生的一切，把学生的成长成才视作中外合作办学课程实施的首要关切。二是在中外合作办学的课程实施中，以师生为本进行课程建设。所谓以师生为本，就是把教师和学生都视作中外合作办学课程实施中的主体和中心，即"双主体"和"双中心"。如果在师生中分出孰重孰轻、谁中心谁边缘、谁主体谁客体，那么结果可以预知，课堂将是残破的，课程实施将是跛脚的。

四 整合理念

整合体现的是统一、共生与双赢，是使不同事物、事物的不同方面

---

① 钟启泉编著《现代课程论》，上海教育出版社，1989，第170页。
② 叶澜：《教育研究方法论初探》，上海教育出版社，1999，第32页。

都能得到发展，实现和谐统一，共生共长。世界是一个具有内在联系的有机整体，处于一种你中有我、我中有你的"合"的关系之中。中外合作办学中的中外课程也应该是共生共长的。根本没有绝对脱离外方课程理念的中外合作办学课程，亦无纯粹的在引进课程理念主导下的中外合作办学课程。中外合作办学课程理念的整合，绝非流于形式，而是从形式到内容上的完全整合。要充分认识中外双方的课程理念，"择其善者"而合之，才能使中外双方的课程从理念到实施都能融为一体。只有将双方课程在整合的理念下切实地合二为一，才能实现彼此融合，促进学生多元感知。

在整合的课程理念的观照下，中外合作办学的课程体系才能呈现高度整合的特征。首先是人文与自然科学学科课程的整合，这是学科综合化的发展趋势，旨在培养"通才"。这种整合通过以下几种形式来实现：将几门学科的知识精华围绕同一个目标加以提炼并呈并列形式供学生修读；将几门学科以完整知识体系形式呈现给学生，以求达到一个或多个具体目标；将几门学科共通的概念、原理等抽样出来组成一个全新的复合型学科体系。在学科整合过程中，训练了学生的逻辑思辨和抽象思维能力，学科交叉成为普遍现象，专业分类越发弱化，课程模块组合成为复合型人才培养的主要路径，项目化课程建设成为职业能力发展的主要趋势。通过整合，学科知识体系与社会经济发展紧密协调起来，同学生的职业能力发展紧密联系起来，学生的个人素养与情怀以及职业素质与能力均得到发展。其次是人文与技能的整合。在课程理念上要进行充分的反思和构建，摒弃传统的二元对立思维。中外合作办学的学生要具备扎实的专业技能，同时还必须有"文化"有"思想"。在制订培养方案和进行课程设置时，不能在技能课程与人文课程之间进行非此即彼或顾此失彼的选择，这本身是理念的错误。我们需要思考的是，在课程设置上可以实现以专业必修课程带动其他课程的发展，以跨文化课程建设带动专业主干课程的发展，使专业技能和相关历史文化背景知识在中外合作办学专业的框架内和谐共生，培养知识面广、能力突出、素养高的专业复合型和应用型人才。

第二节 文化创生策略

中外合作办学是中国高等教育国际化的重要形式，在中国高等教育国际化进程中具有举足轻重的地位和作用。中外合作办学实质上与跨国高等教育是一脉相承的，跨国高等教育主要研究的是西方发达国家在教育国际化进程中的办学理论与实践，而中外合作办学则是中国在跨国高等教育理论与实践发展路途上的全新尝试。无论是跨国高等教育还是中外合作办学，从"跨国"与"中外合作"字样上可以看出二者在本质上的共同点，那就是办学的主体是多元的，且多元主体之间的基本关系是合作的，而非对抗的。多元主体肩负的是多元理念，心怀的是多元思维，来自多元环境，携带的是多元课程。因此，人，作为主体，是多元存在的根本，所有的多元都因主体的多元而起。而中外合作办学的课程实施皆有赖于主体的行为，多元的主体必然导致多元的课程实施文化，多元的课程实施文化是中外合作办学人才培养目标多维性的保障，也是中外合作办学国际化人才培养的主要措施。简言之，即课程实施主体的多元产生着课程实施的多元，课程实施的多元承载着课程实施文化的多元，课程实施文化的多元对于中外合作办学国际化人才的培养至关重要。在中外合作办学过程中，中方以引进、吸收、消化、利用为主要目的，对外方的优质教育资源视若珍宝，但是优质的资源进入中国以后，所面临的又是截然不同的国情、社情及校情，因此，对优质教育资源的最终利用主要在于课程实施这一环节，通过适当的、正确的课程实施，才能避免"南橘北枳"的尴尬。

中外合作办学课程实施的文化多元性意味着在课程实施过程中，既不能对外方文化充耳不闻，坚持以我为主，又不能照单全收，"乐不思蜀"。必须正视中外合作办学课程实施的多元文化生态，避免非此即彼或顾此失彼，要兼容并蓄地吸收中外文化的精髓，去除双方文化中的糟粕，使中外文化在交互中共生共长、相互融合，进而生成中外合作办学课程实施的特殊文化体。

一 各美其美

第一，从古至今，中国教育尤为关注对受教育者品行的培养，主张"德才兼备、以德为先"，而西方则是理性主义教育的发源地，主张理性至上。因此，在中外合作办学课程实施中，要将学生的人格教育与理性教育有机统一起来，从德行、理性两个层面关注学生的成长，二者不可偏废。德行教育与理性教育本不是对立之物，无论中外双方谁更侧重其一，只要是精华的、优秀的，都应予以保留和发扬。在中外合作办学中，为更好地体现"中外合作"之属性，要对中外教育的优秀文化传统加以完整的保留，并且要将二者兼容并蓄起来，统一于中外合作办学的课程实施文化中，为培养德才兼备的国际化人才打下坚实基础。

第二，中国将人与自然的关系定位为："人法地，地法天，天法道，道法自然。"因此，"人""地""天""道""自然"组成了一个有机联系的系统，最后呈现"天人合一"的状态。中方的传统课程实施文化把天地大道视为不二准则，无论是课程实施的主体还是办学的主体都不得有丝毫违背。在天人合一思想的影响下，自然不再是人类试图征服和改造的客体，而是与人类平等和谐相处的主体，人与自然的关系实质上是两个主体之间平等对话、和谐共生的关系。而外方文化在工业革命的背景下，逐渐走上了科学至上、人定胜天的发展道路。在此背景下，外方的课程实施文化专注于对科学和自然规律的探索，目标是征服自然、改造自然，为人类的发展服务，自然是人类主体的行为客体，是人的作用对象。在这种课程实施文化的影响下，西方的科技走向昌明，生产力得到前所未有的发展，但是也逐渐引起部分人文学者的反思，即科学技术条件下对科学技术的人文反思浪潮。

第三，在西方的传统文化中，个体意识是"我之为我"区别于"他"的主要特征。"我"是"我的世界"中的唯一存在，"我"是"我的世界"的绝对主导。这就是西方个体意识的核心。在这种个体意识的影响下，个体看重的是自我利益，崇尚的是竞争文化，主张"物竞天择，适者生存"。因此，外方的课程实施文化对于学生个体意识、竞争意识的培养尤为看重，认为这是事关学生未来生存和发展的根本。而中国文化中却将"修身、齐家"的个体意识和行为作为起点，目的是过渡到"治国、平天下"的大道与理想，认为"修齐"是"治平"的条件和基础。这也就意味着，个体的意识和行为主要是为国家和天下的兴盛服务的。这就是中国传统文化中的集体意识和社会担当。因此，在中国的课程实施文化中，把"为天地立心，为生民立命，为往圣继绝学，为万世开太平"作为课程实施的终极关怀。这些都主要强调国家意识、集体意识和社会担当，而很少专注个体的意识。

以上是中西文化的简要对比，可以说各有所长。而中外合作办学能够顺利进行并持续发展的重要前提，就是了解中西文化的差别，尊重中西文化的差别，理解中西文化的差别，欣赏中西文化的差别，从而在实际办学过程中，能够选择其优势所在，为我所用，并有效体现在办学的方方面面和各个环节，做到真正的"各美其美"。

二　美美与共

由上述的分析可以看出，在中外合作办学中，中外双方文化的差异是明显的，中外双方都有其优秀的传统文化，这些传统文化是深入双方原有课程体系中的。当中外合作办学引入外方课程时，中外双方多元文化之间的碰撞与冲突在所难免。面对双方的差异、冲突，中外合作办学主体所秉持的态度，是其课程文化发展基本脉络和走向的主观决定性因素，而这种主观意识将在课程实施文化中得以体现，并通过课程实施贯彻落实到中外合作办学人才培养目标中去。前文已述，中外双方都有其优秀的传统文化，这是文化的各美其美。而面对各美其美，办学主体的态度则应该由正确认识转向欣赏，再转向包容理解与美美与共。中外合作办学中课程实施文化的"美美与共"主要体现在以下几个层面。

（一）建构共美的课程目标

课程目标是课程实施的行动指南。在中外合作办学的课程实施文化建构中，对于课程目标的设定理所当然地成为首要环节。如前文所述，中外文化的侧重点各有不同，而怎样对这些差异通盘考虑，去粗存精，使之兼容并蓄于中外合作办学的课程目标中，实现不同的优秀文化在课程目标中美美与共，是设定中外合作办学课程目标必须关注的核心问题。因为只有有了共美的课程目标，课程的其他环节，如教学方式、教学内容等才有了主心骨。同时，还要注意的是，教育的政治属性决定了课程目标的价值选择性，课程目标是带有一定国家意识的，它为国家政治经济社会发展服务，是经过文化的过滤和筛选的。在中外合作办学中，中外双方原有的课程目标都是在自身特定文化的影响下生成的，如外方强调的个人意识和科学精神、中方重视的德行教育和社会担当等。中外双方的课程目标都有其价值和优势，其课程目标的精华都能美美与共地体现在中外合作办学的课程目标中，对于中外合作办学的人才培养而言，这确是一件美事。

（二）选择共美的课程内容

在中外合作办学中，中方不遗余力地引进外方先进的课程，与中方的原有课程结合生成中外合作办学的课程体系。无疑，外方的课程在一定程度上是国际先进理论和技术的代表，这是其先进性的主要表征。但是，在看到外方课程的先进性的同时，还需注意外方课程与外方社会市场的本土适切性，否则再先进的理论与技术，都无用武之地。外方课程与其本土市场的适切性是否就意味着外方课程引入中国后与中国的本土市场具有同样的适切性？这是值得办学者慎思和深思的问题。无论哪一门课程，也无论哪一方的课程，其是否先进，不仅要看其客观内容，还要看其能否适应和服务并引领社会经济的发展。因此，在中外合作办学中，要将外方课程的客观先进性与中方本土市场的需求结合起来，才能发挥其优势。也就是说，在中外合作办学中，要保留外方课程内容的先进性，同时，不要简单粗暴地否认中方原有课程，要认识到中方课程与中国本土市场较高的适切性。综上所述，就是要把外方课程的客观先进性之美与中方课程同本土市场的适切性之美统一起来，美美与共，才能生成中外合作办学的大美课程。

（三）开展共美的课程实施

在课程实施中，中外双方各有其传统。从中国传统教学思想的精华——"传道、授业、解惑"中的三个动词"传""授""解"可以看出教师在教学中的绝对主导地位。这是传统教学思想赋予教师的重大历史责任，是对教师的绝对信赖和期许。实践证明，在这种教学思想的影响下，知识的传递在中国无比顺畅，五千年悠悠文明史的繁衍不息就是明证，也实现着学子们"为往圣继绝学"的宏图大愿。外方的教学则在"吾爱吾师，但吾更爱真理"的思想影响下，更加重视课堂教学的怀疑与思辨，更加倡导教学过程中的平等与对话，更加注重教学氛围的民主与自由。也正因为此，工业革命、信息革命等都率先在西方资本主义国家爆发，证明了其课堂教学中怀疑、探究科学理性教育的成功。因此，在课程实施中，中国学生要充分认知外方教师的课程与教学理念，努力适应，外方教师也要充分了解中国的国情、校情、学情，双方都不要上无准备的课。在课程实施中完整保留双方的"美"，达到"共美"。

三 多元融合

文化的基质是价值观和思维方式。中外文化的巨大差异实质上也是中外双方所持的价值观和思维方式的差异。当这种差异经由中外合作办学的课程遇到一起时，对于中外合作办学而言，既是一个巨大的挑战，也是一个很好的契机。挑战在于，如果不能很好地调和这种深层次文化的对立和碰撞，中外合作办学难免走向流于形式的末路；机遇在于，一旦使双方的文化精髓得以深度融合，进而创生出中西合璧的中外合作办学课程文化，不仅对于中外合作办学，而且对于整个中国的高等教育系统都将是具有积极意义的事。因此，在中外合作办学中，认识到了文化的各美其美，包容了文化的美美与共，关键一环就在于多元融合了。在论及"各美其美"时，我们提出了中外文化差异主要反映在以下几对范畴中：德行与理性、人与自然、个体意识与社会担当。

（一）怀柔自然，敬畏生命

"天人合一"是中国哲学的核心思想之一。在其影响下，千百年来，人们都本着尊重自然、敬畏自然的思想来看待人与自然的关系。"天人合一"即人与自然都是相互的主体，而非互为客体，把对方当作征服和改造的对象。因此，中国的课程与教学思想以此为基础，以怀柔自然为基本指导思想。而在科学主义和功利主义的影响下，西方把征服自然和改造自然作为教育的基本目的，从而更好地为人类的"美好"生活服务。中外合作办学中，两种思想和文化的融合意味着在课程与教学中本着对自然的敬畏心理，利用当代发达的科学与技术，实现人与自然的和谐发展，而不是索取式的掠夺发展。科学是人类文明的结晶，是人类文化中的精华部分。科学本身是客观的，它是一把双刃剑，科学之用关键要看使用科学的主体。因此，在中外合作办学的课程中，不仅要重视科学知识的掌握和运用以及发明和创造，更要重视如何正确地运用科学和为什么要运用科学。只有这样，才能打破科学至上的人与自然的二元对立思维，从人与自然的亲近和整体性角度来思考科学、人、自然的关系。

（二）尊重个性，勇于担当

在人本主义思潮的影响下，西方教育将人的个体意识推崇到了极致，而中华文化则将"家国天下"视作读书人的基本情怀，"家"是小集体，"国"和"天下"则是大社会，因此中国教育很少直接观照个体的意识和生活。在中外合作办学中，必须将个体、家、国、天下看作一个整体，以"尊重个性，勇于担当"为课程的基本出发点。个体是"家国天下"的基本单元，个体的发展与"大社会"的发展本不是对立的，而是方向一致的。因此，在中外合作办学的课程中，要将个体的健康成长与发展视作人才培养的基本目标，同时要极力倡导受教育者的良心和公心，对社会和国家要有赤子之心。不能以牺牲社会和国家的利益来满足个体的欲望；当然，也不提倡一味地大公无私，这本身是违反人之本性的。

（三）重视德行，发扬理性

中国的德行教育关注的是人的内心的成长，是"教人做人"的教育；西方的理性教育则强调知识能力的重要性，是"教人做事"的教育。其实，做人与做事是人之为人的基本两翼，二者缺一不可，应该是完美统一起来的。因此，在中外合作办学的课程中，要将"人与事"作为教育教学的基本内容，同时关注。在"为人"的教育中贯穿"做事"原则，在"做事"的教育中不忘"成人"。在中外合作办学课程中，正确认识和理解中国的德行教育与外方理性智慧的价值和作用，经由二者之间的冲突与碰撞走向双方文化的对话、理解和融合，是中外合作办学课程文化再生和创造的必然经历，是文化创生的生命过程。不能将中外合作的方式简单定位为叠加或删减，要在整体、系统、生态的原则下，建构中外合作办学的课程文化。

第三节　途径拓宽策略

课堂教学是为了育人，而不是造物。陶行知说："先生不应该专教书，他的责任是教人做人；学生不应该专读书，他的责任是学习人生之道。"①

一　课堂教学策略建构

（一）建构学生的课堂

1. 自我选择的课堂

自我选择是自我参与过程中面临的选择。生活充满了各种各样的可能性，参与生活就是自由自主地选择自己的生活道路。学生在自我参与的课堂中，自我选择是非常重要的。学生能够自由选择的课堂，才能使其在课堂中真切地感知到自己的存在。"存在"的拉丁文是 ek-sistere，意思是站到……之外。"之外"就是指有待实现的各种各样的可能。学生存在于课堂，自然就是要在课堂中选择并实现其内心所期望的可能。存在为我们在有限的生活中实现无限的可能创造了条件。自我选择让课堂充满了无尽的可能和潜能，这样的课堂怎能没有生机，怎能不充满活力？"按照无个性的理性规则和公认的准则行事不一定是自我选择。自我选择一定是自由地进行选择。"② 自由和责任相连。人可以自由选择任何事情，但同时也要为其选择承担全部责任。自我选择的课堂中没有遵从、驯顺，也没有僵化。自由使人敢于涉猎未知的、不确定的领域。自我选择强调的正是学生自身的兴趣。学生在自由宽松的环境中"无拘无束"，可以根据自己的知觉发现所学知识对自身的意义，相信自己的感受。学生在学习活动中自由选择

---

① 陶行知：《陶行知教育名言》（教书育人篇），人民教育出版社，1984，第32页。
② 肖爱芝：《对人本主义心理学思想的诠释》，《教育研究与实验》2009年第2期，第71～73页。

方向，探索未知，对学习的全过程负责，因为此时此刻的学习活动是由学生发自内心的学习兴趣所激发的。学生自由地选择自己想学的、需学的、愿学的，学生自己对选择负责，这样的课堂我们还有什么可以担忧的呢？

2. 自我实现的课堂

自我实现即实现自我，实现自我的价值。海德格尔说，"敏锐，开拓，充分相信自己有能力建立与环境的新关系，能产生创造性的成果。他不是被动地适应文化，也不是一个遵从者，但他能随时随地与文化环境保持和谐。在某些文化情景中，他可能是不幸福的，但仍能保持自我，并可以最大可能地实现自己最深层的需要"。① 自我实现的课堂能让学生从中体会到最大的满足感，学生能清楚地认识到自己的内心需要，从而在课堂上自我参与、自我选择，最后实现自我。学生在学习过程中不断发现着、追求着自身的最大价值，以丰富其"人"的内涵。自我实现的课堂是帮助并全面实践学生的学习需求、激发学生的天性和潜能的课堂。自我实现是学生生命的需要，也是生命的旨归。只有在这样的课堂中，学生的学习活动与生命才不会被剥离开来。有了自我实现的需要，有机体的潜能才能得以实现、保持和增强。一个追求自我实现的人才是一个完整的人。"在追求自我实现的过程中，课堂中的学生是躯体、心智、情感、精神、心灵融会一体的人，也就是知情合一的人，他们有强烈的成长需要，并能不断获取新经验和探求新事物，这样的人才是有创造性的人，并且始终处于创造过程中。"② 自我实现的课堂，关注的是学生的整体发展，尤其是学生的内心生活。

（二）建构活力的课堂

1. 创设"四自"课堂氛围

"四自"是指自在、自由、自为、自主。自在是什么？用萨特的话说："自在是自身，自在是自所其是。"③ 自所其是地存在于课堂就是自在，是

---

① 〔德〕海德格尔：《存在与时间》，陈嘉映等译，生活·读书·新知三联书店，1986，第22页。
② 刘永东等：《由教学主宰者向学习促进者的转变——有感于罗杰斯的〈自由学习〉》，《中国现代教育装备》2011年第9期，第130～132页。
③ 〔法〕萨特：《存在与虚无》，陈宣良等译，生活·读书·新知三联书店，1987，第16页。

一种心无旁骛的存在。自在是"四自"课堂氛围中的第一步，学生的存在不必受他人的压制与羁绊，课堂是学生可以放心和宽心的地方。自由的课堂中的学生不是被教、被管。被教与被管是指学生在课堂中是教师要求做什么、怎么做的对象，是处于客体存在的状态的，学生对于在课堂中要做什么、怎么做好全无意识和想法。而我们想要达到的目的是使学生走向自由，自由地呼吸，自由地释放，自由地讨论，自由地做课堂中想做和该做的事。没有教师的强行规定，教师要做的就是积极引导、辅导。有了自由和自在，自为方有实现的可能。"自为是指被意识活动所意向的存在，它们是按意识所规定的目的的倾向而如此这般地存在着。"[①] 对于课堂中自为的学生，学习复归学生本身，他们不再单向地被教、被管。他们是被自己的学习意识支配着的学生，是根据自我意识随心而动的学习者、快乐的学习者、自由的学习者。当自由、自在、自为三者达致完美统一时，自主定是自然而然的了。

（1）教学目标锁定在学习动机的培养上

罗杰斯认为每个人都蕴藏着丰富的潜能，可以用于进行自我了解，改变自我观念、态度和行为——而这些潜能是可以被挖掘出来的，只要提供了"合适的环境"。所以，课堂教学就是要激发学生的潜能，让他们自己愿意学习、学会学习。教学目标是创造有利于促进学生学习动机形成、维持和内化的课堂。具体来说，就是要鼓励自发探索，培养基于兴趣的学习动机，利用直接发生途径和间接转化途径培养学习需要，维护内在需要，促进外部动机内化。

（2）过程中给学生充分的自主权

只有对自己的生活拥有支配权，才能对自己的行为负责。课堂中所要做的是为学生提供一个能够支持自我决定和自我需要的环境，学生才会更感兴趣、更有好奇心、更有胜任感、更有创造性、更愿意尝试。因为这是他们自己选择的，即便枯燥，他们也会坚持下去。这样的环境离不开教师的兴趣激发、选择提供、价值说明和情绪表达。

----

① 郭思乐：《教育走向生本》，人民教育出版社，2001，第89页。

2. 树立"三生"课堂理念

"三生"分别指代生存、生活、生长。

（1）技能关乎生存

课堂需要贴近现实，不能总是凌空蹈虚，不着边际。无论是人文、社科还是自然、哲学、理工等，都与现实世界存在必然联系，怎样让课堂中的学生既可以仰望星空，又能脚踏实地？这就需要树立"生存"的课堂理念。唯有如此，学生才有学以致用之感。

（2）情意方显生活

情感是把握世界的一种方式。生活中，我们除了可以认识事物以外，还能爱它、怕它、恨它。知识学习产生了整齐划一、同质化和僵化的生命，限制了学生的创造性、个性和特长，使他们成为一个个悲催的"老态龙钟的博士"。学习活动不仅是认知过程，而且是情意过程。"请不要站在我的面前，我不会跟随您；也不要站在我的后面，我不愿领导您；请站在我旁边，让我们做朋友。"存在主义大师卡缪如是说。教师与学生之间是平等的朋友式的关系。每个人的心灵都有他自己的形式，必须通过他这种形式而不是通过其他形式去教育，才能使你花费的苦心取得成效。要真诚地理解学生，真实地关爱学生，真心地对待学生，真挚地移情于学生。教学就是一种情意活动，课堂是一种真实生活。

（3）发展才是生长

马斯洛认为，"人对于自我发挥和完成的欲望，也就是一种使它的潜力得以实现的倾向，一个人能够成为什么，他就必须成为什么，他必须忠于自己的本性"。这就是完全的人，课堂具备如此理念，才是发展的课堂。朱熹说："圣贤千言，无非教人做人。"（《朱子语类》）全面发展的人是在认知心理方面，自我、个性等非认知方面和生理机能方面都同时尽可能发展的人，而尽可能发展，不一定是充分发展。充分发展只是理想的状态，是一种期待。人的发展潜能是无限的，课堂中我们所能做的就是创造条件让学生的这些方面都尽可能得到充分发展，使这个发展过程持续下去。"人的成长源于个体自我实现的需要，自我实现的需要是人格形成发展、扩充成熟的驱动力。"①

3. 运用"二体"施教方式

"二体"是指体验和体悟。

（1）体验的课堂刻骨铭心

传统教学是以教师为中心的。如此教学，学生自然处于边缘位置，一切都围绕教师转，学生是被动的，永远在教师的指导下学习。所以，要让学生从边缘地带走向中心，参与学习的全过程，体验学习的全过程。学习的决策是师生共同参与完成的，学生单独或协同制订学习方案，并对其后果分担责任。应鼓励学生把个人的知识和经验纳入课程与教学资源中，并渗透于其广泛的生活和行为中去，这就是体验的课堂。这种课堂与学生本身丝丝入扣，在学生脑海中必然印象深刻，有什么比自己的亲身体验更让人挂怀、寻味和思考的呢？课堂教学活动是一个完整的传播过程。从师生作为生命主体的存在形式及其发展需求来看，课堂传播有赖于师生以生命主体的精神互动为基础进行体验性教学。

（2）体悟的课堂潜能无尽

经过自身体验的悟，是超越预期的。传统课堂尽在教师掌握之中，有流程，有预案，有教条，有标准答案。体悟的课堂给学生以时间和空间，去明悟，去感知。这种悟和感，可以突破书本和权威的羁绊，可以超越师长的期盼，可以令人耳目一新，可以发人深省，可以创生创造。课堂的体悟正切合了知识的生成。学生之悟可以给予教师启发，此正是教学相长也。

4. 贯穿"一对"课堂机制

"一对"就是坚持对话机制。对话是一种平等交流，对话是一种民主协商，对话的课堂中的师生是平等的双主体，教与学是共同决策的过程。好课凝"魂"，在大学里，好课在于师生之间灵魂之交往、思想之激荡、情感之互契。② 对话的课堂，"弟子不必不如师，师不必贤于弟子"（韩愈《师说》）。课堂中没有"仰视"，更无须"俯视"。使对话成为一以贯之的

① 邵瑞珍：《学与教的心理学》，华东师范大学出版社，1990，第 77 页。
② 罗兰：《大学里好课之魂、体、气、力》，《当代教育论坛》2014 年第 2 期，第 55～61 页。

机制，课堂中有真性情，有真生活，有真人，有真理。教师开启对话，学生继以对话。对话中有坚持，有激辩，有诗情，有浪漫。吾爱吾师，但吾更爱真理，这就是对话，这就是鲜活的课堂。

（三）建构双语的课堂

1. 中外合作办学中双语的内涵和意义

英语在中外合作办学中的地位是举足轻重的。"四个三分之一"的硬性要求更是在明面上决定了中外合作办学课程与课堂的英语地位。从中外合作办学的本质和初衷来看，英语在中外合作办学中的作用已经远远超出工具范畴而成为中外合作办学本身不可分割的一部分，是中外合作办学专业教育目标顺利实现的保障，可以说是专业中的专业。外方课程引入后的顺利实施需要英语，借由英语实现国际化人才培养目标的基本途径之一就是双语课程的建设与实施。只有通过真正意义上的双语课程的实施，学生才能沐浴在国际化氛围中，深刻洞悉中外合作办学的课程目标，理解和掌握课程内容，与教师紧密合作，形成良性互动，完成课程实施，从而完整地理解课程，融入课堂。

建构真正意义上的双语课堂的第一步是要准确理解和正确把握到底什么样的课堂才是双语课堂。因此，有必要分析以下几组概念。

双语课堂，顾名思义，是在课堂中用两种语言上课。这两种语言一种是学生的本族语/母语，另一种是学生所在地区的通用语言（第二语言）或学生所学习的目的语（外语）。双语教育是通过双语教学来实施的。同样，根据双语的定义，可以依此逻辑推断，双语课堂应该从以下几个方面加以理解。

第一，课堂中可能使用一种语言来读和写，而使用另一种语言来听和说。

第二，根据课堂的需要，在课堂的不同环节有选择地使用不同的语言，如在讲解中使用一种语言，在练习中使用另一种语言。

第三，在不同的课堂教学情境中使用不同的语言，如在进行理论教学或概念界定时使用一种语言，而在实践教学或进行案例深入剖析时使用另一种语言。

了解了双语课堂后，要想建构真正意义上的双语课堂，还有一个概念是不得不提的，那就是双语教学。如果说双语课堂是静态的结果，那么双语教学就是动态的过程。换言之，如果说双语课堂是果，那么双语教学就是因，有因才有果。

通常情况下，中外合作办学中的双语分别是汉语和英语。因此，中外合作办学的双语教学是指在课堂中用英语进行的教学。根据上述双语教学的概念可以推断出，中外合作办学的双语教学至少应该包含以下几层意思。

第一，学生的母语是汉语，课堂教学用语是英语。而且在中外合作办学中，是部分还是全部使用英语进行教学，则要视情况而定。

第二，使用英语教学的主要目的在于全面理解和深刻把握外方课程，消化引进的优质教育资源。

第三，中外合作办学中使用双语教学可以培养学生的跨文化交际能力，体现中外合作办学的多元文化共融性。

第四，中外合作办学的双语教学模式不能简单地理解为沉浸式、保持型或过渡式。

2. 中外合作办学的双语课堂建构策略

（1）准确把握学生英语水平，动态调整双语教学策略

中外合作办学的双语教学能否顺利推进，并取得实质效果，前提是学生的英语水平足够。因此，在实施双语教学之前，必须准确把握学生的英语水平，同时在双语教学实施过程中，必须根据学生英语水平动态调整双语教学模式。中外合作办学是一种全新的办学形式，前文也有交代，由于各种原因，入学前本该作为最重要的招生准入条件的学生英语水平，往往与预期存在差距，这也是中外合作办学在办学初期常常面临的尴尬和无奈。面对此种情形，既然短期内无法改变，也唯有适应。因此，在实施双语教学时，准确把握学生英语水平是非常重要的，也是非常必要的，关系到双语教学的实施成效。

一般情况下，建议在开展双语教学之前，对学生的英语水平进行再测试，主要测试学生的听说能力和阅读能力。测试方式可以采取全真模拟双语课堂进行，邀请中外教师参与并进行综合评分。将测试结果综合分析后，与中外教师联合制定双语教学实施的阶段性策略，使英语水平的测试

形成常态化机制，动态调整双语教学策略。双语教学策略可以分为三个阶段。

第一阶段，即初级阶段，双语教学的课堂讲义和 PPT 及其他教学参考资料以中英文结合的形式出现，讲解以中文为主，辅以必要的英语穿插，教师用英语进行课堂提问，要求学生全英文回答，对问题回答的评析和讲解可以用中文进行。初级阶段旨在营造英语氛围，让学生熟悉英语环境，锻炼专业英语运用能力，逐步适应双语教学状态。

第二阶段，即中级阶段，双语教学的课堂讲义和 PPT 及其他教学参考资料以全英文的形式出现，教师课堂教学用语尽量对半平均分配。教师和学生的课堂提问必须完全用英语进行。此阶段为过渡阶段，旨在培养学生的英语思维习惯和用英语思考问题和解决问题的能力。

第三阶段，即高级阶段，双语教学的课堂讲义和 PPT 及其他教学参考资料以全英文的形式出现，教师课堂教学用语也以英语为主，相关重点和难点可穿插中文进行详细和深入的讲解分析。教师和学生的课堂提问必须完全用英语进行。此阶段可理解为沉浸式双语教学的初级阶段，也是最适宜中外合作办学的双语教学形式。

以上三个阶段并非绝对的，教师需要随时根据课堂反馈和学生英语水平动态测试结果进行适时调整。

（2）全方位覆盖，分层次推进

因中外合作办学自身的特殊性，国际化既是中外合作办学本身的应有属性，也是中外合作办学与其他办学形式相区别的独有特性，国际化人才培养也是中外合作办学人才培养的应然要求。为使国际化人才培养目标顺利实现，将国际化一以贯之地深入中外合作办学的"骨髓"中，成为中外合作办学的循环"血液"，双语教学必不可少。

双语教学既是国际化的基本途径，也是国际化的必然要求。在中外合作办学中，只有使双语教学实现全方位覆盖，才能使国际化不至于流于形式。同时，在进行双语教学时，需要统筹规划，分层次推进，才能保证国际化目标取得实效。所谓全方位覆盖，是指将双语教学在中外合作办学的课程与教学体系中全面铺开。具体来讲，如前文所述，可以将中外合作办学的课程进行以下分类：中方课程（包含公共选修课、公共必修课、部分专业基础课、部分专业核心课）、外方引入课程（部分专业基础课、部分专业核心课）、双方共同开发课程。全方位覆盖的中外合作办学双语教学是指除了中国政治制度和国情所要求的公共必修课以外的所有课程都可以尝试进行双语教学。

分层次推进则是指，在中外合作办学课程与教学体系中实施双语教学时，各类各门课程无须同时推进，也无须在进行双语教学时倾注同等精力和热情，更无须以同样的标准和要求进行双语教学。具体而言，就是在实施双语教学时，要视课程的性质和种类进行分层次的双语教学。如可以将专业基础课和专业核心课视作双语教学的重点和难点，其中尤为重要的是引入课程和与外方直接对接课程的双语教学。而在此类课程的双语教学中也可分章节有所侧重。公共选修课也可尝试开展双语教学，旨在扩大学生的知识面，进行中外文化对比教学。双方共同开发课程也最宜开展双语教学，此类课程对于培养学生的跨文化交际能力尤为重要。同时，以上课程的双语教学可以分学期在不同时段开展，对于培养学生专业技能和跨文化交际能力方面的课程，双语教学要高标准、严要求，务求达到不出国门就能享受优质教育资源的目的。对于其他课程，则可以根据教师能力和学生水平以及课程教学需要等多方面因素综合考虑，对双语教学的标准和要求不一而足，重点是营造国际化氛围，培养和拓展学生的国际化视野，让学生开阔胸襟。

（3）尊重文化差异，嵌入文化元素

双语教学中，同时出现的是两种语言，两种语言则是两种文化的载体。双语教学过程中，文化的差异、冲突与碰撞是不可避免的，这在第三章已有详细论述。双语教学时中外合作办学课程实施的具体环节，也是文化的差异、冲突与碰撞在中外合作办学中最为直接的表现形式，更是一线教职人员和课堂中的学生所必须直面的矛盾。只有处理好双语教学过程中所遭遇的文化的差异、冲突与碰撞，才能为实现中外合作办学中的文化融合奠定基础。那么，在中外合作办学中，应当如何处理不同文化之间的差异、冲突与碰撞呢？

首先，要敢于直面文化的差异。既然是中外合作办学，那么文化差异的存在就是理所当然的，也是必然的。只有有了文化的差异，国际化才成其必然。若在中外合作办学中无视文化的多元与差异，眼中只有一元论，那么国际化必然是虚无缥缈的口号而已。所以，在中外合作办学中，要正视文化的多元与差异，更要尊重文化的多元与差异。正视文化的多元与差异，是指在进行双语教学时，要将文化的多元与差异毫无遮掩地暴露在学生面前，无须隐藏，更无须模糊和晦涩，将文化的差异在课堂中以清晰明了的形式呈现给学生。

其次，要尊重文化的差异。尊重文化的差异，是指要持之以恒地向学生灌输文化平等论。文化本身并无优劣之分，都是不同时代不同种族的人类祖先留下的遗产，关键在于人们对不同文化的主观意识。在历史长河中，总有文化歧视导致的文化惨剧和人类悲剧发生。因此，对于文化的差异，主观态度是异常重要的，也是值得深思和重视的。"尊重"二字，看似简单，但真正要在中外合作办学的双语教学中落实下来，绝非易事。对于尊重，应有以下几种理解：一是平等，即天下文化生而平等，只有有了平等意识，尊重才有其可能；二是理解，只有在平等的基础上，正视文化的差异，多元的文化才能达致相互的理解；三是对话，站在平等的高度，实现了相互的理解，在中外合作办学的双语教学中才能实现两种文化的坦诚交流与对话。

最后，要在教学中嵌入文化元素。嵌入文化元素，是实现真正意义上的双语教学的必由之路，嵌入文化元素也是尊重文化差异的必然结果。尊重文化差异是在双语教学中嵌入文化元素的基本前提。如第三章所论述的，国外优质教育资源多以课程形式被引入中外合作办学中，而课程则是先进的理论和技术的载体。然而世上绝无"纯粹"的理论，也无"干净"的技术，无论是技术还是理论，其背后附着的都是文化。因此，在进行双语教学时，嵌入文化元素也是理所当然的，更是必需的。只有这样，才能更好地理解先进的理论与技术，更加深刻地知其然，更知其所以然。具体来讲，就是在进行双语教学时，勿忘介绍先进理论和技术产生的背景与文化，同时要与本土文化进行适当的对比，分析先进之所以先进、后进之所以后进的根本缘由，以便实现文化之间的优势互补，在国际化中实现本土化，助推本土的国际化。

（4）中外教师紧密配合，建立"相互助教"模式

在中外合作办学中实施双语教学有着其他任何办学形式无可比拟的天然优势，这一与生俱来的天然优势既在"中外"二字上，更在"合作"二字上。"中外"二字代表的正是两种语言和两种文化，因此，在中外合作办学中实施双语教学是中外合作办学本身属性的要求，同时中外合作办学也为双语教学的实现提供了基础条件和保障。中和外都有了，双语自然不成问题。中国的教师、中方的课程，外国的教师、外方的课程，面对相同的学生，语言是他们沟通、交流的载体和工具，双语是他们沟通有效性的保障。

在中外合作办学中，如果充分利用"合作"二字，双语教学势必事半功倍。此处的合作主要是指中外教师的紧密配合，从而建立起"相互助教"模式。所谓"相互助教"，是指为实现双语教学的充分和高效，在双语教学课堂上，外文教师在中文教师的课堂上担任中文教师的助教，中文教师也在外文教师的课堂上担任外文教师的助教。此种模式的一个大前提是中外教师之间的紧密配合和密切联动。试想，如果中外教师缺乏配合，则难以形成默契，那么助教模式就很难取得实效，而只是流于形式。在双语课堂中，最令人担忧之处莫过于学生无法跟上双语的节奏，因为这毕竟是在用一门外语面对本土学生诠释一门要求颇高的专业课程，其难度可想而知。

在中外教师进行双语教学时，可以将备课内容与合作教师，即助教进行充分研讨，使授课内容更加专业和便于学生理解。中方教师授课时，外方教师随堂辅助，从英语母语者的角度对所授课程进行必要的增益补漏和释疑答问，可以帮助学生更好地理解和消化课程内容。同时，中外教师还可以在共同教学中碰撞出火花，形成争鸣与共鸣，促进教学的有效性，达到教学的生成性。同样，在外方教师课堂中，由于教材是原版外方教材，课程是引进的外方课程，授课教师也是外方教师，这对于中国学生而言，课堂的难度是非同一般的。学生不仅要面对晦涩难懂的全英文教材，而且要设法跟进全英文的课堂教学用语，常有力不从心、疲惫不堪之感。如果有较为精通外语的中方教师做外方教师的助教，就可以使上述问题迎刃而

解。在课堂教学进行前，中方助教对课程内容已了然于胸，在课程实施过程中，用中文对外教的课程进行必要的解释说明和查漏补缺是不无裨益的，这实质上也达到了双语教学的效果。

二　课程实施多样化策略建构

中外合作办学是中外双方集各自优势联合举办的，中外双方从课程理念到课程实施上都存在较大差别，因此，中外合作办学本身也应该是一个海纳百川般具有极强包容性的主体，是一个吸纳了中外双方优势的开放式办学形式，其课堂也应该是开放的课堂，这是中外合作办学的本源性特质。开放的课堂注定是不拘一格的形式多样的课堂。

（一）　充分利用中外双方优质网络教育资源

当今社会，网络已经无处不在，网络上的资源与信息是有史以来最为丰富的。"教育要面向现代化"之音犹然在耳，网络与教育的结合是教育发展的必然趋势。例如，在国外一些大学中，依托高新技术的教育教学已经被看作一种质量提升和创收的基本手段，高新技术与高效课堂变得密不可分。网络远程教育的开发与运用使学习变得更为灵活、开放和简易。近年来，网络技术与教育融合的链接点则是如何更加创新、敏锐地通过灵活使用这些新技术来解决一些教育实践中存在的问题，其影响已经辐射到了教育教学领域的方方面面，其关切点也从应用层面转移到了满足教育过程中利益攸关者的诉求及其进一步的潜能激发方面。

然而，在日常教育教学中，以高新技术为载体来复制传统的教育教学方法屡见不鲜。因此，庞大的教育投资，以及先进的设备技术成为现代教育的点缀或"花架子"，所谓的现代教育依旧是打着新媒体的幌子而行传统之教学。技术之用关键在人。然而，在知识高频换代、技术日新月异的今天，教与学的主体当何以应对，才能激发出应有的潜能，使教与学都高效而又从容？中外合作办学集中的是双方的优质教育资源，这其中不乏优质的网络教育资源。将双方优质的网络教育资源向学生充分开放，并有针对性地指导学生去学习和运用，对于中外合作办学目标的实现是有积极作用的。传统课程的知识容量毕竟是有限的，通过网络，才能突破课程知识的国界，让学生在真正的知识海洋中徜徉、选择。网络教育资源是中外合作办学优质课程知识的最佳获取途径之一。

（二）传统教学模式与现代教学模式相结合

在传统的教学实践中，多年来学生已经非常习惯学与教的一致性模式。然而学习过程绝非一成不变可以精确预设的，它受到诸多因素的影响。

表6-1展示了传统教学的特征。课程内容往往是固定的，并按一定逻辑顺序呈现出来。教师在引导学生进入下一单元前要确保他们已经掌握了现有的知识和概念。在教学活动设计方面，教师考虑的更多的是他们自己在学校的学习经历。学习活动也因课堂任务的不同而被人为地分散与切割，目的是便于学生更好地理解和掌握。然而这些活动往往缺乏真正的生活工作情境，且是以抽象的形式进行的，活动本身的设置与课外生活联系过于微弱。

表6-1 传统教学的特征

课程内容	教学活动	教学过程
固定	分散	教师＝专家
线性	情境缺乏	单独学习
结构严谨	抽象	不关联的任务

如此教学情境下，教师扮演着专家的角色，并试图凭借自己主观的意志与手段高效地给学生传授知识。学生则被动地完成单元学习任务。对学习效果的评价则主要通过客观的针对课程内容的考试来衡量。不可否认，以上描述故意凸显了传统教学的薄弱环节，实则在教学实践中，各种努力正在付诸实施，希望通过不同要素的有效组合来获得更佳的教与学的效果，但是无论怎样加以掩饰与修改，其固有之缺陷与束缚终是难以抹掉的。

针对以上教学方式，批评之声不绝于耳。尤其是近年来，教育教学研究工作者一直试图探求能更有效地传授知识且能最大限度地扩大学习成果的教学策略。批评者普遍认为经由传统教学所获得的学习成果往往是低效的且不能持久的。研究发现，通过传统教学在学习上有所建树的所谓成功的学生通常在表面上看是善于运用学习策略的，然而问题的关键是这类学生往往不能学以致用，其学习效果呈现短暂性和不连续性。

在中外合作办学中，教师和课程设计者都致力于探究提高教学的有效性，特别是改进课堂教学方法。在中外合作办学中，最需要的是学生在学习过程中更多、更积极地参与。学习理论是在阐释学习方法的过程中发展而来的，而在这些方法中，学习效果的获得是通过知识的建构来完成的。学生之间通过相互的沟通、合作和知识共建来达成学习的最终效果。与此同时，课程的发展已经从对所学内容的简单描述切换转移和分散到学习的真实环境模拟。尤其是适时提出了以学生为中心的学习环境，如真实学习环境的设置、问题式学习任务的创立等。同样，评估的作用也得到了广泛认同，并在学习过程中被赋予了一个更为重要的地位。所有的这些进展都表明教育风向正在逐步改变。表6-2是中外合作办学教学的特征。

表6-2　中外合作办学教学的特征

课程内容	教学活动	教学过程
灵活	全球化和固定化	教师作为指导者
关注结果	基于文本	合作学习
非结构化	基于真实环境模拟	综合评估

（三）产学结合，海外实践与国内实习并举

绝大多数中外合作办学偏重培养应用型人才，但是中外合作办学应用型人才的培养又与传统办学模式存在一定差异，而这种差异主要体现在国际化上。国际化不是仅从书本上可以得来的。古语说，"读万卷书不如行万里路"。如果说"万卷书"的作用在于对国际化的了解，那么"万里路"的作用就在于对国际化的体验和理解。通过"万卷书"，我们看到了文化的差异，了解了多元文化是世界的自然状态，书中有包罗万象的多元文化生态系统，这也是世界的本来面目。而从"万里路"中，我们可以真切感知多元、体会多元，从而理解多元。因此，海外实习实践对于中外合作办学学生来说是极其必要的。中外合作办学引进了优质教育资源，而优质教育资源自有其产生的独特背景和场域。只有身临其境地去感知优质教育资源产生的背景和文化，才能有助于掌握优质教育资源的核心理论和技术，这是中外合作办学海外实习的深层次原因。通过海外实习，还能拓展

学生的国际视野，开阔学生的眼界，让学生不仅能够"睁眼看世界"，而且能够去真切地感受多元世界，使国际化成为学生的一种经历，融入学生的生活，成为其人生成长成才的一个不可割裂的部分，深入其骨髓和血液，最终成为中外合作办学学生的一种特有气质。学生通过国内外的实习经历，可以全方位地了解产业、行业在国内外的差异，直观地感受国际先进的理论和技术带给生产力的巨大变化，从而清楚地为国内及国际民族的碰撞进行定位，为未来谋划，所谓"知己知彼"方能"百战不殆"。海外实习也是产学结合的全新形式。课堂是重要的，产学结合也是重要的课堂。带着国际化的思维和眼界，拥有先进教育资源所带来的理论和技术优势，进入企业、产业、行业一线，将产和学紧密结合起来，将国际趋势和国内碰撞无缝对接起来，中外合作办学的课堂才是真实的、接地气的、国际化的丰满课堂。

第四节　师资优化策略

一　中外合作办学师资队伍的基本要求

作为中国高等教育国际化重要产物的中外合作办学已经发展成为中国高等教育的一种全新形式，是继公办高校、民办高校以后的第三种办学形式。《中华人民共和国中外合作办学条例》（以下简称《条例》）将中外合作办学定义为"外国教育机构同中国教育机构在中国境内合作举办以中国公民为主要招生对象的教育机构的活动"。同时《条例》也指出："中外合作办学属于公益性事业，是中国教育事业的组成部分。"[①]

中外合作办学人才培养目标的基本定位是国际化人才。而国际化人才的培养不是单凭国际化的课程就能实现的。目标能否实现，课程是否有实效，关键还要依靠教师对课程的贯彻落实。因此，在中外合作办学中，教师的基本素质和要求是教学正常开展的前提和保证，教师的课堂教学模式和方法决定了教学的成效。因此，对于中外合作办学的师资队伍建设，除

---

① 国务院：《中华人民共和国中外合作办学条例》，2003 年。

了具备一般高校教师的基本素质外，还应特别关注以下标准。

（一）道德素质

中外合作办学的教师是国际化人才培养的引路人。中外合作办学本身的多元性和复杂性对中外合作办学师资队伍的道德品行提出了更高的要求。

1. 对多元文化的包容之心

具备国际视野和开阔胸襟是国际化人才培养的基本要求。中外合作办学的教师是国际化人才培养的基本保障之一，教师对国际化和多元化的态度和取向对学生的影响是举足轻重的。国际化的办学思路对于中外合作办学的师资队伍提出了基本要求，即能够正视多元，包容差异，尊重异域文化。多元是中外合作办学的基本属性。中外合作办学的教师首先要对多元有充分的认识，对文化差异既要有敏感性，又要有包容心，能够容纳差异、接受差异。还要尊重异域文化，平等看待异域文化，不存文化的偏见和歧视。教师对国际化和多元化的态度对于学生必然有潜移默化的影响。

2. 对家国民族的赤子之心

"家国情怀"是中外合作办学人才培养目标的基本规格之一。无论如何国际化，也无论怎样多元化，本根本土的情结才是中外合作办学人才培养的立身之本。中外合作办学的教师虽然是国际化的主要一线推手，但是同时也是学生"家国情怀"素养养成的直接导引。因此，对于学生爱国爱家的赤子之心的养成，教师具有不可推卸的"行为世范"责任。这也是中外合作办学在选拔师资的过程中必须看重的。

（二）业务素质

中外合作办学的教师身兼学生国际视野拓展和专业能力培养之重任，因此对于教师个体的业务素质要求甚高。

1. 双语素质

双语是对中外合作办学教师的基本要求。从中外合作办学中的"中外合作"四字上即可看出双语在这种办学模式中的重要性和意义。在中外合作办学中，中外双方合作的基本途径之一是中方引入外方的优质教育资源，包括外方课程、外方教材、外方师资等可见资源。而在引进之后，如何运用、能否运用，则是中外合作办学目标实现的基本保障。而其中，作为中外合作办学课程与教学基本主体之一的教师，便是引进资源的关键环节。因此，作为中外合作办学的教师，只有具备相当的双语能力，才能消化外方课程、运用外方教材、沟通外方教师，保证中外合作办学的正常运转。

2. 能力素质

由于中外合作办学的特殊性要求，中外合作办学的教师具备的能力也应该是多元的。首先是跨文化交际能力。如前文所述，掌握双语能力是中外合作办学对教师的基本素质要求之一，体现了教师的语言沟通能力。但是除了语言沟通能力外，更高的要求是跨文化交际能力。双语能力更多的是强调工具意义，而跨文化交际能力则更多地偏向于人文意义。具备了跨文化交际能力，才更有助于中外优质教育资源的强强联合、取长补短。跨文化交际能力是中外"合作"的根本保障，是将合作贯穿到办学各个方面、各个环节、各个层面的基本条件。其次是"高精尖"的专业能力。中外合作办学培养的人才要能够满足国际国内市场的需求，因此紧跟国际国内产业、行业的前沿动态和发展趋势，是对中外合作办学教师业务素质的基本要求之一。最后是合作能力。这是针对中外合作办学整个教师队伍而言的。中外教师只有紧密配合、通力合作，才能形成中外合作办学课程与教学的最佳合力。

二　中外合作办学师资队伍建设策略

（一）加大优秀海归的"外引"和中方师资的"内培"力度

中外合作办学作为全新的办学形式，其师资建设不应停留在传统办学形式的框架内，而应该站在更高的角度，高标准、严要求地进行中外合作办学师资队伍建设。总体而言，中外合作办学的硬件建设已经被中外合作办学的主体广泛重视，因为这是最为显而易见的。但是师资是最容易被忽略的，又是异常重要的，关系到人才培养的根本。应该将中外合作办学的师资队伍建设纳入中外合作办学主要战略发展规划中，从长计议，加大投入。

1. 加大外引力度

中外合作办学与其他办学形式的竞争最终是人才的竞争。加大外引力度，尤其是加大对优秀海归人才的引进力度，是实现中外合作办学可持续发展的必要举措。其一，优秀海归本身具有的较强双语能力和跨文化交际能力是强于一般人才的；其二，优秀海归亲身经历并体验了国外的课程与教学体系，比较了解外方的办学思想和课程理念，能很好地理解引入课程，更好地与外方教师沟通交流。因此，引进优秀海归，是"短平快"地进行中外合作办学师资建设的重要举措。

2. 加大内培力度

中外合作办学师资队伍的主体还是中方原有教师队伍，这是不容忽视的事实。面对新型的办学形式和办学要求，中方教师有诸多不适应之处也是可以理解的，不能因此就将其全盘否定。因此，一方面要信任教师；另一方面要加大投入力度，对其进行常态化的师资培训。

具体来说，可以用"三个结合"来对中方教师进行培训，即长短期培训相结合、语言与专业培训相结合、国内外培训相结合。所谓长短期培训相结合，是指充分利用高校教师的假期和课余时间，设法对其授课以相对集中安排的形式，腾出时间为其创造培训条件，可以以周为单位，也可以以学期为单位，将教师的培训全覆盖。语言与专业培训相结合，是指不仅要培训教师的专业能力，助其及时了解和掌握专业的国内外前沿动态和发展趋势，提高其专业素养，而且要重视其外语能力，力争满足双语授课的要求。国内外培训相结合，是指培训形式多样化，国内培训方便易操作，但是对于中外合作办学而言，未必能满足师资的要求；国外培训可以作为重要补充，尤其是到合作学校培训。如此，可以让教师拥有海外学习经历，无论对其语言，还是跨文化感受和交际能力，抑或是专业前沿，应该都会有所触动，同时还能亲身体验和感受国外的课程与教学体系，为回国后的授课做好准备。

（二）加强外籍教师的教学管理，重视教学质量建设

外籍教师队伍是中外合作办学师资队伍的重要组成部分。外籍教师队伍可以分为两部分，一部分是外方合作学校直接派出的授课教师，另一部分是中外合作办学自聘的外籍教师。本书涉及的主要是自聘的外籍教师。

第一，要从源头上把好外籍教师的"进口关"。严格建立外籍教师准入制度，对外籍教师的品行、学历学位、职称资历以及教学经历和经验都

要有系统的最低标准和要求。《条例》明确规定，外籍教师和外籍管理人员应当具备学士以上学位，拥有相应的职业证书，并具有 2 年以上教育教学经验。

第二，建立面试和试用制度。对于外籍教师的聘用，不能只看简历而不重实用，最好能够建立面试制度，如果面对面面试有困难，可以充分利用网络和现代技术手段，如 QQ、微信、Skype 等，以便对外籍教师各方面的素质有一个直观评判，以免日后工作被动。另外，最好对外籍教师有诸如 1 个月左右的试用期，试用期满，根据各方反馈和评估，再确定是否长期聘用。

第三，加强外籍教师的日常教学管理，监管教学质量。外籍教师与中国的课堂确有诸多不适应和文化方面的差异。因此，在教学管理中，对其教学过程与教学效果不能放任不管、不闻不问。但是在对外籍教师的教学管理中，要本着尊重外籍教师本人、尊重其课堂与教学、尊重其文化的态度，以规则和制度的形式对其教学提出具体要求和评价标准，而不是粗暴地去干涉其具体课程与教学过程和环节。

第四，要建立人性化的留人制度。所谓人性化的留人制度，是指在办学过程中，对于优秀的外籍教师，要想方设法留住其人其心，建立稳定的优秀外籍教师的师资结构。具体怎么留，可以从两方面来考虑：一是制度留人，即对优秀外籍教师的待遇和发展建立适当的制度，为其提供发展空间和平台；二是感情留人，即加大对优秀外籍教师个人生活的关心、关爱力度，让其在异国他乡有"宾至如归"的感觉，使其心甘情愿地为学校服务。

第五节　健全机制策略

一　完善垂直管理机制，明确导向和服务职能

（一）教育主管部门的垂直管理

所谓垂直管理机制，是指中外合作办学中中外双方国家和地方教育及其他相关行政主管部门对中外合作办学的引导、服务和管理机制。具体来

说，中外合作办学是两个主权国家的高等学校进行的联合办学，因此其联合办学事务关涉两个国家相关行政部门的权责。

联合办学是教育事业，因此两个国家的教育行政主管部门必然牵涉其中，并发挥巨大的作用。其中，除了相关具体教育行政事务外，还涉及两个国家的教育主权问题，因此，两个国家的教育行政主管部门的积极沟通和紧密配合尤为重要。首先，两个国家的教育行政主管部门要对中外合作办学事业持鼓励和支持的态度，支持双方学校开展联合办学，实现优势互补、合作共赢。其次，双方教育行政主管部门对中外合作办学要充分放权，但是对事关双方教育主权事宜又要严谨务实。也就是说，对于中外合作办学，双方教育行政主管部门要尽量避免插手和干涉办学的具体管理工作，为联合办学营造良好的政治氛围。但是，对于事关教育主权的事宜要慎重，加强沟通协调，秉持平等互利的原则，不触碰对方底线。再次，双方教育主管部门对于中外合作办学事业，要重导向和服务而轻管理。重导向就是对办学的大政方向，从国家和国际合作的层面给予导向性意见和建议，但不干涉具体管理事务。在联合办学过程中，要强化服务功能而弱化管理职能。最后，双方教育行政主管部门可考虑为联合办学事业设立专门的沟通协调小组，专司联合办学的相关行政管理事务，进行定期沟通协调、紧急危机处理等。

（二）外交主管部门的垂直管理

垂直行政管理机制中，双方国家的外事部门也在其中发挥了积极作用。尽管是教育事业，但是关涉两个主权国家的高校的合作，因此合作办学事业必然是在两个国家的外交大方向下进行的。外交部门对合作办学的管理主要限于以下几个层面：一是"外交搭台，教育唱戏"，即外交部门从国家层面将联合办学纳入外交合作的大框架，积极搭桥，促成两国教育部门、高校之间的合作；二是在事关两国外交、主权等大问题上为联合办学指明方向，明确底线，进行危机处理；三是在外事权限范围内，为合作办学提供尽可能多的支持和帮扶。

二 强化日常运行管理机制，细化并落实联合管理委员会职能

经过调研，中外合作办学几乎都成立了由中外双方成员组成的管理

委员会。但是，长久以来，由于各种原因，管理委员会的职能很少落到实处，或者完全发挥出来，这就为中外合作办学的课程管理机制埋下了一定的隐患。因此，有必要进一步明确中外双方的权责关系，落实联合管理委员会的沟通协调职能。具体来说，中外双方应明确以下责任。

（一）中方学校责任

中外合作办学的办学主场在中国，因此，中方学校有责任和义务做好招生和学生学籍管理工作并负责提供办学所需的所有设施。另外，中外合作办学的课程体系是由中外双方共同组建的，因此，原属于中方教学计划部分的工作任务由中方负责，如课程大纲、授课计划、教材建设、教师聘任、教学、考务等工作。为有效监管中外合作办学的正常运转，中方对于办学的日常管理和教学管理负主体责任。中方指派教师，联合外方工作人员对项目质量进行监督；在实习期间，协助落实学生的实习培训单位；协助外方来华人员办理入境签证；对于符合毕业条件的学生，为其发放本科毕业证书；对于符合学位授予条件的，授予其经济学学士学位。

（二）外方学校责任

在中外合作办学中，外方主要将其先进的教育资源作为投入而与中方联合办学。因此，外方有义务在协议范围内向中外合作办学开放其现代化的教学理念和教学管理方法，并参与项目的管理。同时，外方负责对其输出课程的授课计划、教材样本、教案、考试样卷等教学资源的管理与更新工作。为了保证双方合作的紧密度，外方还应指导和参与监督教学和教学管理，负责派遣合格的教师，完成教学计划中外方负责课程的教学、考核工作，确保教学质量，并为中方提供课程的教学大纲与教材样本，在实施课程教学的规定时间前提供给中外合作办学教学管理机构。在双方合作期间，外方学校有义务应中方学校要求对中方的教师进行培训等。

（三）联合管理委员会责任

为保证中外合作办学的各项工作圆满落实，及时沟通协调解决双方在合作过程中遇到的各种问题和困难，合作双方有必要派员成立联合管理委员会，负责合作事宜，专司中外合作办学日常沟通协调和重大问题的及时上报，为决策的做出给出正确的评估和分析及建议。联合管理委员会组成人数一般是单数，其中中方占主导，在联合管理委员会中占据多数。通常情况下，由中方代表担任组长，外方代表担任副组长。该管理委员会主要负责项目的管理，具体职责包括但不限于制定和修改项目管理章程及规章制度、制定发展规划、审批工作计划、审核预算与决算、决定项目的终止等办学重大事宜。联合管理委员会负责沟通协调的主要事项有：外方教师的评聘及签证相关资料的提供；双方校领导及相关管理人员、课程教师、学生的互访与交流等；双方学生的学分互认事宜以及双学位颁发的具体条件；等等。

三 建立课程实施的师生共建机制

（一）确立中外教师课程与教学的研讨例会制度

尽管中外合作办学中，中外双方在主要责任上对己方课程各司其职，但是，必须从整体和系统的角度看待中外合作办学的双方课程。因为只有双方课程紧密衔接才能形成合力，构成科学和完备的中外合作办学课程体系。因此，中外双方的各司其职并非各行其是、自说自话，责任的明确划分并不妨碍双方的紧密合作。无论课程是中方的原有课程，还是引入的外方课程，都是共生在中外合作办学课程体系中的，课程之间必然存在天然的学科逻辑联系，因此在中外教师之间建立常态性的课程与教学的机制是极其必要的。中外教师常态化研讨的主要内容有以下几个方面。

一是针对一门或数门分别来自中外双方的相同或相似的课程进行共同研讨，对课程的诸多问题，如课程目标、课程内容、课程实施、课程评价等进行比较分析，并根据中外合作办学的实际需要，如学生水平、市场需求等调整或重新厘定上述课程的目标、内容、实施及评价。

二是研讨不同课程之间的衔接、过渡问题。双方的课程虽然来自同一专业或方向，但由于是不同教育体制和办学环境下针对不同学生的课程，差异是肯定存在的，且是不容忽视的。不同课程之间如果没很好地衔接和过渡，就会导致课程不成体系，轻则导致课程的计划安排混乱不堪、缺乏逻辑，不利于教师的教和学生的学；重则使课程体系分崩离析，人才培养目标散乱零碎，使正常的教学秩序难以为继。

三是对中方执教的外方引入课程进行常态化的研讨。这种研讨行为的根本目的是对引入课程进行消化和创生。通过常态化的研讨，中方教师才能更加深刻地理解和把握该课程的基本理念、主要目标、核心内容以及惯用的课堂教学模式等。在双方的研讨中，各自对课程都会有独到的见解，难免会碰撞出火花，从而发展成为课程的创生过程，这就是课程生成性。

四是通过常态化的研讨，进行联合开发课程的创建。联合开发课程是中外合作办学合作成果的直接体现，是对双方优质教育资源的有效整合和融合，符合中外合作办学"强强联合"的指导方针，是双方合作深度的明证。联合开发课程是典型的创新和创造，是知识和技术无国界的典型示范。联合开发课程的过程在以中外合作办学以学生为本的办学理念指导下，有效融入了跨文化的对话与融合，整合了中外双方不同的知识价值观，选取了中外双方对课程知识的共同价值判断，对丰富中外合作办学课程理论具有积极意义。

（二）建立师生共研制度

人本是时代潮流和历史必然。在人本主义课程理论的观照下，以学生为本是中外合作办学课程研究的不二选择。学生不仅是中外合作办学课程的服务对象，而且是中外合作办学课程的主体之一，在课程的建设过程中，只有充分发挥学生的主体作用，才能使课程真正成为学生的课程。学生只有全程参与课程制定的全过程，其利益才能在中外合作办学中得到最大化的体现。如果没有学生的参与，无论多么冠冕堂皇的理由，都不能达到课程建设的最佳效果，因为没有任何个体或群体是与学生的思想和行为完全一致的。所谓设身处地地为学生着想，或想学生之所想，其初衷本是无可厚非的，其动机也是令人欣慰的，但从实质结果和效果上来看，是理想化的和不切实际的。因为学生之所以为学生，其与其他个体和群体的差异是不容抹杀的，正如在这个世界上，每一个个体都是独一无二的存在。因此，学生的亲身参与，是中外合作办学课程为学生服务的唯一最佳路径。

同样，教师在中外合作办学课程建设中的作用也是唯一的。教师的主体作用和学生的主体作用是并行不悖和互不妨碍的，二者之间不存在非此即彼或顾此失彼的关系。相反，只有二者的主体作用都得到充分发挥，课程才最有可能成为最鲜活的课程。教师和学生都是课程的主体，课程才是他们的共同客体。课程的双主体之间通过充分配合，共同开展对课程的建设，才能形成最佳合力，朝着同一个方向前进。教师和学生要全程共同参与目标的制定、内容的选择、课程实施方式的选取、评价的落实等，对目标了然于胸，清楚前进的方向；对所选内容的知识性和趣味性达成共识，教学相长；对课程实施方式完全认同，生成"活力课堂"；对课程评价的实效性见解一致，共同见证教与学的丰硕成果。

四　积极推行第三方评估机制

所谓第三方评估机制，是指邀请办学主体之外的第三方联合组成评估委员会，对中外合作办学的教学质量和办学效益进行独立评估。办学主体之外的第三方主要由社会参与，相关行业、企业、学生家长等都可以作为评估委员会的成员。行业、企业的发展需要，是中外合作办学人才培养目标制定和课程建设的主要依据之一。由其对中外合作办学进行独立评估，重点评估中外合作办学的人才培养是否符合社会、行业、企业的要求，人才培养水平如何，课程建设是否务实、落地，等等。学生家长参与，彰显的是学生家长对学生成长成才的满意度，也是社会对中外合作办学人才培养的期许。

首先，第三方评估机制应常态化，定期与不定期相结合。常态化就是要将第三方评估机制纳入中外合作办学课程实施的总机制下，成为其不可或缺的一部分，对中外合作办学的人才培养质量和教学质量进行常态性的监测和评价。定期与不定期相结合，侧重的是将第三方评估机制纳入中外合作办学课程实施的日常运行中，避免"为评而评"。

其次，建立和动态调整第三方评估机制中的"评估委员会专家库"。如同中外合作办学的人才培养和课程建设要根据市场需求、学生需要以及知识文化的更新而进行动态调整一样，中外合作办学第三方评估机制中的"专家库"也要紧跟市场前沿，进行动态调整。因为社会经济在不断向前发展，生产力水平在不断提高，中外合作办学的第三方评估"专家库"不能长期不变。专家库由相关行业、企业的专家组成，而这些专家必须站在行业、企业的最前沿，才能对中外合作办学的课程与人才培养做出中肯评价。

再次，将评估与整改联动，紧密结合行业、企业的前沿动态。评估人员是独立的第三方，是行业、企业的一线专家，因此，评估后的整改可以与行业、企业紧密联动，实现评估是为了进一步提高课程与教学质量，整改是为了更好地与行业、企业的需求相契合，真正做到产、学、研相结合；中外合作办学与企业合作，将中外合作办学与行业、企业绑在一条战船上。中外合作办学是行业、企业的人才培养基地，行业、企业是中外合作办学的实习锻炼基地，二者紧密配合，互利共赢。

最后，关于评估过程和细节。课程评价是对课程学习效果的检测和分析，是制订下一阶段学习目标和计划的依据。中外合作办学的课程评价依然要在项目化和模块化课程系统内进行，不仅要针对单门课程进行评价，而且要综合评价项目化课程系统和模块化课程系统的课程教学实效，检验其是否满足中外合作办学的课程与教学要求，是否达到中外合作办学人才培养目标的规定。在设计中外合作办学的课程评价方案时，要注意以下事项。

第一，中外合作办学的课程评价不是单一的静态的评价。中外合作办学的课程都是在项目内实施的，评定课程实施效果的最终指标是学生是否在项目课程教学中得到了成长与锻炼。本书已论及"不同个体有不同的潜能"，项目的设计并不是给学生在各方面的成长上设定了统一的标准，而是让学生在项目的体验与操作中根据自己的潜能与优势最大限度地发挥自己的长处，实现在某一方面的充分发展，并在此基础上走向全面发展，因此评价并非单一的评价。另外，在项目的课程与教学实施中，评价是动态发生的，并不是静态地制订一个终极评价方案，按期、按标准开展。因为在项目操作过程中，学生是真正的主体，项目化课程与教学的一个重要价值就在于其生成性。在项目执行过程中，每个个体可能都会遇到不同的问题，发现不同的问题，创造出不同的理论与实践灵感。而在此过程中针对不同学生个体进行多元化的动态评价，有利于保护学生的求知欲和创新性，最大限度地实现项目化课程与教学的价值。在多元动态的评价过程中，除了对学生能力的关切，还要注重学生在项目参与过程中的情感态度。因为情感态度是学生有效完成项目的情绪保障，能够反映项目的设计是否引起了学生的兴趣和共鸣，在执行过程中是否产生了灵感火花，是否实现了知识与能力的再生与再造。

第二，落实多方参与的评价机制。在中外合作办学的项目化课程教学中，学生是课堂的主体，教师也是课堂的主体，课堂呈现典型的双主体特色。项目课程在设计上重视实践操作，以创设项目工作情景和岗位工作体验为重心，教师是项目工作的指导者或辅导者，对项目的绩效评价有一定的把控，但是未必可以全然准确把控。鉴于此，为更好地突出项目教学的实践性，与社会、市场、企业、行业和产业紧密联系，实现立体互动，在评价中，上述领域的专家和一线操作人员也可作为项目化课程与教学的评价主体。另外，还要特别关注学生的自我评价。因为学生是项目化课程与教学的主体，而其主体性的充分发挥理所当然地包含评价的主体性的发挥，即个体的自我评价行为。

课程评价过程、课程机制分别见图6-1、图6-2。

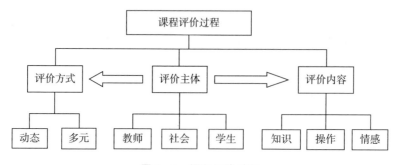

图6-1　课程评价过程

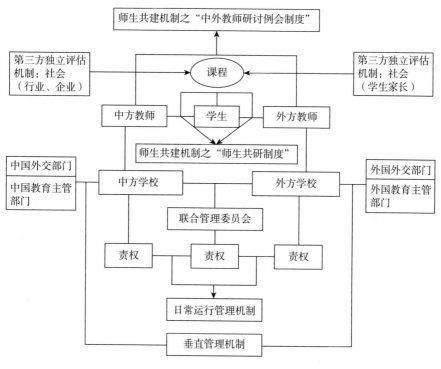

图 6－2　课程机制

结　语

　　本书通过对中外合作办学人才培养目标、课程现状、课程问题及影响因素的分析，发现我国高校中外合作办学在课程目标、课程设置、课程实施和师资结构方面都存在一定的问题，如课程目标的依附和悬空、课程设置的移植和拼盘、课程实施的守旧和单一、课程师资的不适应等。从课程理念、合作机制、办学环境和文化冲突等方面对问题的成因展开了分析，提出了课程设计和课程实施的具体建构策略。中外合作办学本科教育的现状是引进国外优质的教育资源，按照中外合作办学的课程要求来培养国际化人才。众所周知，课程受国家政治、经济和文化环境等诸多因素的影响。在中外合作办学中，中外双方的课程都有着各自不同的社会生产与社会实践背景，并伴随着中外双方的政治、经济和文化的发展而处于连绵不断的调整、丰富与发展变革中。外方课程旨在培养适合国外社会发展的应用型人才，并以此为目标来设计课程。而中国大学课程是与建设具有中国特色社会主义的国情相适应的。在中外合作办学中，如何才能培养出适合中国社会经济发展、充分吸收和消化国外合作方的优质教育资源、能够在激烈的国际竞争中崭露头角的国际化人才？显然，单纯照搬或简单移植合作大学的课程都是无法达到既定目标的。只有从引进借鉴到消化吸收再发展为形成具有中国特色的中外合作办学本科教育才是中外合作办学发展的正途。中外合作办学的发展必须走自己的路，其课程研究和建设要结合中国特色社会主义经济发展的现实情况，并充分利用外方优质教育资源，才能培养出适应建设中国特色社会主义需要的国际化人才。

　　本书通过研究大学本科中外合作办学课程，得出以下结论。

　　第一，本书克服了当前相关研究"就课程谈课程"和"办学实践经验总结"的不足。首先，阐述了中外合作办学大学本科课程建设的理论依据，将本书奠定在知识价值论、跨文化理论、教育目的论和课程论的坚实的基础之上，力图提升研究的深度和学理水平。其次，从理论和实践相结合的角度深入分析了中外合作办学大学本科课程存在的问题及其影响因素，准确把握了中外合作办学大学本科课程存在以下问题：课程目标的依附和悬空；课程设置的移植和拼盘；课程实施的守旧和单一；课程师资的不适应。最后，从课程理念、课程机制、办学环境、文化多元四个方面对问题的成因展开剖析，指出：课程理念的偏离是中外合作办学课程问题产生的根本原因；课程机制的不健全是中外合作办学课程问题产生的直接原因；办学环境的复杂多变是中外合作办学课程问题产生的外部原因；文化多元是中外合作办学课程问题产生的内部原因。

第二，本书运用课程论的原理对中外合作办学大学本科课程的目标、体系及其实施进行了整体设计，从而勾画出中外合作办学大学本科课程建构的蓝图。一是提出了新的培养目标及其规格观，即培养"具有国际性和民族心的整全人"，家国情怀和国家意识并重，专业特长与整全发展相协调。二是在课程体系设计上，将"国际化"作为课程体系设计的基本取向，确立了中外合作办学的模块化课程体系设计方案。三是在课程实施设计上，主要围绕课堂教学、实践教学和海外锻炼三个方面对中外合作办学的课程实施进行了设计。

第三，中外合作办学大学本科课程及其实施过程中要确立以下"四大理念"。一是创新理念，即中外合作办学的课程及其实施理念既非沿袭中国传统办学的课程理念，又非照搬外方合作学校的课程理念，而是在两者基础上的创新。二是开放理念，即在课程建设及课程实施过程中要对外开放、海纳百川，不拘谨、不保守。三是人本理念，即以人为本，旨在促进个体与社会的和谐发展。四是整合理念，即从课程理念到课程目标、课程内容、课程设置和课程实施等方面都要体现中外的整合。

第四，提出了中外合作办学课程建设及其实施的"五大策略"，即理念创新策略、文化创生策略、途径拓宽策略、师资优化策略和健全机制策略。首先，以创新、开放、人本与整合为中外合作办学大学本科课程实施理念。其次，创生各美其美、美美与共和多元融合的中外合作办学课程实施文化。再次，围绕"三个课堂"，即"学生的课堂""活力的课堂""双语的课堂"进行中外合作办学课堂教学的具体策略建构，充分利用中外双方优质的网络教育资源，结合传统与现代的教学模式，将国内实习与海外锻炼并举，从而实现课程实施的多样化。同时，明确了中外合作办学师资队伍建设的基本要求，并提出了中外合作办学师资队伍的建设策略。最后，从行政垂直管理、日常运行管理、师生共建机制和第三方评估四个层面着手建立健全中外合作办学课程实施的机制。

由于笔者的理论研究水平有限，实践工作经验不足，本书还有很多不尽如人意的地方，还存在许多不足之处有待进一步研究和完善，如对有些问题探讨得不够深入，对其原因分析得不够透彻，课程设计的方案不够完善，课程实施策略的建构还需进一步丰富，等等。另外，掌握的案例学校数量还不够多，且其代表性也有待商榷，在本书的写作过程中，还有很多素材来源于网络和其他渠道，比较散。对中外合作办学的课程研究是一个系统且较为庞杂的工程，耗时耗力，任务艰巨，在笔者较为有限的写作时间内，对本书内容的进一步展开还存在一定困难。因此，本书是笔者对中外合作办学课程研究的一个起点，而非终点，笔者将在本书的基础上，继续对中外合作办学课程的方方面面进行深入细致的研究，争取能够取得较为丰硕的成果，为日后的研究打下坚实的基础，力争将研究成果运用到中外合作办学实践中去，为中外合作办学事业的发展贡献自己的绵薄之力。

参考文献

专著

［1］〔德〕卡尔·雅斯贝尔斯：《什么是教育》，邹进译，生活·读书·新知三联书店，1991。

［2］李兴业：《七国高等教育人才培养》，武汉大学出版社，2004。

［3］赵中建选编《全球教育发展的研究热点》，教育科学出版社，1999。

［4］〔英〕雷吉斯·吉普森：《批判理论与教育》，吴明根译，台北师大书苑股份有限公司，1988。

［5］衣俊卿：《文化哲学十五讲》，北京大学出版社，2004。

［6］〔美〕菲利普·G.阿特巴赫：《比较高等教育：知识、大学与发展》，人民教育出版社教育室译，人民教育出版社，2001。

［7］钟启泉：《课程与教学概论》，华东师范大学出版社，2004。

［8］钟启泉、黄志成主编《美国教学论流派》，陕西人民教育出版社，1993。

［9］钟启泉主编《国外课程改革透视》，陕西人民教育出版社，1993。

［10］郑金洲：《教育文化学》，人民教育出版社，2000。

［11］董毓编著《科学的自我反思》，湖北人民出版社，1987。

［12］冯友兰：《中国哲学史》，重庆出版社，2009。

［13］〔德〕恩斯特·卡西尔：《人论》，甘阳译，上海译文出版社，1985。

［14］〔古希腊〕苏格拉底：《苏格拉底的教化哲学》，唐译编译，吉林出版集团有限责任公司，2013。

［15］钱穆：《文化与教育》，广西师范大学出版社，2004。

［16］〔美〕詹姆斯·杜德斯达：《21世纪的大学》，刘彤等译，北京大学

出版社，2005。

[17] 葛守勤、周式中主编《美国州立大学与地方经济发展》，西北大学出版社，1993。

[18] 邢克超主编《共性与个性——国际高等教育改革比较研究》，人民教育出版社，2004。

[19] 赵丽：《跨国办学的理论与实践研究》，上海教育出版社，2014。

[20] 赵显洲：《中外合作办学机构治理问题研究》，郑州大学出版社，2005。

[21] 王沪宁：《国家主权》，人民出版社，1987。

[22] 王策山：《教学论稿》，人民教育出版社，1985。

[23] 裴娣娜：《现代教学论》（第三卷），人民教育出版社，2005。

[24] 张华：《课程与教学论》，上海教育出版社，2000。

[25] 张传燧主编《课程与教学论》，人民教育出版社，2008。

[26] 张楚廷：《课程与教学哲学》，人民教育出版社，2003。

[27] 施良方：《课程理论——课程的基础、原理与问题》，教育科学出版社，1996。

[28] 郭晓明：《课程知识与个体精神自由——课程知识问题的哲学审思》，教育科学出版社，2005。

[29] 石鸥：《教学别论》，湖南教育出版社，1998。

[30] 辛继湘：《体验教学研究》，湖南大学出版社，2005。

[31] 刘旭：《大学课程寻思》，台北万人出版社，2005。

[32] 〔美〕拉尔夫·泰勒：《课程与教学的基本原理》，施良方译，人民教育出版社，1994。

[33] 娄华英：《我们的课堂：基于课例研究的课堂教学改进行动》，华东师范大学出版社，2009。

[34] 廖哲勋、田慧生：《课程新论》，教育科学出版社，2003。

[35] 欧阳谦：《20 世纪西方人学思想导论》，中国人民大学出版社，2002。

[36] 任长松：《课程的反思与重建——我们需要什么样的课程观》，北京大学出版社，2002。

[37] 单中惠、杨汉麟：《西方教育学名著提要》，江西人民出版社，2004。

［38］石中英：《知识转型与教育改革》，教育科学出版社，2001。

［39］舒志定：《教师角色辩护——走向基础教育课程改革》，浙江大学出版社，2006。

［40］孙德玉等：《课程改革与课堂教学》，安徽教育出版社，2007。

学位论文

［1］齐坤：《中英远程教育课程设置的比较研究》，北京交通大学硕士学位论文，2008。

［2］冯立娜：《中美 MPA 教育课程设置比较研究》，东北大学硕士学位论文，2007。

［3］傅吉新：《中国旅游本科课程体系研究：基于中外对比的视角》，辽宁师范大学硕士学位论文，2007。

［4］王玉：《中国与瑞士旅游高等教育课程体系比较研究》，辽宁师范大学硕士学位论文，2007。

［5］孙晓新：《美国高等教育专业认证制度探析》，东北师范大学硕士学位论文，2007。

［6］张朝晖：《福建省高等教育中外合作办学研究》，福建师范大学硕士学位论文，2007。

［7］张国俊：《苏南地区中等学校中外合作办学研究》，江西师范大学硕士学位论文，2006。

［8］赵婵：《中外合作办学的立法研究》，湘潭大学硕士学位论文，2007。

［9］王剑波：《跨国高等教育理论与中国的实践》，华东师范大学博士学位论文，2004。

［10］陈润奇：《高等教育国际化背景下对中外合作办学的探索》，上海师范大学硕士学位论文，2007。

［11］多宏宇：《中外合作办学研究》，中国地质大学（北京）硕士学位论文，2006。

期刊论文

［1］张传燧：《课程改革在路上：历史、现状与未来》，《课程·教材·教法》

2015 年第 8 期。

[2] 张传燧:《课堂比课程更重要》,《湖南师范大学教育科学学报》2013 年第 2 期。

[3] 张传燧:《论教育变革的文化动力》,《教育文化论坛》2012 年第 4 期。

[4] 张传燧、石雷:《论课程与教学论的本土化》,《教育研究》2012 年第 3 期。

[5] 张传燧、欧阳文:《课程范式与课程建构性试析》,《课程·教材·教法》2006 年第 11 期。

[6] 张传燧:《质量:高等教育的永恒主题》,《湖南师范大学教育科学学报》2009 年 3 期。

[7] 张华、刘宇:《试论课程变革的文化问题》,《教育发展研究》2007 年第 1 期。

[8] 张宝蓉、高晓杰:《无边界高等教育:英国观点》,《教育研究》2004 年第 5 期。

[9] 张宝蓉:《无边界高等教育:西方发达国家高等教育发展的新概念——以美、英、澳三国为例》,《外国教育研究》2005 年第 12 期。

[10] 张慧洁:《跨境教育服务贸易中质量认证:进展与趋势》,《复旦教育论坛》2005 年第 6 期。

[11] 张金福:《树立现代教育主权理念 开放我国高等教育市场》,《复旦教育论坛》2003 年第 2 期。

[12] 张民选:《跨境教育与质量保障的利益相关者分析》,《教育发展研究》2007 年第 23 期。

[13] 张民选:《跨境教育中的学生利益保护》,《教育发展研究》2006 年第 7 期。

[14] 张秋萍、谢仁业:《跨国合作办学的国际比较》,《教育发展研究》2002 年第 9 期。

[15] 张晓鹏:《内地中外合作办学与香港非本地课程相关法规比较研究》,《香港中文大学教育学报》2005 年第 1~2 期。

[16] 张蕾等:《中外合作办学实践中的法律问题及法律建议》,《高等教育

研究》2001 年第 3 期。

[17] 张建仁：《关于教育国际化若干问题的思考》，《新疆师范大学学报》（哲学社会科学版）2003 年第 3 期。

[18] 张民选：《从战备高度研究中外合作办学》，《上海教育》2005 年第 10 期。

[19] 张相乐：《关于本科专业人才培养模式改革的思考》，《石油教育》2004 年第 1 期。

[20] 张楚廷：《素质教育的若干理论问题》，《中国高等教育》2003 年第 Z3 期。

[21] 张宁：《中外合作课程"依附"与"借鉴"探析》，《教学研究》2011 年第 5 期。

[22] 辛继湘：《新课程与教学价值观的重建》，《课程·教材·教法》2003 年第 4 期。

[23] 辛继湘：《论教学的审美品格》，《高等教育研究》2006 年第 6 期。

[24] 辛继湘：《知识教学与生命关怀》，《湖南师范大学教育科学学报》2011 年第 1 期。

[25] 石鸥：《从课程改革的目标看综合实践活动的独特价值》，《中国教育学刊》2005 年第 9 期。

[26] 石鸥：《课程改革：在过程中体验》，《湖南教育》2006 年第 22 期。

[27] 刘旭：《我国大学课程的知识化倾向分析》，《高等教育研究》2002 年第 2 期。

[28] 容中逵、刘要悟：《民族化、本土化还是国际化、全球化——论当前我国基础教育课程改革的参照系问题》，《比较教育研究》2005 年第 7 期。

[29] 刘振天、杨雅文：《现代化视野中高等教育国际化与民族化》，《教育发展研究》2003 年第 2 期。

[30] 刘培：《全球化背景下的大学人才培养改革与创新——第二届中德高等教育论坛综述》，《复旦教育论坛》2009 年第 3 期。

[31] 蔡宝来：《课堂教学文化：理论诉求及实践重构》，《教育研究》2008

年第 4 期。

[32] 蔡永莲：《全球化趋势对高等教育的影响——关于国际合作办学的一点思考》，《教育发展研究》2002 年第 6 期。

[33] 白莉、张纯明：《论高等教育国际化背景下的中外合作办学》，《辽宁教育研究》2005 年第 11 期。

[34] 胡弼成、王伟廉：《高等学校课程体系现代化研究》，《高等教育研究》2011 年第 9 期。

[35] 胡焰初：《WTO〈服务贸易总协定〉与中外合作办学的立法》，《武汉大学学报》（社会科学版）2002 年第 2 期。

[36] 程钢：《从〈教育过程〉到〈教育文化〉——布鲁纳教育文化观述评》，《中国大学教学》2005 年第 5 期。

[37] 陈武元、薄云：《马来西亚私立高等教育国际化论析》，《外国教育研究》2007 年第 2 期。

[38] 陈佑清：《体验及其生存》，《教育研究与实验》2002 年第 2 期。

[39] 陈昌贵：《跨国教育：一个不容忽视的新课题》，《高等教育研究》2006 年第 4 期。

[40] 陈大立：《以质量保证为主轴制定跨境教育服务法规和政策》，《教育发展研究》2007 年第 5 期。

[41] 陈飞：《理解与共存："无边界"高等教育的支撑性理念》，《江苏高教》2003 年第 2 期。

[42] 陈小红：《美国大学课程国际化的实践与启示》，《青岛科技大学学报》（社会科学版）2008 年第 2 期。

[43] 崔允漷：《课程实施的新取向：基于课程标准的教学》，《教育研究》2009 年第 1 期。

[44] 哈利·安东尼·帕崔诺：《私立部门在全球教育市场中扮演的角色》，栗晓红译，《北京大学教育评论》2005 年第 2 期。

[45] 曹建芳：《提高中外合作办学人才培养质量的有效途径》，《教育理论与实践》2011 年第 30 期。

[46] 董秀华：《跨境教育的能力建设与我国中外合作办学问题研究》，《清

华大学教育研究》2007 年第 5 期。

［47］董秀华：《上海中外合作办学现状与未来发展透视》，《教育发展研究》2002 年第 9 期。

［48］丁钢：《价值取向：课程文化的观点》，《北京大学教育评论》2003 年第 1 期。

［49］徐继宁：《90 年代以来我国高等教育国际化研究综述》，《理工高教研究》2006 年第 4 期。

［50］徐洁：《我国中外合作办学的现状及其存在的问题》，《中国高教研究》2003 年第 10 期。

［51］徐凯：《浅谈中外合作办学质量保障体系的构建》，《管理观察》2009 年第 17 期。

［52］肖地生、顾冠华：《全球化视野下的中外合作办学》，《黑龙江高教研究》2003 年第 5 期。

［53］许圣道：《中外合作办学存在的问题及其监管与规范》，《郑州大学学报》（哲学社会科学版）2005 年第 2 期。

［54］许圣道等：《以市场手段规范中外合作办学行为》，《大学教育科学》2004 年第 4 期。

［55］裴文英：《引进国外教育资源，推进中外合作办学》，《江苏高教》2003 年第 5 期。

［56］钱景炜：《浅谈中外合作办学》，《西南民族大学学报》（人文社科版）2005 年第 3 期。

［57］朱志成：《论中外合作办学的驱动力和负面因素》，《江苏高教》2004 年第 3 期。

［58］冯伟哲、李岩、谢金迪：《设计中外合作办学教学质量计划的思想和步骤》，《教育探索》2004 年第 6 期。

［59］冯伟哲、李岩：《中外合作办学风险管理的特点》，《黑龙江高教研究》2004 年第 3 期。

［60］何志学、何君辉：《合作学习模式在课堂教学中的应用研究》，《教育理论与实践》2003 年第 20 期。

[61] 洪明、刘冬岩：《"教学与学生发展"及教学论"回到原点"研究——2006年教学论专业委员会专题研讨会综述》，《课程·教材·教法》2007年第1期。

[62] 黄家泉、彭青：《中外合作办学新模式的实践探索——广州大学中法旅游学院办学特点浅析》，《高教探索》2004年第3期。

[63] 和学新：《师生主体性双向建构与基础教育课程改革》，《教育研究》2002年第9期。

[64] 陶林、申俊龙：《关于中外合作办学近十年来的研究综述》，《中医教育》2006年第4期。

[65] 宋维堂、张淑梅：《中外合作办学对我国人才培养的影响》，《教育探索》2008年第12期。

[66] 郭朝红、江彦桥：《我国对中外合作办学监管的现状、问题与对策》，《高教发展与评估》2010年第5期。

[67] 郭强、宋雯雯：《中外合作办学视阈下高校人才培养工作探析》，《中国电力教育》2011年第31期。

[68] 郭元祥：《课程观的转向》，《课程·教材·教法》2001年第6期。

[69] 顾明远：《知识经济时代比较教育的使命》，《比较教育研究》2003年第1期。

[70] 顾美玲：《对民办教育立法中校产归属问题的思考》，《教育研究》2001年第9期。

[71] 岳晓东：《批判性的思维形成与培养：西方现代教育的实践及其启示》，《教育研究》2000年第8期。

[72] 裴娣娜：《多元文化与基础教育课程文化建设的几点思考》，《教育发展研究》2002年第4期。

[73] 李东：《我国课程编制的文化性缺失——一种社会学视角的反思与建构》，《教育发展研究》2005年第14期。

[74] 李盛兵：《中外合作办学的人才培养模式——基于广东省高校案例分析》，《教育发展研究》2008年第Z3期。

[75] 李志义：《谈高水平大学如何构建本科培养模式》，《中国高等教育》

2007 年第 Z3 期。

［76］李本友、李洪恩等：《学生学习方式转变的影响因素、途径与发展趋势》，《教育研究》2012 年第 2 期。

［77］李斌、孟凡丽：《课堂教学文化的内涵与特征》，《教育学术月刊》2008 年第 8 期。

［78］李春红、平勇等：《基于教学过程本质的课堂教学文化特质解读》，《现代中小学教育》2013 年第 10 期。

［79］李其龙：《国际普通高中课程改革趋势》，《全球教育展望》2003 年第 7 期。

［80］李学书：《教师课程权力的本质、特征及其来源》，《全球教育展望》2010 年第 10 期。

［81］李太平：《全球问题和德育内容的更新》，《高等教育研究》2002 年第 6 期。

［82］孟中媛：《中外合作办学中的文化冲突与超越》，《中国高教研究》2008 年第 11 期。

［83］钟启泉：《"批判性思维"及其教学》，《全球教育展望》2002 年第 1 期。

［84］潘懋元等：《世纪之交中国高等教育办学模式的变化与走向》，《教育研究》2001 年第 3 期。

［85］潘懋元、胡赤弟：《民办高校产权制度改革的若干问题》，《教育研究》2002 年第 1 期。

［86］文东茅：《论民办学校的产权与控制权》，《清华大学教育研究》2003 年第 2 期。

［87］喻小琴：《关于我国高等教育开展中外合作办学的几点思考》，《当代教育论坛》2005 年第 23 期。

［88］贾波等：《中外合作办学现状及存在的问题》，《燕山大学学报》（哲学社会科学版）2005 年第 2 期。

［89］钟启泉：《课堂转型：静悄悄的革命》，《上海教育科研》2009 年第 3 期。

［90］钟启泉：《课程改革的文化使命》，《人民教育》2004 年第 8 期。

［91］钟启泉：《中国课程改革：挑战与反思》，《比较教育研究》2005 年第 12 期。

［92］钟启泉、姜美玲：《新课程背景下教学改革的价值取向及路径》，《教育研究》2004 年第 8 期。

［93］钟志贤：《论教学设计定义的重构》，《电化教育研究》2007 年第 7 期。

［94］周庆元、黄耀红：《走向课堂的生态和谐》，《高等教育研究》2008 年第 3 期。

［95］周荣华：《改革主体与改革动力生成》，《南京理工大学学报》（社会科学版）2015 年第 1 期。

［96］周正、温恒福：《教师参与课程发展：调查与反思》，《课程·教材·教法》2009 年第 8 期。

［97］周满生：《WTO 框架下的教育输入与输出和中国政府的教育立法与政策调整》，《集美大学学报》（教育科学版）2006 年第 2 期。

［98］周满生：《国际教育服务贸易的新趋向及对策思考》，《教育研究》2003 年第 1 期。

［99］周文婕：《论中外合作办学模式与发展对策》，《教育探索》2005 年第 5 期。

［100］〔美〕菲利浦·G. 阿特巴赫、〔加拿大〕简·莱特：《高等教育国际化的前景展望：动因与现实》，别敦荣、杨华伟、陈艺波译，《高等教育研究》2006 年第 1 期。

［101］〔美〕菲利浦·G. 阿特巴赫：《民办高等教育：从比较的角度看主题和差异》，《教育展望》2000 年第 3 期。

［102］罗杰·L. 盖格：《私立高等教育与公共政策：私立高等教育在经济现代化过程中的角色》，刘红燕译，《北京大学教育评论》2003 年第 3 期。

［103］龙安邦：《课程的文化依附：意义、局限与超越对策》，《教育学术月刊》2012 年第 3 期。

［104］龙宝新：《分数就是素质——为分数的素质显示功能辩护》，《基础

教育》2010 年第 2 期。

[105] 卢乃桂、钟亚妮：《教师专业发展理论基础的探讨》，《教育研究》
2007 年第 3 期。

[106] 卢乃桂、陈峥：《赋权予教师：教师专业发展中的教师领导》，《教师教育研究》2007 年第 4 期。

[107] 卢瑞玲、孙静：《合作学习：21 世纪重要的学习方式》，《教育理论与实践》2010 年第 34 期。

[108] 吕晓娟、蔡宝来：《走进课堂　研究课堂　反思课堂——首届全国课程与教学论专业博士生论坛综述》，《课程·教材·教法》2007 年第 12 期。

[109] 叶光煌：《中外合作办学引进优质资源的思考及对策》，《集美大学学报》（教育科学版）2008 年第 2 期。

[110] 焦国政：《高等院校中外合作办学的回顾与思考》，《中国高等教育》1998 年第 10 期。

[111] 肖地生、顾冠华：《全球化视野下的中外合作办学》，《黑龙江高教研究》2003 年第 5 期。

[112] 杨辉：《中外合作办学模式初探》，《教育评论》2004 年第 4 期。

[113] 杨杏芳：《论我国高等教育人才培养模式的多样化》，《高等教育研究》1998 年第 6 期。

[114] 杨峻、刘亚军：《面向 21 世纪我国高等教育培养模式转变刍议》，《兰州大学学报》1998 年第 2 期。

[115] 杨启亮：《追求合适：课程与教学变革中的"同"与"异"》，《当代教育科学》2006 年第 21 期。

[116] 杨启亮：《课程与教学变革中的继承与借鉴》，《教育研究与实验》2007 年第 6 期。

[117] 杨启亮：《课程改革中的教学问题思考》，《教育研究》2002 年第 6 期。

[118] 杨启亮：《教学实践与课程理论的"对话"》，《当代教育科学》2004 年第 1 期。

[119] 杨启亮：《论理想的课程与教学的可能性》，《教育研究》2009 年第

12 期。

[120] 杨晓明、董尚胜：《中外合作本科教育教学模式的探讨——以浙江大学城市学院为例》，《现代大学教育》2005 年第 2 期。

[121] 郑群：《关于人才培养模式的概念与构成》，《河南师范大学学报》（哲学社会科学版）2004 年第 1 期。

[122] 文汉：《人才培养模式探析》，《高等农业教育》2001 年第 4 期。

[123] 龚思怡：《中外合作办学提升高校竞争能力——上海大学悉尼工商学院个案研究》，《教育发展研究》2005 年第 23 期。

[124] 李太平：《全球问题和德育内容的更新》，《高等教育研究》2002 年第 6 期。

[125] 冯国平：《全球化背景下跨国教育的兴起》，《基础教育参考》2006 年第 3 期。

[126] 盛群力、马兰等：《论目标为本的教学设计》，《教育研究》2008 年第 5 期。

[127] 高云：《澳大利亚跨国教育风险规避策略析》，《教育发展研究》2008 年第 9 期。

[128] 高云：《发展中国家能力建设与跨境高等教育研究》，《高等农业教育》2006 年第 7 期。

[129] 郭丽君：《跨国高等教育：问题与审思》，《江苏高教》2007 年第 3 期。

[130] 郭丽君：《全球化下的跨国高等教育：内涵与动因》，《江苏高教》2008 年第 6 期。

[131] 李灵稚、胡雪雪：《对我国高校培养国际通用人才的几点思考》，《内蒙古师范大学学报》（教育科学版）2006 年第 9 期。

[132] 张星谕、王辛枫：《高校中外合作办学模式探索》，《边疆经济与文化》2005 年第 5 期。

[133] 孙钰柱：《当前课程改革背景下课堂教学的问题与反思》，《课程·教材·教法》2006 年第 10 期。

[134]《中外合作办学期待优质教育资源　有关部门将制定新的评估指标

予以规范》，《中国青年报》2005 年 3 月 1 日。

[135] 潘懋元等：《依附、借鉴、创新？——中国高等教育学科建设之路》，《北京大学教育评论》2005 年第 1 期。

[136] 费秀芬、刘波：《自觉意识与本土发展——试析全球化背景下我国课程的发展道路》，《教育理论与实践》2006 年第 4 期。

[137] 董云川、张建新：《本土情怀下的高等教育国际化选择》，《教育与现代化》2004 年第 3 期。

[138]〔美〕菲利浦·G. 阿特巴赫：《作为国际商品的知识和教育：国家共同利益的消解》，肖地生译，《江苏高教》2003 年第 4 期。

[139] 余铁男：《素质教育基本内涵分析》，《新西部》（下半月）2007 年第 8 期。

[140] 余清萍、屈琼：《21 世纪国际化人才培养的思考》，《湖北省社会主义学院学报》2003 年第 2 期。

[141] 王双兰、张传燧：《教师参与课程设计的价值及实现》，《教育科学研究》2006 年第 10 期。

[142] 王威、温恒福：《论新课程背景下教师课程权力与赋予策略》，《教育探索》2012 年第 5 期。

[143] 王湛：《积极推进基础教育课程改革实验向纵深发展》，《人民教育》2003 年第 Z3 期。

[144] 王敏丽：《中外合作办学的策略思考》，《教师教育研究》2004 年第 2 期。

[145] 王建华：《第三部门视野中的教育主权问题》，《江苏高教》2003 年第 6 期。

[146] 王敏丽：《中外合作办学与外籍教师管理问题刍议》，《黑龙江高教研究》2004 年第 9 期。

[147] 王卫平：《中外合作办学的现状及发展对策——以山西省为例》，《生产力研究》2009 年第 24 期。

[148] 王德如：《课程文化自觉：意义、本质及特点》，《教育研究》2007 年第 9 期。

［149］ 王奇：《加强管理 依法规范 促进上海中外合作办学健康发展》，《教育发展研究》2002 年第 9 期。

［150］ 王剑波、薛瑞莉：《中外合作办学教育主权问题的理性思考》，《山东师范大学学报》（人文社会科学版）2004 年第 5 期。

［151］ 王培根、胡水华、王亮等：《中外合作办学模式探略》，《机械工业高教研究》1996 年第 1 期。

［152］ 吴刚：《奔走在迷津中的课程改革》，《北京大学教育评论》2013 年第 4 期。

［153］ 吴刚平：《课程资源的开发与利用》，《全球教育展望》2001 年第 8 期。

［154］ 吴刚平：《校本课程开发的思想基础——施瓦布与斯腾豪斯"实践课程模式"思想探析》，《外国教育研究》2000 年第 6 期。

［155］ 吴宏江：《陕西省中小学〈体育与健康课程标准〉实施现状调查分析》，《北京体育大学学报》2007 年第 S1 期。

［156］ 吴康宁：《课堂教学的社会学研究视角》，《上海教育科研》1998 年第 8 期。

［157］ 吴康宁：《为什么学校会对学生的发展不负责》，《教育研究》2007 年第 12 期。

［158］ 吴坚等：《中外合作办学政策发展分析》，《湖南师范大学教育科学学报》2010 年第 4 期。

［159］ 武思敏、杨明全：《中国教育学会教学论专业委员会第九届学术年会综述》，《教育研究》2004 年第 8 期。

外文文献

［1］ AACSB International, *Eligibility Procedures and Accreditation Standards for Business Accreditation*, Florid, 2007.

［2］ Susan M., Drake, *Standard-based Integrated Curriculum California*, Corwin Press, 2007.

［3］ Daniel Tanner, Laurel Tanner, *Curriculum Development: Theory into Prac-*

tice, New Jersey: Prentice-Hall Inc. , 1995.

[4] Bill Hunter, George P. White, Galen C. Godbey, "What does it Mean to be Globally Competent", *Journal of Studies in International Education*, No. 10, 2006.

[5] Barbara M. Kehm, Ulrich Teichier, "Research on Internationalisation in Higher Education", *Journal of Studies in International Education*, No. 11, Sep. 2007.

[6] Eugene M. Hayes, "Regaining and Maintaining Control of School Business Functions and Activities", *NASSP Bulletin Dee*, No. 79, 1995.

[7] Eugene Sadler-Smith, Lisa A. Burke, "Fostering Intuition in Management Education: Activities and Resources", *Journal of Education*, Nov. 2007.

[8] Ghee-Soon Lim, "Evaluating Business School Undergraduates, Situation Analytical Ability", *Journal of Management Education*, No. 26, Feb. 2002.

[9] Glenn M. McEvoy, "Multiple Perspectives on Internationalizing the Business School", *Journal of Management Education*, No. 16, Dec. 1992.

[10] Katherine Moser, Don Seaman, "Implications for Potential Linkages between Business, Industry and Higher Education Adult", *Education Quarterly*, No. 37, Dec. 1987.

[11] J. Snyder, F. Bolin, K. Zumwalt, "Curriculum Implementation", *Eland Book of Research on Curriculum*, Vol. 40, No. 4, 1992.

[12] Katsuo Tamaoka, Akira Ninomiya, Ayami Nakaya, "What Makes International Students Satisfied with Japanese University?", *Asia Pacific Education Review*, Vol. 4, No. 2, 2003.

[13] Maleolm Lewthwaite, "A Study of International Students, Perspectives on Cross-cultural Adaptation", *International Journal for the Advancement of Counseling*, Vol. 19, No. 2, 1996.

[14] Melville J. Herskovits, "Acculturation and the American Negro", *Southwestern Political and Social Seience Quarterly*, No. 8, 1927/1928.

[15] Nixon, Charles R. , "The Adaptation of Cultural Ties to Economic Devel-

opment", *American Behavioral Scientist*, Vol. 18, No. 1, 1974.

[16] Gamett R. Verbik L. , "Transnational Delivery by UK Higher Education, Part Z: Innovation & Competitive Advantage", *The Observatory on Borderless Higher Education Briefing Note*, Aug. 2004.

[17] Garrett R. Verbik L. , *Transnational HE: Major Markets and Emerging Trends*, *Mapping Borderless HE: Policy, Markets and Competition*, London: The Observatory on Borderless Higher Education, 2004.

[18] De Wit H. , *Internationalization of Higher Education in the United States of America and Europe: A Historical, Comparative and Conceptual Analysis*, Westport, Conn: Greenwood Press, 2002.

[19] Tom J. van Weert, "Education of the Twenty-first Century: New Professionalism in Lifelong Learning, Knowledge Development and Knowledge Sharing", *Education and Information Technologies*, No. 10, 2006.

附录一

云南某中外合作办学金融专业本科教育项目培养方案

1. 学年日期安排

第一学期：当年八月至下一年一月

上课	八月的最后一周至九月三十日
国庆节假期	通常十月一日至十月七日
上课	十月八日至十二月三十一日
元旦假期	次年一月一日至一月三日
上课	次年一月四日开始至一月中旬
考试	次年一月
寒假	一月末至二月末

第二学期：二月至七月

上课	二月末至四月三十日
国际劳动节假期	通常五月一日至五月七日
上课	五月八日至七月中旬
考试	七月
暑假	七月末至八月末

2. 学 制

2.1 学制和学习年限

基本学制为四年。

2.2 课程设置类别

全部课程按专业教育过程分为四类。

公共课程。包括公共必修课程和公共选修课程，旨在为学生奠定完成专业学习所需的知识和能力基础，并拓展学生的知识面。

专业基础课程。是学生必须修读的课程，旨在使学生掌握金融学的基础理论和基本知识，掌握现代金融业经营业务和操作技能，了解当代国际金融业的基本状况和发展趋势，熟悉国内外相关金融运营的政策和法规，为随后的专业课程学习奠定基础。本专业以厚基础、宽口径为原则，兼顾经济学和管理学的学科交叉。

专业课程。包括专业必修课程和专业选修课程。专业必修课程旨在培养学生掌握专业知识和技能。专业选修课程是学生可以在一定范围内选修的课程，旨在提高学生的综合素质并拓展专业技能。

实践教学环节。是学生在各种真实或模拟环境下运用所学知识的课程，旨在培养学生的动手能力和学以致用的能力。学生必须完成本专业教学计划规定的实践环节的全部课程。

学生必须按照教学计划完成公共必修课程、专业基础课程、专业必修课程和实践教学环节以获得相应的学分。同时，学生要按照教学计划的规定从选修课中选择修读足够数量的科目以累积学分来达到教学计划规定的毕业总学分要求。

3. 授予的学位及其授予条件

修满金融服务专业规定的 120 学分，并符合其他毕业要求的，授予国内大学经济学学士学位和毕业证书，以及外方大学的文学学士学位。

4. 培养目标

本专业培养系统掌握金融学的基础理论和基本知识，掌握现代国际金融服务技能，了解国际金融服务的基本状况和发展趋势，熟悉国内外相关金融运营的政策和法规，具有较高的专业外语水平，能熟练运用计算机和信息系统，能在各类金融机构、涉外部门、企事业单位从事相关工作的专业金融服务人才。

学生在成功完成学业后应具有以下知识和技能。

知识技能：

（1）系统掌握金融学、经济学和管理学的基本理论和基础知识；

（2）能够运用经济、金融、会计等学科的理论和方法分析、研究和解决问题；

（3）具有处理银行、证券、投资、保险和个人理财等业务的基本能力；

（4）熟悉相关国家的金融方针、政策和法规及国际金融规则与惯例；

（5）具有较强的英语运用能力和跨文化人际沟通能力；

（6）能够使用计算机和电子商务技术处理相关金融业务。

分析技能：

（7）在不同的政治、经济、管理、文化的背景下，合理地评价并有效地应用相关模型、概念和理论；

（8）能够选择最适合的方法去分析具体问题，并找出解决方案；

（9）能够用定量分析和定性分析的方法去进行学术写作；

（10）能够用系统的方法去组织方案和想法。

实践技能：

（11）在未来的职业生涯中，将理论与实践相结合；

（12）在海量资源中提炼实用信息，并综合利用信息解决金融服务问题；

（13）收集和分析数据，以提供金融服务解决方案。

终身技能：

（14）提高人际沟通能力，包括双语演讲和写作；

（15）能够独立工作，亦能够在多元化文化背景下协同工作；

（16）强化终身学习能力，并通过良好的时间管理技能实现职业持续发展；

（17）将现代信息技术运用到金融服务中。

5. 课程设置与教学计划

第一学年课程

课程名称	课程类别				学分	周数	备注	课程性质
	公共课程周时	专业基础周时	专业课程周时	实践课程				
大学英语（College English）	10				3	18	含精读/口语/听力	必修

课程名称	课程类别				学分	周数	备注	课程性质
	公共课程周时	专业基础周时	专业课程周时	实践课程				
微积分（Calculus）	4				3	18		必修
计算机基础（Basis of College Computer）	4				3	18	含上机课	必修
经济学原理（微观经济学）（Microeconomics）		4			3	18		必修
经济学原理（宏观经济学）（Macroeconomics）		4			3	18		必修
跨文化组织管理（Intercultural Organization Management）		3			3	18	外方授课	必修
商业技能（Business Skills）		3			3	18	外方授课	必修

第二学年课程

课程名称	课程类别				学分	周数	备注	课程性质
	公共课程周时	专业基础周时	专业课程周时	实践课程				
大学英语（College English）	6				3	18	含精读/口语/听力	必修
数据库应用（Computer Database）	4				3	18		必修
线性代数（Linear Algebra）	3				3	18		必修
概率论与数理统计（Probability and Mathematical Statistics）	3	4			3	18	双语	必修
企业会计（Accounting for Business）		3			3	18	双语	必修
金融学原理（Principles of Finance）			4		3	18	双语	必修
财务管理（Managerial Finance）		4			3	18		必修
计量经济学（Econometrics）			4		3	18		必修
货币理论与政策（Monetary Theory and Policy）			3		3	18		必修
财政学（Public Finance）			3		3	18		必修

续表

课程名称	课程类别				学分	周数	备注	课程性质
	公共课程周时	专业基础周时	专业课程周时	实践课程				
商业管理挑战（Business and Management Challenges）			3		3	18	外方授课	必修
金融计划（Personal Financial Planning）			4		3	18		必修
金融服务决策与商业计划1（Financial Services Decision Making and Business Planning 1）			3		3	18		必修
风险管理与保险（Risk Management and Insurance）			3		3	18		必修
国际贸易理论与政策（International Economics：Trade Theory and Policy）			3		3	18		必修
金融市场与机构（Financial Markets and Institutions）			3		3	18		必修

第三学年课程

课程名称	课程类别				学分	周数	备注	课程性质
	公共课程周时	专业基础周时	专业课程周时	实践课程				
国际金融学（International Finance）			4		3	18	双语	必修
金融服务决策与商业计划2（Financial Services Decision Making and Business Planning Decision 2）			4		3	18	外方授课	必修
金融产品营销（Marketing Financial Services）			4		3	18	外方授课	必修
高级个人理财（Choice from Advanced Personal Financial Planning）			4		3	18	外方授课	必修

续表

课程名称	课程类别				学分	周数	备注	课程性质
	公共课程周时	专业基础周时	专业课程周时	实践课程				
中级经济学（Intermediate Economics）			4		3	18		必修
服务管理（Service Management）			4		3	18	外方授课	必修
投资学（Investments）			4		3	18		必修
财务报表分析（Financial Statements Analysis）			4		3	18		必修
金融工程导论（Introduction to Financial Engineering）			3		3	18		必修
公司财务（Corporate Finance）			4		3	18		必修

第四学年课程

课程名称	课程类别				学分	周数	备注	课程性质
	公共课程周时	专业基础周时	专业课程周时	实践课程				
投资银行学（Investment Banking）			4		3	18		必修
企业战略经济学（Economics of Business Strategy）			4		3	18	外方授课	必修
证券分析与投资（Securities Analysis & Investment）			4		3	18		必修
商业银行管理（Management of Commercial Banks）			2		3	18		必修
国际商务（International Business）			4		3	9		必修
跨国银行业务与经营（Transnational Bank Operation）			4		3	9		必修
管理经济学（Managerial Economics）			4		3	18		必修
毕业论文（Dissertation）				√	3	12		必修

附录二

北京某中外合作办学金融专业本科人才培养方案

一　培养目标

引进国际先进的教育理念与教育资源，培养具有全球视野和较强创新实践能力，熟练掌握英语，具有较强的国际沟通能力和社会适应能力，系统掌握金融知识和金融理论，具备金融实务专业技能，熟悉金融管理和经济法律相关知识，适应现代市场经济与经济全球化发展需要，适于在银行、保险、证券等各类金融机构、金融监管部门、金融中介组织等从事金融管理、金融实务的高级专业人才。

二　培养要求

本专业学生主要学习经济学科和金融学科的基础理论和基础知识，能熟练掌握英语和金融领域的国际先进理论与方法。学生受到金融、保险、证券与投资等方面基本技能的训练，具有从事金融领域工作所需的基本知识和综合应用技能。

具体要求如下：

（1）建立科学的世界观和方法论，培养良好的法律观念和职业道德；

（2）熟练掌握英语，具有良好的听、说、读、写、译等英语应用与沟通能力；

（3）掌握经济和金融学科的基础理论，具备金融、保险、证券与投资等方面的基本技能；

（4）具有熟练处理银行、保险、证券与投资等方面业务的能力；

（5）具有良好的组织协调与管理沟通能力。

三　主干学科

经济学。

四　主要课程

管理学、会计学、金融学、保险学、计量经济学、国民经济统计学、中央银行学、金融工程学、Microeconomics、Macroeconomics、Financial Intermediary、International Economics、Financial Markets、Investment、Advanced Financial Accounting and Analysis、International Finance、Corporate Finance、Advanced Management Accounting、Global Business Strategy、The Business of Banking、Contemporary Global System 等。

五　主要实践性教学环节

军训、教学实习、毕业实习与设计（论文）等，共安排 25 周。

六　修业年限

四年。

七　授予学位

经济学学士。

八　课程体系的构成，学时、学分分配，外方承担教学任务说明

本专业额定总学分为 170 学分。其中，必修课共 126 学分，包括：通识教育课 53 学分，占总学分的 31.2%；专业基础课 35 学分，占总学分的 20.6%；专业技术课 38 学分，占总学分的 22.4%。选修课共 15 学分，包括：公共选修课 5 学分，占总学分的 2.9%；系定选修课 10 学分（其中专业基础选修课至少 4 学分，专业技术选修课至少 6 学分），占总学分的

5.9%。实践环节 25 学分，占总教育的 14.7%。创新教育 4 学分，占总学分的 2.4%。

各学期各类课程额定学分分配

类别	学期	一	二	三	四	五	六	七	八	合计	学分所占比例（%）
通识教育课	必修	15	16	15	7	0	0	0	0	53	31.2
	选修	0	0	0	0	1	2	2	0	5	2.9
专业基础课	必修	3	6	8	12	6	0	0	0	35	20.6
	选修	0	0	0	0	0	2	2	0	4	2.4
专业技术课	必修	0	0	0	3	13	14	8	0	38	22.4
	选修	0	0	0	0	0	0	2	4	0	6	3.5
实践环节			1		1	2	2	3	16	25	14.7
创新教育		4								4	2.4
额定学分合计		18	23	23	23	22	24	21	16	170	100

各学期各类课程额定学时分配

类别	学期	一	二	三	四	五	六	七	八	合计	学时所占比例（%）
通识教育课	必修	252	276	254	110	0	0	0	0	892	36.4
	选修	0	0	0	0	18	36	36	0	90	3.7
专业基础课	必修	54	102	144	216	108	0	0	0	624	25.4
	选修	0	0	0	0	0	36	36	0	72	2.9
专业技术课	必修	0	0	0	48	222	252	144	0	666	27.2
	选修	0	0	0	0	0	36	72	0	108	4.4
合计		306	378	398	374	348	360	288	0	2452	100
其中外方承担学时总数及比例										858	35.0

引进外方课程门数及比例

项目 \ 指标	门数	教学时数	指标及所占比例
项目全部课程	通识及专业必修课：34 公共选修及任选课：7 合计：41	2452	—
项目核心课程	27	1484	—
项目引进外方课程	17	966	项目引进外方课程门数/项目全部课程门数：17/41＝41.5%
项目引进专业核心课程	14	858	项目引进专业核心课程门数/项目核心课程门数：14/27＝51.9%
外方教育机构担负的专业核心课程	14	858	外方教育机构担负的专业核心课程门数/项目全部课程门数：14/41＝34.1% 外方教育机构担负的专业核心课程教学时数/项目全部课程教学时数：858/2452＝35.0%

培养方案一览

专业：金融学　学制：四年

（一）学历

环节\周次\学年	1	2	3	4	5	6	7	8	9	10	11	12	13	14	15	16	17	18	19	20	21	22	23	24	25	26
I		R	R	J	J	J	J	J	J	J	J	J	J	J	J	J	J	F	K	Q	Q	Q	Q	Q	Q	Q
II	J	J	J	J	J	J	J	J	J	J	J	J	J	J	J	J	J	F	K	Q	Q	Q	Q	Q	Q	Q
III	J	J	J	J	J	J	J	J	J	J	J	J	J	J	F	A	A	K	Q	Q	Q	Q	Q	Q	Q	Q
IV	J	J	J	J	J	J	J	J	J	J	J	J	J	J	F	A	A	A	K	Q	Q	Q	Q	Q	Q	Q

环节\周次\学年	27	28	29	30	31	32	33	34	35	36	37	38	39	40	41	42	43	44	45	46	47	48	49	50	51	52
I	J	J	J	J	J	J	J	J	J	J	J	J	J	J	J	J	F	A	K	Q	Q	Q	Q	Q	Q	Q
II	J	J	J	J	J	J	J	J	J	J	J	J	J	J	J	J	F	A	K	Q	Q	Q	Q	Q	Q	Q
III	J	J	J	J	J	J	J	J	J	J	J	J	J	J	J	F	A	A	K	Q	Q	Q	Q	Q	Q	Q
IV	B	B	B	B	B	B	B	B	D	D	D	D	D	D	D	D	D	F	E							

符号：R 入学教育、J 理论教学、Y 认识实习、A 教学实习、S 生产实习、B 毕业实习、K 考试。

说明：C 课程设计、D 毕业设计、G 生产劳动、F 机动、E 毕业鉴定、Q 假期。

（二）时间分配（以周计）

	R	J	Y	A	S	K	C	B	D	G	F	E	Q	合计
I	2	33	0	0	0	2	0	0	0	0	2	0	12	51
II	0	35	0	1	0	2	0	0	0	0	2	0	12	52
III	0	32	0	4	0	2	0	0	0	0	2	0	12	52
IV	0	16	0	2	0	1	0	8	8	0	2	1	6	44
合计	2	116	0	7	0	7	0	8	8	0	8	1	42	199

符号：R 入学教育、J 理论教学、Y 认识实习、A 教学实习、S 生产实习、B 毕业实习、K 考试。

说明：C 课程设计、D 毕业设计、G 生产劳动、F 机动、E 毕业鉴定、Q 假期。

（三）实践环节

序号	课程编号	课程名称	学分	周数	各学期学分分配								实践教学形式	
					一	二	三	四	五	六	七	八	集中	分散
1	5023001	入学教育、军训 （Entrance Education；Military Training）	0	2									√	
2	2043011	会计学教学实习 （Accounting Teaching Practice）	1	1	1								√	
3	2043012	SPSS 统计分析软件应用 （SPSS Statistical Analysis Software Practice）	1	1				1					√	
4	2043013	投资教学实习 （Investment Teaching Practice）	2	2					2				√	
5	2043014	金融工程教学实习 （Financial Engineering Teaching Practice）	2	2						2			√	
6	2043015	银行商务教学实习 （The Business of Banking Teaching Practice）	2	2							1		√	
7	2043016	金融综合实训 （Finance Synthesis Teaching Practice）	2	2							2		√	
8	2033011	毕业实习 （Graduation Practice）	8	8								8		√
9	2033012	毕业设计（论文） ［Graduation Design（Paper）］	8	8								8		√
合计			26	28	1		1	2	2	3	16			

（四）讲座（专家学术讲座或报告）

顺序	内容	课程类型	教学形式	具体安排	要求
1	学科前沿技术类	选修			
2	自然科学类	选修	分散	每学期由学校、各院系统一安排	参加18学时讲座计1学分
3	人文社科类	选修			
4	其他类	选修			

（五）通识教育基础课程进程

课程类型	课程类别	课程编号	课程名称	学分	总学时 总学时	授课	上机	实践实验	一 15周	二 18周	三 18周	四 18周	五 17周	六 16周	七 16周	八 16周	考核方式	承担单位
通识教育基础课程	必修课	1031001	思想道德修养与法律基础（Professional Ethics and Fundamentals of Law）	2	36	36			2								考查	中方
		1031008H	政治经济学（Political Economy）	2	36	36				2							考试	
		1031003	中国近现代史纲要（Outline of Modern Chinese History）	2	36	36					2						考试	
		1031004	中国特色社会主义理论概论（Introduction to Theoretical System of Socialism with Chinese Characteristics）	2	36	36						2					考查	
		1031010	大学语文（College Chinese）	2	36	36			2								考查	
		1051001	体育（Physical Education）	8	120	120			2	2	2	2					考试	
		1011003H	高等数学（Advanced Mathematics）	8	140	140			4	4							考试	
		1011006	线性代数（Linearity Algebra）	2	36	36					2						考试	
		1011011H	概率论（Probability）	2	36	36					2						考试	

续表

课程类型	课程类别	课程编号	课程名称	学分	总学时				分学期课堂教学周学时								考核方式	承担单位
					总学时	授课	上机	实践实验	一	二	三	四	五	六	七	八		
									15周	18周	18周	18周	17周	16周	16周	16周		
通识教育基础课程	必修课	3031030H	信息系统与数据库（Information System & Database）	3	60	30	30				3						考试	中方
		1021004	大学英语（Eng. Lang. & Culture）	20	320	320			5	5	5	5					考试	
			必修课合计	53	892	862	30	0	15	16	15	7	0	0	0	0		
	选修课	3032001	计算机文化基础（Basic of Computer Culture）	3	60	30	30		3								考查	中方
			人文社科类或自然科学类	5	本专业学生需要选修5学分 自然科学类课程（含计算机文化基础）													
			通识教育课合计	58	982	922	60	0	18	16	15	7	0	0	0	0		

注：①课程编号标有"Y"的课程为项目引进英方课程；标有"H"的课程为项目核心课程；标有"YH"的课程为项目专业核心课程，使用引进原版教材，采用英语教学。②本项目学生需要从通识教育选修课中至少修够5学分。

（六）专业基础课程进程

课程类型	课程类别	课程编号	课程名称	学分	总学时				分学期课堂教学周学时								考核方式	承担单位
					总学时	授课	上机	实践实验	一	二	三	四	五	六	七	八		
									15周	18周	18周	18周	17周	16周	16周	16周		
专业基础课程	必修课	2011003H	管理学（Management）	3	54	54			3								考试	中方
		2041003H	会计学（Accounting）	3	48	48				3							考试	
		2031024H	金融学（Finance）	2	36	36					2						考试	
		2032025H	保险学（Insurance）	2	36	36						2					考查	
		2021005H	经济法（Economic Law）	2	36	36							2				考试	
		2031026H	计量经济学（Econometrics）	4	72	72					3		4				考试	

续表

课程类型	课程类别	课程编号	课程名称	学分	总学时				分学期课堂教学周学时								考核方式	承担单位
					总学时	授课	上机	实践实验	一 15周	二 18周	三 18周	四 18周	五 17周	六 16周	七 16周	八 16周		
专业基础课程	必修课	2031022YH	微观经济学（Microeconomics）	3	54	54			3								考试	英方
		2031023YH	宏观经济学（Macroeconomics）	3	54	54					3						考试	
		2041027YH	金融中介学（Financial Intermediary）	3	54	54					3						考试	
		2041001YH	国际经济学（International Economics）	3	54	54						3					考试	
		2041028YH	金融市场学（Financial Markets）	3	54	54						3					考试	
		2031021YH	投资学（Investment）	4	72	72						4					考试	
			必修课合计	35	624	624	0	0	3	6	8	12	6	0	0	0		
	选修课	3022001	文献检索（Literature Searches）	1	18	18						1					考查	中方
		2042021Y	营销管理（Marketing Management）	2	36	36					2						考查	
		2032022	电子商务（Electronic Commerce）	2	36	36							2				考查	
		2032023	国际贸易学（International Trade）	2	36	36							2				考查	
		2042022	税收学（Taxation）	3	48	48								3			考试	
		2042009	财政学（Public Finance）	2	36	36							2				考查	
		2032024	国际商法（International Commercial Law）	3	54	54									3		考查	
			选修课合计	15	264	264	0	0	0	0	0	3	4	5	3	0		
专业基础课程必修总计				39	696	696	0	0	3	6	8	12	6	2	2	0		

注：①课程编号标有"Y"的课程为项目引进英方课程；标有"H"的课程为项目核心课程；标有"YH"的课程为项目专业核心课程，使用引进原版教材，采用英语教学。②本项目学生需要从专业基础选修课中至少修够4学分。

（七）专业技术课程进程

课程类型	课程类别	课程编号	课程名称	学分	总学时				分学期课堂教学周学时								考核方式	承担单位
					总学时	授课	上机	实践实验	一 15周	二 18周	三 18周	四 18周	五 17周	六 16周	七 16周	八 16周		
专业技术课程	必修课	2041033H	国民经济统计学 （National Economic Statistics）	3	48	48						3					考试	中方
		2041006H	中央银行学 （Central Banking）	3	48	48								3			考试	
		2041030H	金融工程学 （Financial Engineering）	3	54	54									3		考试	
		2041034YH	管理会计 （Management Accounting）	3	48	48								3			考试	
		2041029YH	高级财务会计与分析 （Advanced Financial Accoun-ting and Analysis）	3	54	54									3		考试	
		2031005YH	国际金融学 （International Finance）	4	72	72								4			考试	
		2031036YH	公司金融学 （Corporate Finance）	3	54	54										3		考试	英方
		2041035YH	高级管理会计 （Advanced Management Accounting）	4	72	72									4		考试	
		2041031YH	全球商业战略 （Global Business Strategy）	4	72	72									4		考试	
		2041032YH	银行商务 （The Business of Banking）	4	72	72										4		考试	
		2041037YH	现代全球系统 （Contemporary Global System）	4	72	72										4		考试	
			必修课合计	38	666	666	0	0	0	0	0	3	13	14	8	0		

续表

课程类型	课程类别	课程编号	课程名称	学分	总学时				分学期课堂教学周学时								考核方式	承担单位
					总学时	授课	上机	实践实验	一 15周	二 18周	三 18周	四 18周	五 17周	六 16周	七 16周	八 16周		
专业技术课程	选修课	2022010	金融经济学 （Financial Economics）	2	36	36						2					考查	中方
		2032026	人身保险 （Life Insurance）	2	36	36							2				考查	
		2032025	财产保险 （Property Insurance）	2	36	36							2				考查	
		2032027	保险营销 （Insurance Marketing）	2	36	36									2		考查	
		2042029	投资分析 （Investment Analysis）	2	36	36									2		考试	
		2032030	证券投资学 （Securities Investment）	3	54	54									3		考查	
		2042028Y	金融风险管理 （Financial Risk Management）	3	54	54										3		考试	
		2021011	税收筹划 （Tax Planning）	2	36	36										2		考试	
		2042031	衍生证券 （Derivative Securities）	2	36	36										2		考查	
		2042032	金融策划 （Financial Planning）	2	36	36										2		考查	
		2041033Y	创业管理 （Entrepreneurial Management）	2	36	36										2		考试	
	选修课合计			24	414	414	0	0	0	0	0	2	4	7	11	0		
专业技术课程必修总计				44	774	774	0	0	0	0	0	3	13	16	12	0		

注：①课程编号标有"Y"的课程为项目引进英文课程；标有"H"的课程为项目核心课程；标有"YH"的课程为项目专业核心课程，使用引进原版教材，采用英语教学。②本项目学生需要从专业技术选修课中至少修够6学分。

（八）创新教育学分

项目	考核内容及标准		学分值	备注
竞赛	1. 获得各类学科竞赛奖 2. 获得各种实验及专项竞赛奖 3. 获得院、校级各种比赛奖	国家级一等奖	10	
		国家级二等奖	9	
		国家级三等奖	8	
		省部级一等奖	6	
		省部级二等奖	4	
		省部级三等奖	3	
		校级一等奖	2	
		校级二等奖	1	
		校级三等奖	0.5	
发表论文与交流论文	1. SCI、SSCI、EI 或 ISTP 收录的学术论文	1～5 名	8	等差递减 0.5 分
	2. 中文核心期刊	1～4 名	4	等差递减 0.5 分
	3. 正式出版刊物	1～4 名	2	等差递减 0.5 分
	4. 非正式出版刊物	1～2 名	1	等差递减 0.5 分
科技成果	1. 国家级	一等奖 1～15 名	20	等差递减 0.5 分
		二等奖 1～15 名	15	等差递减 0.5 分
		三等奖 1～15 名	12	等差递减 0.5 分
	2. 省部级	一等奖 1～10 名	10	等差递减 0.5 分
		二等奖 1～10 名	8	等差递减 0.5 分
		三等奖 1～10 名	6	等差递减 0.5 分
	3. 申请一项专利得到申请号	1～10 名	10	等差递减 0.5 分
科研活动	1. 在科学研究活动中取得重大成果（有总结报告）		4	
	2. 辅助教师进行科学研究且成绩突出（有总结报告）		2	
	3. 在教师指导下从事科学研究，完成计划任务（且有总结报告）		1	
	4. 参加学术报告会议，并整理形成报告摘要		18 学时/学分	
课外实验活动	1. 设计、制作小产品	审定合格	2	
	2. 自拟方案进行实验，有规范的实验报告	考核优秀	2	
		考核合格	1	

续表

项目	考核内容及标准		学分值	备注
课外实验活动	3. 自制、改制实验仪器，进行设备维修	主要技术负责人	2	
		协助收集、翻译、整理资料等工作	1.5	
		一般成员	1	
素质拓展教育	完成各项社会实践任务并撰写出有一定水平的调查报告		2	

注：同一项目获得各种奖励者，只计最高分，不重复计算。

附录三

上海某中外合作办学金融专业本科人才培养方案

一　培养目标

培养具有坚实的金融学理论基础，能系统地掌握金融、国际金融、公司理财等理论知识，具备金融实务的基本操作技能和国际化视野，同时具有扎实的英语语言基础，能熟练地运用英语从事银行、证券、投资、保险等相关实务工作的高素质复合型涉外金融人才。

二　培养特色

本专业把外方先进的金融学课程引进国内，为学生创造一个具有国际标准的学习环境，通过世界性的教育使学生具备国际金融知识和方法。而且核心专业课程由外方提供英文版教材，用英文授课的方式，并按照双方制定的教学质量评估方案进行考核。

三　业务要求

毕业生应能够熟练地掌握商务英语，具有听、说、读、写、译的基本能力；系统掌握基本经济理论和专业基础理论、基本金融工具的运用；掌握国家相关政策和法规，且具有比较广泛的国际金融、银行、证券与投资等方面的专业知识以及较强的国际金融业务的处理能力和管理能力。

四 课程设置

◇主干学科

工商管理、经济学、金融学。

◇核心课程

决策会计、决策微观经济学、全球化宏观经济学、组织管理、法律基础、商务决策、计量经济学与量化分析、商业策略规划、会计学、成本核算原理、商务信息沟通、营销学原理、企业财务、企业融资决策、投资与衍生证券、国际金融、全球贸易与商务、财务会计、税收学、目标财务会计、推销与谈判、微观经济学、宏观经济学以及组织、政治和社会。

五 学制及授予学位

标准学制：全日制四年（一、二、三年级在国内学习，四年级在外方大学学习，如果由于学生个人原因无法前往外方大学，亦可选择在国内大学完成最后一年学习）。

授予学位：金融学学士学位（中方）；商学学士学位（金融学）（外方）。

六 毕业要求

所有课程全部合格。

七 相关表格

教学计划

序号	课程	学分	教学时数	按学年学期分配（学时）								中方承担65%	澳方承担35%
				第一学年		第二学年		第三学年		第四学年			
				I 18周	II 18周	III 18周	IV 18周	V 18周	VI 18周	VII 13周	VIII 13周		
1	军事理论	1	18		2							★	

续表

序号	课　程	学分	教学时数	按学年学期分配（学时）								中方承担 65%	澳方承担 35%
				第一学年		第二学年		第三学年		第四学年			
				I 18周	II 18周	III 18周	IV 18周	V 18周	VI 18周	VII 13周	VIII 13周		
2	思想道德修养与法律基础（上）	1	18	2								★	
3	思想道德修养与法律基础（下）	1	18			1						★	
4	马克思主义基本原理	3	54	3								★	
5	中国近现代史纲要	2	36			2						★	
6	毛泽东思想、邓小平理论和"三个代表"重要思想概论（上）	2	36	2								★	
7	毛泽东思想、邓小平理论和"三个代表"重要思想概论（下）	2	36			2						★	
8	大学语文	2	36	2								★	
9	大学外语（一）	3	72	4								★	
10	大学外语（二）	3	72		4							★	
11	大学外语（三）	3	72			4						★	
12	大学外语（四）	3	72				4					★	
13	大学计算机基础	2	72	4								★	
14	计算机程序设计基础	2	72		4							★	
15	大学体育	2	72	1	1	1	1					★	
16	高等数学 C（一）	1	72	6								★	
17	高等数学 C（二）	4	72	6								★	
18	高等数学 C（三）	4	72			6						★	
19	政治经济学	2	36				3					★	
20	起航工程	3	36	3								★	
21	初级金融学	2	36			2						★	
22	决策会计	2	36			2						★	

序号	课程	学分	教学时数	I 18周	II 18周	III 18周	IV 18周	V 18周	VI 18周	VII 13周	VIII 13周	中方承担65%	澳方承担35%
23	决策微观经济学	3	54	3								★	
24	全球化宏观经济学	2	36	2								★	
25	组织管理	3	54			3						★	
26	商务决策	4	54			3						★	
27	会计实务	4	54			3						★	
28	商业策略规划	4	54			3						★	
29	商业银行经营管理（双语）	4	54			3						★	
30	会计学	4	54				3					★	
31	国际金融学	4	54				3					★	
32	财务报告	4	54				3					★	
33	*管理会计	10	54					3					●
34	*成本核算原理	10	54						3				●
35	*商务信息沟通	10	54					3					●
36	*营销学原理	10	54					3					●
37	*组织、政治和社会	10	54							3			●
38	*企业财务	10	54						3				●
39	*企业融资	10	54						3				●
40	*投资与衍生证券	10	54						3				●
41	*国际金融	10	54						4				●
42	*全球贸易与金融	10	54							4			●
43	*财务会计	10	54							4			●
44	税收学	10	54								4		●
45	目标财务会计	10	54							4			●
46	推销与谈判	10	54							4			●
47	微观经济学	10	54								4		●

续表

序号	课 程	学分	教学时数	按学年学期分配（学时）								中方承担 65%	澳方承担 35%
				第一学年		第二学年		第三学年		第四学年			
				I 18周	II 18周	III 18周	IV 18周	V 18周	VI 18周	VII 13周	VIII 13周		
48	*宏观经济学*	10	54								4		●
总计		246	2502									32	16

注：①课程名称后标注"★"的为中方承担的课程；②斜体为外方承担的课程，并用"●"表示；③标注 * 的课程为引进外方课程并由外方授课；④引进的外方课程占全部 3 年国内教学课程的比例为 34%（11/32）；⑤引进的专业核心课程占全部核心课程的比例为 52%（11/21）；⑥外方教师担负的专业核心课程门数占全部课程门数的比例为 33%（16/48）；⑦外方教师担负的专业核心课程教学时数占全部教学时数的比例为 35%（864/2502）。

外方教授课程比例

学年	课程门数	澳方授课课程门数	总学时	澳方授课学时	澳方授课学时比例
四年	48	16	2448	864	35%

时间安排

项目	第一学年		第二学年		第三学年	
	第一学期	第二学期	第三学期	第四学期	第五学期	第六学期
始业教育	1					
课堂教学	15	15	15	15	15	
考试考查	1.5	1.5	1.5	1.5	1.5	1.5
专业实习					1	8
生产劳动	0.5	0.5	0.5	0.5	0.5	0.5
毕业论文（设计）						8
毕业就业						1
机动	2	3	3	3	3	1
学期周数	20	20	20	20	20	20
寒暑假	10	10	10	10	10	10

八　选用教材

中方

序号	课程名称	选用教材
1	军事理论	钱振林，大学生军事理论教程，北京理工大学出版社 ISBN：9787564027865
2	思想道德修养与法律基础（上）	思想道德修养与法律基础，中国人民大学出版社 ISBN：9787300043968
3	思想道德修养与法律基础（下）	思想道德修养与法律基础教学案例（修订版），中国时代经济出版社 ISBN：9787802214125
4	马克思主义基本原理	马克思主义基本原理概论，高等教育出版社 ISBN：9787040240993
5	中国近现代史纲要	中国近现代史纲要，高等教育出版社 ISBN：9787040240481
6	毛泽东思想、邓小平理论和"三个代表"重要思想概论（上）	傅宪华，毛泽东思想、邓小平理论和"三个代表"重要思想概论，经济出版社 ISBN：9787505871552
7	毛泽东思想、邓小平理论和"三个代表"重要思想概论（下）	"毛泽东思想、邓小平理论和'三个代表'重要思想概论"课教学案例解析，高等教育出版社 ISBN：9787040202921
8	大学语文	朱万曙，大学语文，中国人民大学出版社 ISBN：9787300109015
9	大学外语（一）	新编大学英语1，外语教学与研究出版社 ISBN：978756004371
10	大学外语（二）	新编大学英语2，外语教学与研究出版社 ISBN：978756004607X
11	大学外语（三）	新编大学英语3，外语教学与研究出版社 ISBN：9787560049478
12	大学外语（四）	新编大学英语4，外语教学与研究出版社 ISBN：9787560019773
13	大学计算机基础	陶跃，大学计算机基础教程，清华大学出版社 ISBN：9787302209645

序号	课程名称	选用教材
14	计算机程序设计基础	刘腾红等，计算机程序设计基础，清华大学出版社 ISBN：9787302153801
15	大学体育	张珍、陈滨，新编大学体育，清华大学出版社 ISBN：9787302209249
16	"启航工程"专业教育课程	生涯规划——理论与实践，高等教育出版社 ISBN：9787040200188
17	高等数学 C（一）	高等数学 C（上册），北京师范大学出版社 ISBN：9787303099252
18	高等数学 C（二）	高等数学 C（第二版）（下册），北京师范大学出版社 ISBN：978730300872
19	高等数学 C（三）	高等数学 C（第二版）（下册），北京师范大学出版社 ISBN：978730300872
20	政治经济学	逄锦聚等主编，政治经济学（第三版），高等教育出版社 ISBN：9787040202755
21	起航工程	生涯规划——理论与实践，高等教育出版社 ISBN：9787040200188
22	初级金融学	博迪，金融学（第 2 版）中国人民大学出版社 ISBN：9787300111391
23	决策会计	何学斌，高级决策会计，上海大学出版社 ISBN：9787810581363
24	决策微观经济学	平狄克，微观经济学（第七版），中国人民大学出版社 ISBN：9787300110738
25	全球化宏观经济学	俞宪忠，宏观经济学，中国人民大学出版社 ISBN：9787300125619
26	组织管理	曾琳，组织与管理，中国人民大学出版社 ISBN：9787300103563
27	商务决策	张建同，以 Excel 为决策工具的商务统计（附光盘），机械工业出版社 ISBN：9787111269175
28	会计实务	陈强，财务会计实务，清华大学出版社 ISBN：9787302221616
29	商业策略规划	段秀伟，哈佛商务指南 8——决策五步制胜法，商务印书馆 ISBN：9787100054676

续表

序号	课程名称	选用教材
30	商业银行经营管理（双语）	甘当善，商业银行经营管理（第二版），上海财经大学出版社 ISBN：9787810981057
31	会计学	刘永泽，会计学（第二版），东北财经大学出版社 ISBN：9787811226904
32	国际金融学	陈雨露，国际金融学，中国人民大学出版社 ISBN：9787300090399

外方

序号	课程名称	选用教材
1	*管理会计	Management Accounting：Principles and Practice Alan Upchurch ISBN – 13：978 – 0273622260
2	*成本核算原理	Su Zongxiang, Xu Ji, International Clearance, China Financial Publishing House ISBN：978750495371
3	*商务信息沟通	Introduction to Information Systems：Supporting and Transforming Business，Wiley ISBN：9780470473528
4	*营销学原理	Principles of Marketing：AND My Marketing Lab ISBN – 13：978 – 0273720645
5	*组织、政治和社会	Li Min, International Financial Practice and Theory, Peking University Press ISBN ：7 – 301 – 01527 – 5 ／ F · 0130
6	*企业财务	William A. Salman, Entrepreneurial Enterprises (English Copy Edition) (Harvard Business School Case Basis for Selection of Collection, Business Series), China People's University Press ISBN：7 – 300 – 04167 – 1 ／ F. 1284
7	*企业融资	Behavioral Finance：Investors, Corporations, and Markets (Robert W. Kolb Series) ISBN – 13：978 – 0470499115
8	*投资与衍生证券	Options, Futures, and other Derivatives (Prentice Hall Series in Finance) ISBN – 13：978 – 0136015864
9	国际金融	Cai Xiaowu, Personal Financial Planning Universities and Colleges Teaching Material in Economics and Management, Tsinghua University Press Selected ISBN：9787811238907

续表

序号	课程名称	选用教材
10	全球贸易与金融	Paperless Trade：Opportunities，Challenges and Solutions（Global Trade & Finance） ISBN－13：978－9041198976
11	财务会计	Finance（BPP Professional Education 2004）
12	税收学	Gerhard-Schrock Financial Institutions，Risk Management and Value Creation（The Classic Asian Studies-Business Administration Finance and Financial Management Series），The Chinese People's University Press ISBN：9787300077552
13	目标财务会计	Issues in Management Accounting
14	推销与谈判	The SAGE Handbook of Public Relations ISBN－13：978－1412977814
15	微观经济学	Microeconomics，John Sloman，Pearson Professional Education ISBN：9781740094795
16	宏观经济学	Macroeconomic Policy，Cox Langdana，Baker and Taylor ISBN：9780387776651

注：标注 * 的课程为引进外方课程并由外方授课。

后　记

　　提笔之际，神思飘远，求学种种，历历眼前。恍惚间，恰似围坐堂前，争论闲谈，师友共勉。绵长师恩，问道路远，身虽远阻，心长相牵。吾师张传燧先生的文章品德，刘旭先生的才情学识，辛继湘先生的儒雅风度，刘要悟先生的豪爽耿介，石鸥先生的渊识厚重……教导在前，鞭策在后，高山仰止，景行行止。

　　成书之际，感怀尤甚，学识陋浅，贻笑大方，然学后方知不足。诚知用功不够，读书不多，不曾宁静，故难以致远。遗憾难挽，缺陷难免。幸得好友相助，勉强成书，其间辛苦，一并致谢。贾先文博士，不厌其烦，积极"串联"；李宝斌博士，"品头论足"，从不吝言；高雁编辑，虽未谋面，相扰不烦；冯咏梅编辑，严谨缜密，悉心校编。还有长期关心帮助鄙人的赵星书记、郭立纯校长、张爱华副校长、龙献忠教授、姚春梅教授、李钢教授、佘丹青教授、胡芳毅教授、梅晓勇教授等师友，点滴难忘，唯有奋发向前。

　　出版之际，适逢工作调动，琐事繁杂。幸而至亲在侧，奔波劳苦，从无怨言，得以后顾无忧，心安静思，从容运笔。内人贤淑，默然背后，顾家教子，运筹帷幄，有妻如此，夫复何求？慈母远来，起居饮食，无微不至，母恩深重，人间至爱。还有岳父母、父亲、幼子，早晚殷勤，嘘寒问暖……诚所谓"暖心暖胃"，莫过于此！

　　本书从前期的酝酿、构思到开笔，再到论证直至成书，耗时近 6 年，主体以下课题为主线开展研究，因此本书也是下列课题的研究成果。这些课题分别是：2012 年湖南省哲学社会科学基金项目"地方院校中外合作办学英语项目课程设置改革研究"（12YBA241）；湖南省教育科学"十二五"规划 2013 年度课题"跨文化视域下中外合作办学项目英语教育国际化与本土化和合研究"（XJK013BBJ001）；湖南省 2014 年普通高校教学改革研究项目"地方院校中外合作办学课程设置改革研究"（湘教通〔2014〕247 号）；湖南省 2015 年高校科研优秀青年项目"中外合作办学的文化适应、生成与构建研究"（湘财教指〔2015〕54 号）；湖南省社会科学成果评审委员会 2017 年度课题"从'各美'到'共美'：中外合作办学的文化'和合'研究"。

　　本书是我的第一本专著，相信终不是最后一本。从 2005 年大学毕业从教以来，有诸多人生第一次值得纪念和感叹。然而对于心心念念和顶礼膜拜的学术之路，此书在个人的生涯中无疑是极为重要的。从 2009 年从事国际教育具体工作开始，逐渐走向研究国际教育的理论与实践，从硕士论文到博士论文，此书既是我对工作与职业的一份执着与热爱，一份小结与奉献，也是工作赐予我的一份对学术追求的机遇和挑战，对学术道路的一个大胆尝试。因此可以说此书记录了我的主要求学生活和职业生活，由此，对我个人而言，此书的意义既是学术而又远远不止学术。

　　限于学识、眼界，此书尚有诸多拙劣之处，愿诸君雅量，知我之短，容我之失，纠我之错，感激涕零！

曾健坤

2017 年 9 月于湖南幼专南湖畔

图书在版编目（CIP）数据

中外合作办学大学本科课程研究／曾健坤，范丽娜，
罗璇著. -- 北京：社会科学文献出版社，2017.11
ISBN 978 - 7 - 5201 - 1295 - 6

Ⅰ.①中…　Ⅱ.①曾…　②范…　③罗…　Ⅲ.①高等教
育 - 国际合作 - 联合办学 - 研究 - 中国　Ⅳ.①G649.2

中国版本图书馆 CIP 数据核字（2017）第 209400 号

中外合作办学大学本科课程研究

著　　者／曾健坤　范丽娜　罗　璇

出 版 人／谢寿光
项目统筹／高　雁
责任编辑／冯咏梅

出　　版／社会科学文献出版社·经济与管理分社（010）59367226
　　　　　地址：北京市北三环中路甲 29 号院华龙大厦　邮编：100029
　　　　　网址：www.ssap.com.cn
发　　行／市场营销中心（010）59367081　59367018
印　　装／三河市尚艺印装有限公司

规　　格／开　本：787mm × 1092mm　1/16
　　　　　印　张：16.25　字　数：249 字
版　　次／2017 年 11 月第 1 版　2017 年 11 月第 1 次印刷
书　　号／ISBN 978 - 7 - 5201 - 1295 - 6
定　　价／79.00 元

本书如有印装质量问题，请与读者服务中心（010 - 59367028）联系

▲▲ 版权所有 翻印必究